TAROT
MASTERCLASS
你可以再塔羅一點

Paul Fenton-Smith

保羅・凡頓－史密斯──著

許慈倩──譯

遠流

TAROT

MASTERCLASS

你 可 以 再 塔 羅 一 點

目錄

INTRODUCTION
導論

塔羅牌在你的人生旅程中，可被視為一本極具指引價值的象徵之書。在紛擾的日常生活中，它能夠啟發你那些是重要的課題，並能在你遭逢生命中最寒冷的嚴冬時，協助你找到生命春天的方法。塔羅牌可以賦予你能力去迎接更大的歡愉、或接受更嚴厲的挑戰，以及攀登上生命的高峰。當我們想要解開生命不可思議的奧祕時，對於那些知道如何去詮釋塔羅牌的人來說，這本古老的象徵之書提供了深刻的理解能力、知識以及智慧。

《你可以再塔羅一點》為了讓讀者能輕鬆的理解各張牌的意義，提供了獨特的彩色圖表。其中詳細的說明每張牌在健康以及財務上所顯示的意義，而且為了強化其正確性，也提供了當它倒立時的意義。

不論當事人是親自或透過電話來算牌，本書也詳細說明該如何合理化你的解讀才會更有效率。書中也示範了可能被塔羅牌學習者視為挑戰的組合牌的解牌方式。

我在《你可以再塔羅一點》中透過超過二十二年實際為人解牌，以及教學經驗的實際範例，來強調塔羅牌是一項多麼重要的自我發展工具。

同時我也會告訴你如何建立，以及經營個人的塔羅事業，並深入告訴你與不同的當事人接近的最好方法，以及心靈淨化和保護的有效技術。

心靈的淨化與保護是成功的塔羅牌實務中非常重要的一個部分。而發展直覺的能力我也會呈現在這本書裡。

當你要開始精進這套古老牌組的同時，你也可以同時專注於精神層面的成長。當在追尋目標時，塔羅牌可以幫助你縮短步驟，並直接點出其中的陷阱與機會。比起占卜，塔羅牌在澄清生命中各種狀態以避免導向失望結局的面向上，是很有效的工具。

當你詢問某一個主題，所得到的答案都是否定的，有可能是你問的方式不正確。當你能夠用詞簡單、精準的發問時，塔羅牌就能夠給你清晰的洞察力。這本書提供簡單又實用的方法來釐清、濃縮及歸納你的問題。而知道如何向塔羅牌提出最好的問題，代表著你已經可以區分困惑和清楚的狀態了。

在彩色圖表中提供了超過五十種清楚的口語化問題，有效幫助你找到要向塔羅牌發問的最適當方式。《你可以再塔羅一點》提供了一個學習塔羅牌的過程，所附的彩色圖表是幫助你掌握這本人生之書的一個簡單捷徑。當你想尋求塔羅牌提供你一幅人生地圖時，《你可以再塔羅一點》這本書是讓你理解這幅地圖，以及可做為人生指南的最佳工具。祝你一帆風順！

PART I
塔羅牌的力量

THE POWER OF THE TAROT

WHY USE THE TAROT?
爲什麼要運用塔羅牌？

人們對於塔羅牌分析能提供什麼，有著相當分歧的意見。有些人希望塔羅牌告訴他們未來另一半的名字和出生日期，有些人則是直到得到夢寐以求的車牌時才會滿意。而有經驗的問卜者對待塔羅牌的解讀，就像他們向任何其他專家諮詢一樣，他們帶來一串問題，聆聽對方的說法，然後自己下決定。他們明白自己擁有自由意志，可以接受預測的結果，或者透過決心和行動來改變自己的命運。

塔羅牌分析對你的幫助

在最理想的狀態下，一個正確的、清晰的塔羅牌解讀可以幫助你——

- 激勵你去完成你的夢想。
- 澄清你當前的挑戰和障礙。
- 給你克服生活挫折的動力。
- 讓你的短期目標具體化。
- 啟發你生命中的長程目標。
- 讓你看清那些你現在就應當去避免的障礙。

在近來的一次分析中，我的一位顧客白妮塔向我抱怨，她長期以來和媽媽之間的拉鋸戰。當我開始分析時，我發現在白妮塔的人生當中，贏過她母親比起其他目標都來得讓她滿意。白妮塔的母親是一個尖銳又難相處的人，她利用和女兒共同擁有的事業來控制女兒。儘管她們各自擁有一半的股份，但白妮塔的母親卻掌控了所有的財政權。

白妮塔對於這種經年累月的權力鬥爭感到筋疲力竭，當塔羅牌建議她可以考慮把事業轉讓給她媽媽，然後走出來，以換取她個人的自由時，白妮塔對於這個建議感到相當吃驚，直到塔羅牌指出，這個短暫的、痛苦的犧牲可以換來較長期的回報，而且是值得的。

話到這上頭時，白妮塔發表了一篇長篇大論來攻擊她母親，責備母親馨竹難書的錯誤和長期的監視。而接下來的談話中則顯露了，白妮塔想要得到媽媽的讚許更勝於事業上的成就。

從一開始談的是事業的問題，到後來演變成白妮塔似乎是想要挽救她母親對她的愛。事業上的權力鬥爭掩飾了更深層的需求。所以根本的問題就是，假設白妮塔把事業讓予她的母親，她可能就可以尋找到愛。

塔羅牌的某些限制

塔羅牌分析並沒有辦法給你一個完全的未來。任何的預測分析就只是當下的預測。有時候，即使有著最好的意圖，分析還是有可能是錯誤的。預測不正確的常見因素就是，在進行分析時，問卜者正處於風暴的中心點。在五年的時間內進行了六次正確的塔羅牌分析後，伊芮卡在某個早晨，痛苦的打了一通電話，要求緊急為她進行塔羅牌分析。

該次分析顯示，伊芮卡在工作上正陷入情緒危機中。她的直屬主管要她離開公司，但伊芮卡並沒有其他地方可去。分析中透露出伊芮卡的公司即將被另一家更大型的公司併購，而且在她主管要排擠掉她之前，她就會獲得升遷。

五個星期之後，伊芮卡打電話來，問為什麼這些預測都沒有發

生。結果反而是她被解雇了，而且在找到新工作之前縮衣節食的過了兩個禮拜。當我聽到這些話時，我並不感到訝異。

問卜者最希望立即進行塔羅分析的時刻通常是在出現壞消息、一個大震驚之後，或者當他們處於極度混亂時。而這通常是進行塔羅分析最糟糕的時刻，因為情緒本身就是最根本的問題，再說它也會誤導分析的結果。當問卜者選牌時，他們對於某種特殊結果的強烈渴望，會凌駕於自然狀態下的選擇過程，而想要的結果也會使分析遭到扭曲。有時候問卜者會選擇性的接收他們想要聽到的內容。假設問卜者來電希望在緊急關頭進行分析解牌，通常我們會建議緩個一個禮拜，或至少幾天也好。假設他們堅持要立刻進行解牌，而你也能配合，那麼你就把這次的解牌當成是在為你的當事人進行諮商吧。有時候，當事人只是希望有人傾聽、希望能夠哭出來，或者能夠跟別人說說到底發生了什麼事。或許只要為當事人做個簡單的、一般性的解牌動作，對當事人就會有幫助也說不定。

伊芮卡的解牌之所以有誤，原因出在她解牌的時機，正是她處於風暴中心的時刻。由於伊芮卡是我的常客，我給她補了一次解牌，並告訴她，如果她還處在激動的情緒中，那麼就等幾天後再來。八個月後她又打電話來了，結果證實了我那次解牌的正確性。

塔羅牌和個人的發展

有時候學習者們並不是為了想要替他人解牌作分析，而去參加塔羅牌的介紹課程。對這些人來說，塔羅牌提供了一個個人的旅程。這個心靈旅程可能包含了每天選一張牌，然後去深思它的含義。有些塔羅的學習者會從展開一趟塔羅牌之旅，到記錄每張牌對他們的顯著意義或關連而獲益。當你對塔羅牌更加熟悉之後，在一組牌當中選出一張牌時，你可能會問：「在這種狀況下，我的課題是什麼？」然後你可以在日誌裡寫下當天抽到的牌，以及你體會到了什麼。

然而通常在這趟意義非凡的個人旅程當中，要熟悉牌的意義的

話，去為陌生人解牌會比前述的方法快得多。當你在進行個人的塔羅牌之旅時，你有一整天充裕的時間去仔細思考一張牌的意義。但是幫顧客解牌則會強迫你立刻去理解不同的環境，理清千頭萬緒，並在特定時間內完成整體的分析。你可能會同時採用兩種方法——一方面展開個人的塔羅牌之旅，而同時也演練個人的解牌能力。

當你理解你已經從自己人生的塔羅牌分析中獲得、並且能運用這些知識，而且你也認同那副牌代表你的人生軌道，也知道如何將這副牌做最大的利用，那麼你就可以從塔羅牌獲得實質的益處了。它同時讓你有機會一窺某些習而不察的固定行為模式。

偶爾，你可以安靜的坐下來問問塔羅牌，現在最需要學習的是什麼？洗牌之後，翻出幾張牌。然後閉上眼睛，在桌面上攤開這些牌，然後選出一張牌，側翻過來，以防止它上下顛倒。仔細的審視這張牌，當你收走這組牌時，把它留下，或者是把它記錄在你的日記本裡，以作為日後你要查閱這張牌意義時的參考。並且問問自己，這張牌在那些方面和你的人生是契合的。

當德克因為感情問題而陷入掙扎時，他坐下來好一會兒，並嘗試這個練習。阿黛兒和他為了兩人是否要分開，或者重新承諾他們的關係並搬新家，而爭辯了好多時日，在一整個禮拜無法安穩入眠、加上情緒持續的大起大落之後，德克整理了一下思緒並且詢問目前他最需要學習的是什麼。他選到的牌是「權杖侍衛」。德克思量它的意義是：

PAGE of WANDS.

- 開始一些新的事物。
- 當你以一種新的方式接觸生活時你會感覺年輕。
- 為未來的目標展開計畫。
- 一個孩子。
- 一個熱情的、運動型的年輕人。
- 從事旅行。

德克花了好幾天時間仔細斟酌這些意義，然後決定了「侍衛」牌是在告訴他：兩人一起搬到新家去。

對塔羅牌的依賴程度

在人們探索塔羅牌的最初階段，他們做每一個決定時都會很想要問問塔羅牌的意見。但是這麼做的話等於是，只以短促的問話來切一張牌，而冒著喪失自由意志的危險。事實上，以前沒有塔羅牌的建議，你不也活得好好的，所以你應該是有「做決定」的能力。塔羅牌並不是為了取代你做決定的能力而設計出來的，塔羅牌的指示只是要強化你的決定。

假設你仔細的去研究一項重要的議題，檢查每一種選擇，並且把這些選擇縮減到最適合你的，那麼在協助你做最後的選擇上，塔羅牌會是一項有價值的工具。然而假設你在做任何選擇之前都要問牌，那麼你可能發現自己會問錯問題。

分析之前的準備有助於澄清你所關注的議題和所提的問題。當你要進行分析時，你的資訊越齊備，從這次分析中所獲得的價值就會越高。新的顧客有可能會因為在觀察整個分析的過程是如何進行的，而浪費掉他們的第一次分析，並且會使他們興致勃勃的希望在第一次分析後立刻進行下一次解牌。有時候問卜者發現了塔羅牌之後晚上就沒辦法睡覺，因為他們腦袋裡盡想著所有要問的問題，而更多的問題對於深度的理解並不見得是有必要的。

有時候當問卜者完全沒有辦法作決定時，他們會一口氣找幾個塔羅分析師來作分析。而一連串的算牌動作能使問題更明朗化的機率，可說是微乎其微。最大的可能是使問卜者更加困惑，或者是令他們越來越沉溺於其中。

當解牌者沉溺於塔羅牌而無法自拔時，他通常就已經變成一個最糟糕的冒犯者了。此外，當為自己算牌時，通常是在情緒問題浮現時，那麼這時候就喪失了客觀性了。而當顧客有問題來預約分析，可

讓他們等上一、兩個禮拜，這等待的期間可以讓顧客去篩選可能的選項，並探索自己的感覺，所以有時候在他們來算牌之前，他們自己已經得到結論。在這種情況下，塔羅分析就是去確認他們的選擇，在當下是否是最適合他們的。

當你對塔羅牌越來越有興趣，甚或是耽溺於向塔羅牌問問題，你會發現你問問題的標準在降低。塔羅牌是一項為了幫助人們發現自身在這世界上的位置，而縝密建構的系統。逐漸耽溺於塔羅牌的結果，就是變成一個只關注自身利益的人，所以當顧客持續的想要向你諮詢時，不妨鼓勵他們去尋找其他可以讓他們重新聚焦的事物。

假設你是一個塔羅牌分析師，這並不是在建議你都不要為自己算牌。而是當你確實想要下決定時，再向塔羅牌請益，這對於做出正確的選擇會是比較有效的方式。

無論如何，當你有緊急的情緒性問題時，透過客觀的塔羅牌分析師來徵詢塔羅牌的意見，才是最最重要的。

當學生開始進入塔羅的入門或進階課程時，他們會拿到塔羅工作日誌，並且被告知要把每一次除了幫自己以外的分析記錄到日誌當中。我通常會堅持顧客在算牌之後的三個月內不要再算第二次，這是為了讓目前的某些預測結果去鼓勵顧客仰仗自己的力量。當顧客才剛算過一次牌，一個禮拜之內又要求再算一次，我會告訴他們這個「三個月」的遊戲規則，而且我會建議他們把這次分析的錄音再重聽一遍。當然這個規則也會有例外，譬如顧客要諮詢一些「事業投資」等較實際的事物。

LEARNING THE TAROT
學習塔羅牌

對於要答覆清晰的、有條理的問題來說，塔羅牌是一項強而有力的工具。一位經驗老到的塔羅牌分析師，能幫助問卜者從漫無邊際的可能選項中找到最好的選擇。

當我還是學生時，我在我的塔羅老師身邊實習了好幾個月，當時一天要工作十個小時。我們在一家小店裡提供塔羅牌分析的服務。我是駐點的實習手相算命師，而他是塔羅牌分析師。一整個漫長而嚴寒的冬天，我坐在簾子後面聆聽卡羅斯的塔羅分析。我開始會去猜現在有那些牌擺在桌面上。再稍後，我和卡羅斯賭一塊果仁蜜餅，賭的是我連看都不用看，就可以正確無誤的猜出顧客選了那一組牌。反正賭的不過就是男人少了也不會怎樣的甜點，他很快的就同意這樁交易。在典型的七張牌的牌形中，我充其量平均算出三張。第一個月我變成果仁蜜餅店的常客，而接下來的那幾個月我學到了不同牌的意義，以及卡羅斯如何解說每張牌。有時候我會感到困惑，特別是當卡羅斯在解釋一對牌或者三張牌的組合時。在那無止盡的所有可能組合當中，我明白了，就算想要精通它們的其中一部分，所要花的時間絕對遠比我們相處的七個月還要久。

有些學習者是透過閱讀來學習，有些需要實地觀摩解牌，有些則需要在書中的塔羅牌插圖上著色，來理解每張牌較不明顯的細節處。

當你發現了對你最有效的方法,那就用這種方法去練習,直到你熟悉了每張牌以及整個解牌的過程。在你的塔羅旅程中,當你由新手進步到成為有經驗的分析師,你都可以把這本書當作你的參考指南。

塔羅牌整體概述

塔羅牌總共有七十八張牌,組合元素包括:

- 二十二張大阿爾克納牌——揭示日常生活事件的潛在心靈層面課題。
- 由每組十四張牌,共四組,組成五十六張小阿爾克納牌——詳細說明日常生活事件。
- 每組牌包含有國王、皇后、騎士、侍衛和十張數字牌。
- 這四組牌分別是權杖、聖杯、寶劍和五角星。

瞭解塔羅牌如何運作

塔羅牌是在每張牌排列成某種圖形或者「攤開」之後,依照牌在不同的位置來解釋其意義。

- 解牌是依據牌面對塔羅分析師的順向或逆向依序來解牌。當牌出現倒立時,我會建議回到同花色的前一張牌來解釋它。
- 每張牌的意義,是由塔羅分析師從該張牌的所有可能意義中,來決定那一種是最適當的解釋。
- 塔羅牌能確認過去的事件、澄清目前的狀況,以及揭示行動之後最有可能帶來的結果。
- 塔羅牌分析的正確性是由以下因素來決定的:
  - 塔羅分析師對於牌的意義所累積的知識。
  - 問題的清晰度。

- 問卜者在選牌的時候是否專注。
- 塔羅分析師在決定每張牌的正確意義時，要參考它和周遭的牌所組合成的綜合意義。
- 塔羅牌並不能取代自由意志，它是提供你做出不同選擇後的可能結果。
- 解牌的時候無須依賴直覺，它本身就能提供思考的清晰度。因為塔羅牌這個系統，就是為理解牌的意義的人所精心設計的。

輕鬆塔羅入門

假如你對塔羅牌分析並不熟悉，有個簡單的方法可以讓你精通塔羅，卻不會讓你陷入不知所措的狀態。一次取出同一花色的一組牌，然後只解讀你已經學過的牌，那麼你就可以一步一步的建立起你的塔羅知識。

在第一個禮拜，只用權杖和聖杯牌組。只用這二十八張牌來分析，可以讓初學者熟悉塔羅牌，而不致陷入無措的狀態。分析了兩個禮拜之後，再用五十六張小阿爾克納牌來分析。沒有使用整副牌來分析當然會有它的限制，但你仍會驚訝於其中有著許許多多對你有用的資訊。先從小阿爾克納牌著手，然後再去探討大阿爾克納牌，會是熟悉塔羅牌比較好的一種方式。

圖表的功能

有時候透過彩色圖表就能讓你清楚一組牌的精義，幫助你更輕易的抓住它們的意義。早先由於擔心過分簡化了塔羅，我拒絕製作圖表，但學習塔羅牌的學生給我的回應是，透過書中的圖表對於整個學習過程是有幫助的。

從塔羅牌中淬鍊出一個清晰的意義

塔羅牌裡面的每一組牌都透露出問卜者人生中的不同面向、他所面對的議題,以及所遭遇的重要精神課題。發生了什麼事、是誰發生了那件事、什麼時候會發生那件事,以及為什麼會做此解釋,都可以透過牌組找到答案。作為塔羅牌分析師,你的工作就是收集這些資訊,並把它們彙整成一種對你的顧客有意義的形式。為了更有效率起見,你值得花心思牢記下面的事情:

- 小阿爾克納牌裡面,從王牌到十號的這四十張牌,揭露的是顧客的生活裡即將要發生的事情。
- 宮廷牌所揭露的是,誰牽涉在其中。從這些牌也能看得出來,在這個時候顧客處理問題的方法。
- 大阿爾克納牌所揭露的,則是為什麼這些事件會發生,並凸顯出重要的精神課題以及生活形態。
- 當大小阿爾克納牌一起分析時,就足以向顧客解釋曾經發生過什麼、或者是即將要發生的事,以及發生的原因,並且告訴顧客在這個時刻誰可以幫助或支持他。
- 小阿爾克納牌是在解釋顧客接下來會發生什麼事。傳統上學生會先學這副牌,因為它可以比較容易的幫顧客做出一個基本的分析。而大阿爾克納牌則是解釋即將要發生某些事件的原因,當學生要開始操作這部分牌的時候,他應該是在解釋事件本身,而非談論細節,因為細節可以從小阿爾克納牌當中看出端倪。

幾個學習的簡單步驟

- 研究十四張權杖牌。
- 僅以權杖牌組進行幾次實際的分析。
- 研究聖杯組。

- 僅以權杖和聖杯這兩組牌進行幾次實際的分析練習。
- 研究寶劍牌組。
- 僅以權杖、聖杯和寶劍這三組牌進行幾次實際的分析練習。
- 研究五角星牌組。
- 僅以所有的小阿爾克納牌來進行幾次實際的分析練習。
- 研究大阿爾克納牌的〇到十一號牌（愚人牌到正義牌）。
- 僅以上述那些你已經研究學習過的牌來進行幾次實際的分析練習。
- 研究其他的大阿爾克納牌。
- 利用整組牌（包括空白牌）來作幾次實質的分析練習。

如何記住本書中所得到的訊息

- 畫下重點。
- 在塔羅牌的插圖上著色，將塔羅牌當作你的指南
- 每個禮拜都重新研讀同一個牌組的每張牌（例如從權杖王牌到權杖國王），以此來加強你對它們的熟悉度。
- 當進行實際分析時，在完成分析之前都不要參考這本書，這樣你才會記住你學到了什麼。這也可以預防你變得太依賴這本書喔。

THE READER'S QUEST
塔羅分析師的探索之旅

塔羅分析師理想的詢問方式，是在智慧中帶著好奇、結論以及希望作為起頭。一開始你可能會對塔羅牌本身以及它的種種可能性著迷不已，所以可能的情形是：問題有多少，你的答覆就有多少。這其中有些是毫無意義的，但也有些是頗為深刻的。作為一位新手分析師，在去挖掘塔羅的潛在價值的同時，也開啟了另一段更有深度的旅程。這是一段自我發現的旅程。

假如你經常幫別人進行分析，那麼你就不得不去發現周遭那些你所欣賞的，或者所鄙視的人們。在替別人進行分析的同時，你也有機會去發現另一個世界的諸多觀點。你可以看見別人是怎樣去適應那些你過去也曾遭遇到的挑戰。你越是持續的為陌生人進行分析，你越有機會看清楚「人」這個主題的不同面向。我們都是人，然而我們的信仰、我們的環境和我們的目標，反射出形形色色不同的人，就好像一盤鑽石在陽光下，每一顆都各自閃耀著獨一無二的光芒。

當你知道怎麼生活對你的人生是最好的時候，你便可以面對一個令你震驚並挑戰及質疑你的顧客。當你在為這樣的顧客進行分析時，就好比把某個人帶入你的生命中，而這個人就是來阻撓你、不讓你在舒適的狀態通過未經檢視的信念。當你在為這樣的顧客分析時，你會感到震驚、被批評、恐慌或者是得到某些啟示。而旅程還在持續著。

你應該把下面這件事銘記在心：在問卜者來找你諮詢時，對於問卜者的人生，你只是驚鴻一瞥而已，這麼短暫的時間裡，根本無法讓你正確的明白他們之所以走到今天這地步的原因。或許你自己也面對過相似的困境，而且可能需要令人驚奇的勇氣才足以對付你的那些課題。

你幫顧客分析的時間越長，越有可能面對類似這樣的問題：「去評斷別人生命中某項錯誤的行為，或可憐的決定，公平嗎？或者是，有必要去幫對和錯找到平衡，而不論那件事錯得多離譜嗎？」這樣的問題我早就想過千萬遍，特別是當最近有個顧客想和兩位已故的朋友聯絡。

曼蒂想和才剛完成高中學業兩個禮拜，就車禍身亡的兩位朋友聯繫。有四個學生在一場派對後準備返家，當時開車的妮琪因為失控，車子撞上鄉間道路旁的路樹，兩個男孩當場死亡，而我的顧客曼蒂則陷入無法跳脫的極度悲傷中。我對於駕駛妮琪給予最深的同情，尤其當我瞥見了她的罪惡感，以及這罪惡感所帶來的後果時。

我一下子就看穿了妮琪從十七歲到往後五十歲的人生，那是一個悲劇。那場意外的罪惡感導致妮琪嗑藥，而她買毒品的習慣更讓她付出昂貴的代價。當她毒癮一發作起來，很容易就讓她靠賣淫來支撐這個習慣，過了二十五年這種社會邊緣人的生活之後，照理說她應該是崩潰並且在精神療養院裡終其一生。但是生命的逆轉就發生在她為了自己的習慣、態度以及自我憎恨和罪惡感而尋求幫助時。她開始持續的向心理專家尋求諮商，而她的努力也得到了回報，因為她終於回歸到正常的生活。

為了自己而努力奮鬥五年之後，我看見妮琪重返校園，進到大學唸書，並且成為一名心理學家。她的旅程可說是歷經了一個循環，在她已經是五十幾歲婦人的時候，她專攻蹺家和吸毒的青少年領域。我向她的朋友，也就是我的顧客說，比起她奪走的生命，她救回了更多的人。

她在這二、三十年的人生歲月中，拒絕擁有自己孩子的機會，甚或不願意擁有長期的愛的關係，我瞥見妮琪因為想不透，為什麼在那

場意外中身亡的不是她，而是那兩個男孩，因而使她的人生步履蹣跚。或許當人生走到盡頭時，妮琪會明白，為什麼活下來的人是她。或許她能瞭解透過她的孜孜努力，以及她自己的故事，能拯救更多年輕人的人生。妮琪自己過去的沉淪，或許能讓她在與青少年的相處上，更加得心應手吧，而且也能透過她自己的故事，向他們證實正面的改變是有可能的。

作為一本生命之書，塔羅提供一個窗口，讓我們得以探尋我們永遠都關注的生命歷程。我們發現「事情越是改變，他們的本質越是一樣。」塔羅牌流傳的這幾百年來，我們還在面對同樣的挑戰：尋找愛，以及首先要瞭解我們為什麼來到這世界。

PART II
小阿爾克納牌
以及事件的意義

THE MINOR ARCANA AND THE MEANING OF EVENTS

4

THE SUIT OF WANDS
權杖牌組

權杖牌組包含了從王牌到國王的十四張牌。權杖類型的人充滿行動力和活力，他們對生命的活力和十足的熱情，讓他們成為優秀的運動員、成功的商人，以及敏捷的旅行家。

假設有一座山是必須去攀爬的，那麼暴風雪根本沒辦法阻擋他們。權杖類型的人在運動、賽局以及日常生活中，自然而然的就是會投入競爭，熱中於挑戰並且要搶頭香。要激發權杖類型的人最好的方法就是，故意告訴他們有某些事他們不能去做，或者是直接挑逗他們去做。

在星象學中，權杖類型的人是屬於火象星座：包括牡羊座、獅子座和射手座。他們傾向於展現火一般的激烈性格，而且他們是熱情的、有行動力和缺乏耐心的。權杖類型的人總是在衝突、挑戰和體能上的運動中，感覺到自己存活著。這些人通常寧可在滑雪的意外或登山過程中喪生，而不是在退休後的養生村裡死去。

權杖類型的人適合的職業會是業務員、運動員、塑身事業、教學以及教練等。他們喜歡可以旅行的工作，或者是在某個計畫當中，透過努力工作，就可以看到成果的工作類型。他們很享受工作中多采多

姿的活動和活力。而如果想讓權杖類型的人意志消沉，讓他們坐在辦公桌前一整天會是好辦法。權杖類型的人在心煩意亂時，會直接、斷然且無畏的面對衝突。而較負面的權杖類型的人，通常會去挑起一些衝突讓自己有存在感。

「你所看到的，就是你要得到的」，這是一位權杖皇后類型的朋友形容她自己的方式。當她發現一個她所喜歡的男人時，她會直接追求，直到她得到一個確定的「不」的答案，或者是一個約會。假如你想從權杖類型的人那邊博得同情，你很可能只是在浪費時間。最近我見證了一個權杖國王類型的人在公園裡管教他的三個孩子，一個小男孩摔倒後一跛一跛的走向他，結果得到這樣的回應：「就這樣嗎？所有的傷口就這樣嗎？才這樣你就要跛著走路？不就是個小擦傷，死不了的！」

權杖王牌 | The Ace of Wands

ACE of WANDS.

大體上的意義

從一團雲中伸出一隻手握住一根筆直的權杖。雲代表精神層面或靈感的來源。權杖王牌代表著將想法轉化為行動。它意味著你對於計畫的熱情，以及著手新冒險事業的熱忱。它也可以表示你迫不及待的想要看到某些努力的成果，或者是你就是享受行動和活躍。

這張牌描述的是開始行動。這是一張旅行、展開新計畫，或者透過從事一些體育活動來領悟目標的牌。不過，王牌顯示出在急著想要看到回饋下，目標本身會被忽略掉。

倒立的權杖王牌

當這張牌以上下顛倒對著分析師，它的重點是在你想要嘗試新的方案之前，要先把還沒有完成的計畫給做完。此時此刻，或許你的精力已經被其他案子給耗盡了，而且在你能繼續做下去之前，這些案子還有很多重點要注意。你需要回到權杖十（一張代表責任和多重目標的牌）的課題，在繼續下去之前要先把你的責任委託給他人。

錢財上的意義

這張王牌描述著你要抓緊時機，並且趕快展開你的財務計畫。你有能量去展開新計畫，冒險的感覺可能正在召喚你，目前有個不錯的機會在等著，所以立刻去執行你的計畫吧。

倒立的意義

倒立的權杖王牌建議你,在從事新計畫前先把目前的事業給做好。先暫緩你的計畫,直到你已完成或將現有的責任和計畫託付出去,這會是明智的作法。在錢財的問題上,當權杖王牌出現倒立時,財務延遲是預期中的事。

健康上的意義

當牌形中出現權杖王牌時,代表你活力充沛,元氣淋漓。你有充分的能量和熱情去擁抱整個生命,所以,盡情享受吧!要注意的是:不要一次攬太多事情在身上,好好利用這張權杖王牌的活力去從事運動、散步、跑步或美妙的戶外活動吧。

倒立的意義

這張牌暗示當你遇到別人反對時,你會變得坐立難安、焦躁心煩,而且沒有耐性。這時候你應該出去走一走,發洩掉一些能量以及遠離對你有害的環境。由於能量分散掉了,或者是在有限的時間內要應付太多事了,而導致你的體能處於低潮。

權杖二 | Two of Wands

大體上的意義

權杖二暗示著一個關於你會落腳在那裡的決定，這通常是和住家或工作有關。你正在決定是否要留在原來的地方，或者是搬到一個新家，或換個工作環境。權杖型態和物質生活方式有關，所以事實上，現在並沒有要搬遷的壓力，但是想要體驗新住家和新機會的渴望卻是與日俱增。

倒立的權杖二

當牌出現倒立時，它暗示著你要回到前面那張牌（在這裡指的就是王牌）去掌握那個課題，然後再來著手眼前這張牌的課題。當權杖二倒立時，它暗示著遲疑不決。所以必須要回到王牌並且行動。有時也可能會因為沒有新的挑戰，而感到無聊或不自在，也或許是因擔心失敗而阻礙你考慮手上這個機會。沒有去展望新的地平線，你會忽略了展開讓居家舒適的前進旅程，現在是積極去尋找新機會的時機，而不是為自己何以在生命旅程中停滯不前找藉口。

錢財上的意義

雖然一樣是在描述一個關於搬家或換工作的決定，在財務的問題上，權杖二暗示著，假如你負擔得起，你想要在這個時候搬家。當這張牌是正立時，代表只要你負擔得起而你又想搬，那麼就依你所願作改變吧。

倒立的意義

當權杖二出現倒立，暗示著你不能搬走，直到你已償清債務或者是降低了你的財務開支。為了要專注於一個方向，現在是回到正立的權杖王牌的時候。你還是有新的機會，但前題是，要擁有超脫現有的、實質上的房子或工作機會的眼光，才能看見它們。

健康上的意義

權杖二暗示現在是要更活躍，而且以更正面的方式讓自己身體保持健康的時候。或許你現在可以考慮是不是要加入健身房、學習某項運動，或者是從事規律的散步。

倒立的意義

當權杖二出現倒立時，可能意指你忽略了你的健康，或者你目前身處的環境對你的健康有不良的影響。這時你應該回到正立的權杖王牌來展開行動，或者是在你的健康計畫上展開一個新方向。

權杖三 | Three of Wands

大體上的意義

一個披著醒目的深紅和綠色袍子的身影,以手握住從土地伸出的三根權杖中的一隻。他瞭望著港灣裡映照著金色陽光的三艘船隻。這張牌暗示著旅行和計畫的進展。牌上面的這個人有可能是要登船出國旅行,或者是在等船隻到來,他要來取他所買的貨物。到來的貨物暗示著計畫的進度,而且幾乎是沒有阻礙的,所以照你的計畫走是會有收穫的。

倒立的意義

當權杖三出現倒立,它所發出的訊息是要回到正立的權杖二,來決定一個適當的位置。或許已經到了換居所或工作環境的時候了,或者是在暗示該少些時間去旅行,而應該多花些時間在家裡。可能你會因為你的計畫進展得很慢而有挫折感,這種情況有可能會持續下去,直到你為了做出重要的決定而回到權杖二之後,情形才可能改觀。

錢財上的意義

財務上的計畫正在進行當中,而且其中可能包含國內或國外的旅行。卡片上的晴朗天空意味著,當你將計畫付諸行動時,你可輕鬆的往財務上的目標邁進,你可以照著過去的決策行事(即權杖二所做的決定),因為現在你的財務能力足以支持你的移動。

倒立的意義

權杖三可能是在預告財務計畫的延遲，以及要搬往實際位置（工作或居所）前需要先完成落後的進度。現在是返回正立的權杖二的時候，以決定那一種財務管道是最適當的。

健康上的意義

要改善健康，或許旅行或者度個假可以達到目的。卸下壓力的無憂時光便是讓自己健康之道。如果是在詢問健康的方法，那麼權杖三給你的建議就是不妨從現在開始，多走路。

倒立的意義

在關於健康的分析上，倒立的權杖三可能是在告訴你，因為遲遲沒有下定決心，所以不會那麼快就恢復健康。你需要返回正立的權杖二，以便決定怎樣才是達到健康的最好方法。或許你一直延誤就醫，或者是正在進行嚴格的節食。這個階段，健康上的困擾或障礙可能就是優柔寡斷，或者一直逃避做出重大的健康上的決定所導致的結果。在某些情況下，由於你的健康問題，或者是親密朋友或親人的健康問題，會讓旅行縮短或中斷。

權杖四 | Four of Wands

大體上的意義

四根權杖筆直豎立，支撐著一個花圈，而人們就在其中跳舞慶祝。背景是一棟在正午陽光下穩穩聳立的城堡，其中絲毫不見任何陰影。「四」在小阿爾克納牌中代表堅固、以行動讓計畫成真、穩固且實際的。權杖像是在暗示搬到新家或換到新的工作環境，或者是指在重新修繕後，在現在的家安頓下來。它描述一個穩定的時期，或者是在你往權杖十邁進的過程中的一段休息時光。權杖四這張牌意味著，為了在人生旅途中讓自己舒適而採取的行動。

倒立的意義

當權杖四倒立就變成一張代表臨時狀態的牌，譬如訪友或者是非正式的工作。它暗示著，或許現在是重訪權杖三的時候，以便可以搬新家、換新工作，或者是單純體驗以微少的財富所帶來的自由，和活在當下的感覺。或許一份暫時性的工作還蠻適合你的，這會讓你有時間去決定那種型態的工作或公司是你想要的。

倒立的權杖四有時候是代表你現在正離開一份固定的工作，或從固定的居所搬到暫時的住處。倒立的權杖四是在暗示，現在是回到正立的權杖三的時候，權杖三意味著你可能是在期待著是否將會有一趟長程的旅行。在兩性關係的問題上，倒立的權杖四暗示著，缺乏鞏固的、長期的承諾。

錢財上的意義

這張牌意指著穩固而健全的財務環境,而且你可能會和他人分享這份成功。它可能在暗指鞏固財務的一個時期。或許現在可以聚焦在一、兩項財務投資上,包括你的家庭。權杖四通常會出現在你很享受一份穩定的工作或家庭環境時,這也反映出財務的穩定,確實能讓生活的其他面向呈現穩定的狀態。

倒立的意義

權杖四倒立描述的是一個財務不穩定的時期。雖然它並不是在暗示災難,但有一些步驟你還是要去執行。在進行你的理財進度前,你可能更需要長期性的或穩定的工作,以及穩定的家庭關係。這張牌倒立也可能是在暗示非正式或臨時性的工作。

健康上的意義

在有關健康的分析上,當出現正立的權杖四時,很明顯的是代表身體健康而且活力充沛。和諧的家庭關係或工作生活,讓現在的你處於安全且穩定的健康狀態。現在或許正是建立起健康習慣的時候,譬如透過每天規律的散步、伸展運動、瑜伽或慢跑,來保持健康和活力。

倒立的意義

倒立的權杖四意味著,你的健康會反映你所處的環境,在這個時候兩者並不協調。過度沉溺於慶祝活動有可能導致你的健康狀態失衡。也有可能是臨時的環境,譬如旅行或者是工作上的需要,讓你沒有辦法保持規律的健康習慣。

權杖五 | Five of Wands

大體上的意義

五個人陷入一種糾結當中,他們的精力用來彼此抗衡而沒有明顯的目標。他們精力的耗費和寧靜的藍天與美好的日子正好形成對比。這張牌意味著散亂的能量。你是不是一口氣進行太多計畫了,或者是不管在辦公室、家裡面或是地方上的衝突你都要參上一腳?以運動賽事來說,這就好比你在過程中消耗掉了精力,而對手卻保留了完整的實力來奪得獎牌、贏得榮譽或保持健康。

目前的集體活動便是衝突的導因,因為每一個參與者都搶著要出頭或贏是得肯定。權杖五可能暗喻著,為找出可行的方案,群體中的每個人正在經歷艱難的協調過程。在事業的議題上,這張牌代表混亂,代表公司簡直就像是一個巨大的功能失調的家庭。而在人際關係議題上,它意味著兩個人由於不同的生活方式、興趣和各自的朋友而使得彼此衝突加劇。

倒立的意義

權杖五倒立反而是張較正面的牌,因為它暗示在爭論之後找出了共同點。這是一張改變的牌,且由於權杖牌組是關於真實世界的,所以權杖五通常是指真實的改變(例如居家或工作環境)。或許你正要離開一份工作或一份愛的關係,而且假設是這樣的話,你並不是被迫離開的,相反的,你正在返回正立的權杖四,來好好享受它所提供的安定。

在一段衝突期之後，接著就是合作和團結。倒立的權杖五可能意指已經離開那漫無目標的階段了。現在比較少有新方案在進行，應該要更聚焦在那些已經著手的目標。

錢財上的意義

當這張權杖五出現在牌形中，通常代表著濫用錢財。現在有太多的需求和計畫會打散你的焦點，導致成果有限。這張牌可能是在描述一個小生意，但就只有一個人，他必須包辦從業務到行銷、到服務以及庫存核算等所有的事情。這些人就是因為太忙及橫衝直撞了，以致於沒有時間為成功擬定實際的計畫。

倒立的意義

倒立的權杖五意指成功的機會大大增加，這是因為對於手邊的工作越來越專注的關係。那些參與的人已經不再彼此競爭，而是學著在共同的目標上彼此合作並分享成功。這張牌也表示現在內部的衝突已經平息下來，大家共同朝目標努力邁進。

健康上的意義

權杖類型的人喜歡追逐他們的目標，而這張權杖五就是典型的「急」的代表。對他們來說，一個努力爭取來的成就，遠比從天而降到他們手裡的機會更吸引他們。權杖類型的人相當熱中於擊敗其競爭對手。如此長期的精力耗損，可能導致的後果就是：筋疲力竭或者是因風寒或流行性感冒而病倒在床。

倒立的意義

倒立的權杖五代表一種比較平衡的生活方式，而這會讓保持健康的機

會大增。它也可能代表在一段忽略了健康的時期之後，重新重視起你的健康。倒立的權杖五是在建議你回到正立的權杖四，找回穩固而平衡的健康狀態。

權杖六 | Six of Wands

大體上的意義

一個人騎在一匹覆蓋著綠色布幔的馬身上。他的手握著綁著花圈的權杖，他的紅色長袍呈現出一種帝王的氛圍。另一個花圈就戴在他的頭上，畫面上還看得到另外五根權杖，是由走在他身邊的人拿著。這個隊伍表示一種勝利的遊行。權杖類型的人在駕馭他們如火一般的熱情，並將它們導向一個特定的目的時，他們可以享受許多勝利的快感。蔚藍的晴空就在那裡等著那些突破障礙而取得勝利的人們。在權杖五所描述的混亂之後，到了權杖六，這裡全是直立的權杖和和諧一致的感覺，這代表所有能量是和諧的指向一個目標，或是一個大家所同意的目的。

權杖五的衝突已經被協調後的團隊努力所取代。進度也會變得更快，因為所有的權杖（也就是你所有的能量）都集中指向同一個方向。這張牌代表你的計畫會成功。或許是在工作上有升遷的機會、找到一個新工作、順利完成一項課程，或者在一份長期的愛的關係中安頓下來。權杖六意指你的計畫得以體現。

倒立的意義

權杖六倒立時代表你的計畫無法成功。你可能會被裁員、某個學科會被當掉、和你的伴侶分開，或者是乾脆放棄你的計畫。現在是回到正立的權杖五，審視你所關注的方向是否正確的時候。或許是因為你將精力分散在太多方向了，而導致你無法有效的從事你的計畫。

錢財上的意義

權杖六表示財務上的成功。如果這張牌出現在回答有關財務問題的答案中，可以確定這是一個勝利。在紀律和專注中你可以享受計畫完成的成功果實，它代表了駕馭你能量（六根個別的權杖）的行動，並且聚焦在眼前的任務上。

倒立的意義

權杖六倒立表示你可能同時著手進行太多目標了，而且是超越了你的能力範圍並分散了你的能量。目前看似不會成功，因為你可能太快就放棄了，而忽略了你的機會，或者是被迫把精神放在另外的事業上，因為你有太多案子可以選擇了。也有可能是在實現你的目標上，你對你的能力喪失了信心。在某些狀況下，倒立的權杖六在財務問題上代表你有太多可選擇的方向，而使得你沒有辦法達到你基本的財務目標。太多的選擇反而會讓你分心，而沒有辦法專心在主要的目標上。

健康上的意義

在健康的分析上出現權杖六代表均衡的健康狀態。假如你詢問塔羅牌某種特殊的健康方法是否明智？那麼正立的權杖六就是給你一個清楚明白的肯定答覆，除非周遭有否定的牌出現。當卡拉很煩惱的來問她即將進行的外科手術是否會成功，正立的權杖六就確認了這會是個成功的結果。

倒立的意義

這張牌倒立表示說，由於能量分散而導致健康惡化。它描述著你回到權杖五的狀態以及它所伴隨的混亂。當你厭倦了權杖五的混亂，權杖六的穩定隨即會召喚你。或許是該淘汰掉那些耗損你精力，卻無望得

到回報的要求或目標的時候了。或許是你還不明白隨著年齡增長，你將漸漸的力不從心。當拉茲羅在他的分析中選了權杖五，我的解釋是：作為一個全職的泥水匠，以他的年紀來說或許已經不再是個明智的選擇了。由於他依然肌肉緊實，儼然是戶外型的人物，所以拉茲羅總以為他還只有二十三歲，但是他也承認他的背部有可能已經出現神經傷害，而這提醒了他，他已經五十一歲了。

權杖七 | Seven of Wands

大體上的意義

一個人面對著其他六根從他處運送過來的權杖，並保持警覺的站立著。處於高地的他堅定的捍衛著他的地位，他一腳踩鞋、一腳穿靴，意味著他可能是在匆忙中著裝。他穿的鞋也代表，目前正在權杖六的穩定，和權杖八的自由間拉鋸著。他的穿著究竟是代表穩定的狀態，還是為了迎向挑戰呢？

藍天意味著這是他所選擇的衝突，而非被強迫的狀態。或許這是他既想要擴張事業、又想要被推派去參加運動競賽、還想要成功的完成考試的結果，或者他現在正在工作上，一方面要變花樣，另外一方面在課業上又要好好學習，以便在將來得到一份更好的工作。

倒立的意義

倒立的權杖七描述著你逐漸的被橫亙在眼前的障礙給擊潰了。或許是要你在有限的時間內，去滿足大家的需求。而凡事參與的結果，就是耗盡了你的體力或精神的能量。現在應該要回到正立的權杖六的穩定狀態，才能有個比較強的架構而使事物順利行動。與其像現在抓著很多目標要去做，倒不如放掉一些比較好，只要保留那些你確定是你所需要的目標就好了。

錢財上的意義

權杖七代表你戰勝了眼前的挑戰。它也代表你應該要釐清錢財上的義務和責任。雖然目前的生活是有挑戰性的，不過你仍有餘裕去追求你想要的生活方式。這張牌意指現在是你增加你的投資預算的時候，或者是你會成功的擴充你目前的投資。

倒立的意義

你所需清償的債務似乎超出你目前的收入太多了。你必須藉由回到權杖六來降低你的支出。現在你應該要專注在那些你負擔得起的事物上，好回到財務穩固的生活方式。現階段你也可能有一種快被財務壓垮的感覺，所以去掉一些不必要的需求是很重要的。

健康上的意義

倒立的權杖七代表由於過度承諾所帶來的壓力。你現在的健康狀態還在掌控之中，但你的生活確實是充滿挑戰的。通常正立的「七」顯示你很專注在你的目標上，你也很有效率的在運用你的能量。

倒立的意義

倒立的權杖七代表肉體的能量已經到了低水位了。這可能是導因於長期繁重的責任壓力。或許你已經在嘗試著要平衡人際關係，或對家庭的承諾，以及超時的加班了。當伊蓮選到這張倒立的權杖七，結果證明她一個禮拜在辦公室裡工作四十五小時，而且還要照顧她患有早期老年痴呆症的年邁母親。大多數的週末夜晚，伊蓮在回家之前，要先幫她母親煮飯和打掃，而回到她自己的家庭之後，又要做同樣的事。

權杖八 | Eight of Wands

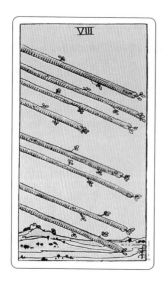

大體上的意義

晴朗的天空中妝點著八根自在無拘束、劃破天際的權杖。背景當中有座城堡座落在山丘上，而山丘就在那慢慢流動的河流後方。這張牌所凸顯的就是權杖類型的人所夢想的自由。權杖類型的人總是在沒有義務和責任的羈絆之後顯現出最佳狀態。當權杖類型的人從日常生活的拘束中解放出來，他們會覺得人生充滿了光輝、挑戰以及征服的戰利品。

權杖八代表了海外旅行、自由流動的能量，以及達成目標的清晰路徑。過去的努力就是在為現在的人生可以自由的旅行而鋪路。這是多年來你會想要記取的全盛時期。地中海岸火紅的夕陽緩緩沉落的美感，或是下午時分駕著船出海欣賞蔚藍晴空等，都提醒著你的努力是值得的。

倒立的意義

當這張牌倒立時表示，你的計畫或是旅行會出現些許延遲，但還沒有明顯到會減低你的自由，因為天空依舊是晴朗的。當這張牌倒立，我們看到的畫面是土地在八根權杖之上，這代表你要更加務實。或許你應該等籌到足夠的經費才去旅行。通常權杖八倒立是在描述，人生走到太平無事的平靜階段。這樣的時刻對於活躍的權杖類型和好奇的寶劍類型的人來說似乎是漫漫長日，但有創意的聖杯類型和務實的五角星類型的人倒是會很喜歡這樣的階段。倒立的權杖八意味著要重返正立的權杖七，而且你需要去履行你的責任和義務。

錢財上的意義

權杖八代表這是個財務的全盛時期，你能夠輕鬆的支付任何你想要和
需要的東西。它也代表旅行以及當你在度假時，對於時間和金錢都有
一種無虞的感覺。財務上的機會更顯得水到渠成，你得以坐享財務上
的豐收。

倒立的意義

財務狀況穩定，但也不必高興。或許你應該回到權杖七讓你的支出獲
得控制，或者是建立起一套有益的理財習慣，那會讓你回到正立的權
杖八狀態，然後再度感受到自由。

健康上的意義

在有關健康的分析上，權杖八不論是正立或倒立，都是一張正面的
牌。你現在有充分的能量和熱情去追求你的生活目標。現在你已經知
道養成健康的習慣和儲備豐沛的能量對健康的好處了。在有關手術的
問題上，這張牌說明可以快速復原。通常它所顯示的就是身體健康以
及一種熱情的生活方式。

倒立的意義

這張牌應該是表示緩慢但穩定的康復過程。通常倒立的權杖八意指一
段穩定、健康的時期，然而你可能會更希望是那種處於正立牌時的活
力和熱情。

權杖九 | Nine of Wands

大體上的意義

一個人站在八根權杖之前、並抓住第九根權杖。他不安的眼光向右掃過那些往事。頭纏繃帶代表他過去所做的事並非全然成功。這是權杖牌組中第一次有人在回顧過去。

對於既存的問題總是期待將來能夠解決，現在這個人開始回顧過去的作為，以便看清他是怎麼走到今天的。他已經漸漸知道所有行為都會產生結果，就好比他目前的生活就是過去作為的結果，而將來的生活則是由現在的決定和作為來引導的。

這張牌代表逐漸意識到聚焦於承諾和目的是多麼重要的事了。與其栽種五百顆混合的種子來期待有好的成果，不如仔細評估後只耕耘一種特殊的品種，並且悉心照料它們，以享受耕耘後的收穫。

倒立的意義

倒立的權杖九代表回顧過去以找尋滿足，而不去發掘你的義務、壓力來源，更不願持續孜孜努力。當這張牌倒立意味著你想要好好休息，或度個特別的假期（正立的權杖八），來重新點燃你對生命的熱情，但顯然現在還沒辦法實現。倒立的權杖九也可能是指你在重新檢視過去時太吹毛求疵了，因此忽略掉你的成功，並鑽進失敗的死胡同，或者是在你邁向前時所遭遇的障礙。返回正立的權杖八可以讓你在迎接權杖十的挑戰之前，有機會休息、放鬆和復原。

錢財上的意義

正立的權杖九是一個重新謹慎評估財務的階段。要意識到你的決定和作為對財務成果的影響。或許財務上的挫敗已經讓你明白,你不明智的投資,將多麼輕易的失去金錢。

倒立的意義

你可能已經在為了要達到收支平衡而長期奮戰,並快要崩潰了,現在應該要透過週末或短暫的假期休息一下,回報你那長期以來不斷的努力。當權杖九出現倒立時,你可能被期待去克服那永無止盡的困難,但回饋卻是微不足道。休息一下應該可以幫你澄清你的目標,並讓你對未來的熱情甦醒。

健康上的意義

在歷經健康衰退之後,你終於徹悟過去揮霍了多少能量。現在是該捍衛精力、儲備能量,並且為將來鋪設好舒適的進程。健康上的問題之所以出現在頭部(由頭纏繃帶來暗示),有可能是過去的決定和行動所導致的後果。

倒立的意義

因為過往的行為讓你感到能量耗盡,筋疲力竭。或許一直以來你都是一口氣嘗試太多事情,而現在正是去找尋一種較簡單、少壓力的生活方式的時候。持續的健康困境可能是你遲遲無法復原的原因,而短暫的休息可能讓你恢復活力,甚至增強你對未來的信心。回到正立的權杖八會讓你有休息和放鬆的機會,而且還可以重建你的肉體能量及增加活力水位。

權杖十 | Ten of Wands

大體上的意義

一個人帶著十根權杖吃力的移往遠方背景處的房子。藍天表示他的負擔是出自於他自己的選擇,而且很有可能這些負擔從好幾個月或幾年前就開始不斷的增加。「這些事我做得來,而且這些對我來說既簡單又花不了多少時間。」就是這種態度導致權杖十所顯示的情形。那「簡單」的事情結果變得比想像中更複雜,這個人負荷沉重,但是又不能將重擔委託他人分擔。這張牌通常會被自行創業的人或小生意經營者選到。同時擁有好幾個身分,總是覺得把掌控權交給別人根本是無法想像的事。

儘管負擔重重,然而權杖十代表你在付出極大的努力後所獲得的成功。或許你會因為交付出去某些責任而受惠,因為那會減輕你的壓力,並且容許你花時間去深思長期以來的憧憬。當你實現目標時,你有充分的理由為你的成就感到驕傲,因為權杖十證實了,要夢想成真就需要堅持和努力。

倒立的意義

現在成功的機會是微乎其微的,因為你已經沉沒在你目前所面對的負擔之下了。是該回到正立的權杖九了,這是為了重新檢視那些目標是值得追尋,而那些可以委託給他人或者是放棄。「假如要把事情給辦妥,就必須自己去完成它。」在現階段會限制住你對於目標的追求。現在應該是請個會計幫你完成納稅申報單、找一位繪圖設計師幫你畫

宣傳單，或者聘請一位律師來協助你完成業務契約的時候了。

錢財上的意義

現在是引進一套穩定的財務系統的時候了，因為你正疲於應付許多需求。雖然你可能會覺得停下來去學新的事物會讓你偏離目標，但現在就去做，這才是對你的長程目標有幫助的。權杖十證實了財務上的成功（要看牌形周遭是那些牌），但這可不是不費吹灰之力就可得到的成功喔。

倒立的意義

你可能會覺得財務吃緊，而且沒有其他人可以託付財務議題或是責任。現在應該要回到正立的權杖九，去決定那些花費是可以縮減或整個刪除的，好讓你更有效率的朝目標邁進。倒立的權杖十通常意指肉體上的耗竭伴隨著財務上的負擔。

健康上的意義

權杖十所代表的健康區域包括肩膀僵硬、背部問題，以及環境的壓力所造成的疲勞。交付出你的某些責任可能有助於舒緩肉體上的緊張，把時間用在有創意的計畫或者是創新的活動上，也可能緩解你那被重壓的感覺。

倒立的意義

權杖十倒立表示你所保留的能量快被消耗光了。如果你還是繼續採取目前的步調，你得冒上拖垮身體的危險。現在該回到正立的權杖九的課題，以決定你生活中的那些部分可以有效率的進行或簡化，或什麼活動可以免除，這樣你就可以把更多的時間和能量用在自己身上了。

權杖侍衛 | Page of Wands

PAGE of WANDS.

大體上的意義

這個類型的人通常是喜歡往外跑、好運動、熱情、坦率及容易相處的。他／她喜歡運動、追求體能極限和戶外運動。權杖侍衛類型的人在家時總是鬧哄哄又亂糟糟的，而且從小就自動自發。這張侍衛牌反應的是自發的要得到報償，競爭並不會使他膽怯，只會讓他更聚焦在他所渴望的目標上。

誠如你的觀點，權杖侍衛牌描述當開始一項新的事業時，一種可以感覺到年輕活力的行動。雖然對於行動會感到緊張，但是他仍然充滿激情和熱心，熱中於探索有用的經驗以及展開新的冒險。

倒立的意義

他們可能要求很高、缺乏耐心、魯莽以及不得體。這是個在體育課發生的意外事件，在腿上裹了石膏後從學校返回家中的侍衛。權杖侍衛倒立的負面觀點是，這個人天生就不修邊幅又懶散。他／她有跋扈又愛跟朋友競爭的傾向。倒立的侍衛也可能代表著，一個高聲吼叫的青少年，吵得附近的鄰居都想偷偷把他招死。

倒立的權杖侍衛表示延遲著手一項新計畫，或許是被目前的需求給搞到心煩意亂了。有時候它也暗示害怕著手新計畫，因而在行動之前猶豫不決。

當遭遇逆境時

當權杖侍衛有挫敗感時，他／她可能會放棄對目標的追求，轉而去找尋其他的標的。在遇到挫折的時候，權杖侍衛是塔羅牌四個侍衛裡最吵的一個。當他們意識到人生不公平的時候，總是大聲咆哮。不過正面積極的類型則是會尋找其他目標，或者是變得更加果斷的達成初始的目標，勇於向自己挑戰。

權杖侍衛一開始會給人一種正面的印象，會很快的就告訴新進者他們目前的目標，但是往往卻是浪費精力在討論上，而且也沒有專注去追求想要的目標。當遇到阻力時，權杖侍衛所表現出來的是一種漫無目標的熱情，非但沒有掃除障礙，還可能惱羞成怒，猛烈攻擊靠近他們的人。再不然就是坐立不安，而這可能會讓他在第一次跨欄時就放棄了想要的目標。

權杖騎士 | Knight of Wands

KNIGHT of WANDS.

大體上的意義

權杖騎士通常是急躁、熱情、急著想探索世界以及坦率的。權杖騎士有短時間努力工作的爆發力，所以他容易對例行性以及長期的目標感到厭倦。他是一個目標取向、坦率且臉皮厚的人，對於挑戰是既大膽又鍾愛的。他喜歡旅行和戶外的工作，因為那讓他感覺自由。年輕女性通常會被權杖騎士所吸引，儘管他表明無法對情感有任何的承諾。通常他總是信心滿滿、積極又外向。他會即興行事，因為他做得到，而且他對於時間和能量的付出通常是很大方的。

權杖騎士也代表需要快速行動好抓住機會。這是一張代表旅行和將要擁抱各式各樣選擇的自由的牌。在星象學上，這是一張射手座的牌，且當牌形和大阿爾克納的「節制」牌一起出現時，很明顯的就是在指射手座（男人或女人）的人。

倒立的意義

權杖騎士倒立可能是表示，享受追尋的過程多於回報的喜悅。他通常是不給承諾，而且同時攬太多事情在身上。他可能是好競爭的，特別是跟親近的朋友。有時候女人會被這種狂野、難以駕馭的人所吸引，而待在他身邊，期待能馴化他。但是他會抗拒居家生活，寧願逃跑，轉而選擇下一段關係，不過看起來卻好像是在尋找他在這世界上的位置。

這張倒立權杖騎士牌意指需要繼續移動，以尋找正確的機會，但是這會讓他們忽略掉眼前其他可能的機會。也會讓計畫延宕或失去耐性，而導致幾乎是一事無成。

當遭遇逆境時

權杖騎士通常會為了另一個目標而放棄原本的目標，這是因為他遇到阻撓時，就想逃走。在錯誤中他通常會重蹈覆轍。在挫敗時會激起競爭的情緒，為了抗衡對手而努力工作，然而一旦目的達成就縮手不做了。積極的權杖騎士在遭遇挫折時會催促自己更努力，協議的方式可不是他會喜歡的解決之道。

有時候，權杖騎士無法得到他所渴望的自由時，他會需要去找回他自己。他會放棄一段關係、一份工作或者一個家庭，那是因為他希望可以找到一個更可以滿足他的機會。他通常會如願，直到他又必須再度付出承諾或者是又有人來打擊他的計畫。於是出走的路又再度向他招手。權杖類型的人通常是活在未來，殊不知當他們抵達目的地，他們會把在過去未完成的那些事給一起帶過來。這種狀況在權杖宮廷牌出現倒立時尤為明顯。

權杖皇后 | Queen of Wands

QUEEN of WANDS.

大體上的意義

權杖皇后通常是大方、英勇、直率、熱忱、大膽和獨立的。她是勤勉奮發的，有能力激勵他人並且具有天生的直覺。她所儲備的能量讓她足以在其他人都放棄之後仍邁步向前，她還是個優秀的教練或者好榜樣。

權杖皇后是天生的老師和探險家，她會因挑戰而意志高昂，並喜歡突破極限。她是一種自信的典範，並且總是能夠在厄運之前展現勇氣。她通常臉皮比較厚，卻不失坦率而且意志堅定。

權杖皇后牌可以說是透過內在的力量和自信而獲得成功的。你面對橫逆的勇氣會幫助你達成目標。這張牌代表獅子座，而且當牌形之中伴隨著太陽牌以及（或者）力量牌，那麼獅子座的人格特質（不論是男人或女人）都會更明顯。

倒立的意義

權杖皇后倒立可能是好競爭、不計後果、狠下心衝刺事業、富侵略性而且脾氣壞的。假如用舞蹈來比喻，那麼就應該是探戈。假如在她的生活當中沒有太多值得追尋的目標，她一旦發現這舞碼頗吸引人，那麼她就會以她為中心盡情去營造情境。通常她不太知道什麼時候該停止，結果可能導致身體出問題或精神耗竭。倒立的權杖皇后樂於以自己為例來給忠告，她會指出你的缺點並建議如何改正。但你最好不要用同樣的方式來回報她。

這裡也有可能在暗示由於缺乏勇氣和自信而無法成功。在權杖皇后大無畏的外表下,其實充滿著疑慮、自我批評,和暴露出恐懼。或許缺乏勇氣和自信使你在目標的追求上遲疑不前。

當遭遇逆境時

當阻撓出現,權杖皇后可是性急、火爆又坦率的。有時候在事實真相未明前,她就會大發雷霆,事後卻不得不道歉。通常在遇到挫折時,她會敦促自己更努力──假設她能夠控制脾氣,鼓勵自己向前的話。假使做不到,她可能會大發雷霆,攻擊周遭的人,而且立刻與他們疏離。她是那種示威活動時會站在最前線的人,若有需要的話,她也會搖旗吶喊的對抗阻礙。

權杖國王 | King of Wands

KING of WANDS.

大體上的意義

權杖國王是熱心、熱情、容易興奮、誠實、直率、勤奮、能夠看到較遠大前景和慷慨大方的。他直言不諱的態度，讓他很容易和大夥兒打成一片。他不會推託、找藉口而且很喜歡挑戰。他通常是比較不拘小節、熱情，而且會毫不避諱的向那些他覺得有吸引力的女孩們調情，另外他在運動賽事、事業和人生上總是喜歡和人論輸贏。通常他是個好老師或教練，因為他喜歡啟發他人。權杖國王代表透過自律而獲致成功。這張牌代表牡羊座，假如它和「帝王」牌一起出現，那麼應該就是指牡羊座的人（男性或女性）。國王已經精通了權杖牌組的熱情和熱心，而且有能力駕馭這股能量，導向實際的生活目標。

倒立的意義

權杖國王倒立可能是好競爭、不切實際、遲鈍、魯莽、有侵略性、脾氣暴躁、輕然諾，而且沒有辦法完成計畫。由於他需要快速得到滿足，這使他成為一個差勁的交易者。在他想要馬上有結果的渴望下，他可能忽略了他的行為所帶來的長期結果。通常，他憎恨權威並缺乏自律。當他重複著失控的行為時，通常別人會跳出來阻斷以便規範他。如此一來他可能會失去他的駕照、被公司解雇，或者是被要求離開他的家或結束一段關係，而這一切後果皆導因於他的行為。

一般來說，權杖國王倒立可能是指，由於缺乏自律而無法成功。熱情活力加上缺乏耐心所導致的結果就是同時有太多案子要執行，而每一項都在後繼無力中被迫放棄。

當遭遇逆境時

權杖國王在遇到阻撓時性子就來了。當他生氣的時候，他會咆哮怒罵。因為他知道，他只要發一次大脾氣，別人就會把他所想要的給他。別人有可能看不起他，但還是會滿足他當下的需求。而正面積極的權杖國王在他的計畫中遭遇困難時，他是會更努力的。為了要完成眼前的任務，如有必要，他將會通宵達旦的工作。和權杖騎士如出一轍，當遇到挫折時可能會放棄目前的計畫，轉而追求新的目標。在他能夠自律之前，他也有不斷重複錯誤的傾向。這是因為權杖類型的人都是透過直接的經驗在學習的，而非透過觀察。不斷的重蹈覆轍只會讓權杖國王更憤怒，而且對於他自己和他所處的環境更加的沒有耐心。

THE SUIT OF CUPS
聖杯牌組

這十四張牌，從王牌到國王，所組成的牌組是一條瞭解愛、創意和想像力的道路。聖杯類型的人通常生性仁慈、溫柔、有同情心、有耐心而且也比較多情。通常權杖類型的人尋求競爭，聖杯類型的人則較喜歡和諧，因為他們瞭解競爭只會使彼此疏遠。就是因為知道人類已經是孤單和孤立的，所以在我們各自邁向自我實現之路時，聖杯類型的人會去尋找連結彼此的方式。權杖類型的人有實質的勇氣去攀登高山，而聖杯類型的人則是會在情感上顯示出巨大的勇氣。

在星象學上，聖杯類型是水象的巨蟹座、天蠍座和雙魚座。雖然聖杯牌所代表的類型並不局限於這些星座，但他們表現出來的就是一種柔軟的、情感豐富的性格。你要用同情和理解來和這些人接觸。聖杯類型的人通常是好的傾聽者，而且能夠滋養他們所愛的一切。他們看重的是內在的和平及寧靜，而且有時候會覺得和他們成對比的權杖類型者太躁動，也太愛和人競爭。他們喜歡在海邊消磨寧靜的午後時光，或者閱讀一本書，或者看一部浪漫的電影。

聖杯類型的人適合的職業領域有養育、創意、諮商、心理學、藝術治療、能量療癒和音樂，他們會避免高度競爭的工作，而比較適合合作性質的事業。有時候他們會透過冥想、瑜伽、寫作或繪畫來尋求精神和情感上的滿足。

　　當聖杯類型的人發脾氣時，總是生著悶氣，或者是呈現情感上的退縮。他們會避免與人衝突，而且很容易因為他人不經意的話語或行為而感到受傷。聖杯類型的人天生喜歡獨處、有時候顯得躲躲藏藏，他們是需要時間去瞭解的，在自我表露上他們總是慢慢來。他們有天生的直覺，對於別人的情緒和感覺都很敏銳，而且他們通常喜歡動物。負面的聖杯類型的人，有時候會透過酒精和藥物來鈍化感情上的空虛，或痛苦的經歷。當消沉時，他們有憂鬱的傾向，而且沒有辦法釋放過去或是完全活在當下。聖杯類型的人有時候會藉由談戀愛、幻想或者做著美好生活的白日夢來逃離現實生活。

聖杯王牌 | The Ace of Cups

ACE of CUPS.

大體上的意義

在這張牌上有一隻手握住了水滿溢出來的杯子。聖杯王牌凸顯出，有創意的想像力需要幻化為新的想法。當聖杯王牌出現在牌形中，代表這是一段你的心靈和情感都滿足的階段，而且透過你的兩性關係、工作或有創意的計畫而和生活產生連結。

在兩性關係問題的分析上，這張牌代表一段新的愛的關係，或者是一份原本已存在的關係正要邁入新階段。這張牌顯示出在和其他人的連結上是相當有價值的。

倒立的意義

目前與能夠帶來精神層面滿足的人、機會和環境之間的連結是斷斷續續的。在兩性關係的牌形中出現倒立的聖杯王牌，暗示著目前是處於兩個情感飢渴階段中間的情感滿足期。返回正立的聖杯十課題，你會發現一群志趣相同的人們可以幫助你和精神層面重新產生連結。如果是在詢問追求一個特殊的目標是否值得？倒立的聖杯王牌已經指出，追尋這個目標並沒有滿足感可言。

錢財上的意義

在有關財務議題的牌形上，這張聖杯王牌意味著你對於你的財務狀況是滿意的。它也在暗示你可能會因為從事一件有創意的工作或嗜好而獲得一份收入，而這帶給你深深的滿足感。從這張牌看得出來你愛你的工作或者你的公司。

倒立的意義

聖杯王牌倒立是在說你的經濟來源有斷斷續續的狀況出現。或許你正在一份你無法得到滿足的工作中掙扎。它也可能是在描述對於某些你喜歡的事物你做得太多了，因而減低了在過程中可以得到的樂趣。

健康上的意義

在健康問題的分析上，這是一張正面的牌，聖杯王牌是在描述均衡的健康狀態，以及一種情緒上的平衡感覺。而這種均衡會讓精神層次連結到生活，並帶來滿足感。

倒立的意義

聖杯王牌倒立說明了，目前任何健康上的疑難雜症都肇因於情緒或精神層面。為了重建你肉體和情感上的健康，或許現在是該檢視滿足你精神和情緒來源的時候了。

聖杯二 │ Two of Cups

大體上的意義

聖杯二是在描述一種平衡的友誼、伙伴關係，或者是愛的關係。牌面上這兩個人面對面站立著，這暗喻著兩人是對等的、相配的，而且會回應對方的需求。正面的想法會輕鬆的從這種伙伴關係中湧出，因為這對佳偶可以和諧的在一起工作。在關於事業的問題上，聖杯二描述你和你所尊敬、而對方也非常看重你的那個人有著緊密的工作關係。

倒立的意義

聖杯二倒立是描述兩個人都想要控制對方。這份友誼或兩性關係將會成為持續的權力鬥爭，直到兩人各自重返聖杯王牌所賦予的課題，並重新連結到生活及內在精神層面歡樂的來源。聖杯二倒立也是在描述兩個人，各自都想要透過對方來尋求滿足，因而將不必要的要求加諸在對方身上。

卡莉來找我進行分析，因為她覺得生活很無聊，一點挑戰也沒有。她厭倦了逛街、旅行以及和朋友共進午餐，她抱怨她和尼可萊的關係不能滿足她。倒立的聖杯二意味著卡莉期待她的伴侶會是她的靈魂和生活的連結。尼可萊為她下廚、逗她笑、和她分享他的朋友，而且當他們旅行時十足的縱容她。倒立的聖杯二代表卡莉在這段關係中正處於緊繃的狀態，而且現在的卡莉應該要去尋找她自己生命裡情感和精神層面的連結，而不是倚賴尼可萊去幫她做這些事。

錢財上的意義

在財務問題上，聖杯二代表一種和諧的伙伴關係或愛的關係，兩人都是慷慨、熱情的，而且也不會想去佔對方錢財上的便宜。在有關事業的問題上，這張牌是說明一種友善的事業伙伴關係，它可能意指著你正和某位同事很緊密，且和諧的共事中。

倒立的意義

當聖杯二倒立，表示伙伴關係中的個人差異性可能會導致你的財務枯竭。合夥人之間目前最在意的就是如何處理財務上的分配問題。有時候倒立的聖杯二意指，前任合夥人在拆夥之後又回過頭來爭奪產業。

健康上的意義

在健康問題的分析上，當牌形中出現正立的聖杯二，代表你目前的身體健康狀態良好，這得歸功於情緒上的平衡。有對你意義重大並且看重你的人關愛，是有助於導向和諧健康的生活。

倒立的意義

聖杯二倒立意指，你的理性關係或者某個工作上的合夥關係正在耗竭你的能量，而且這會對你的健康產生不利的影響。或許是你的伙伴對你的要求多過你所能理解的程度。為了保持健康狀態，你要確認你身邊的人不會過度依賴你，而導致你的健康受影響。

聖杯三 | Three of Cups

大體上的意義

三個女人正以舞蹈歡慶豐收，每個人都手握聖杯並高舉於頭頂。聖杯三意味著一段慶祝的時光、一群志同道合的人們相聚，或代表這是個重大隆盛的晚宴。在有關事業的問題上，它可能是在描述一群旗鼓相當的人在一起工作。如果是關於愛的關係，它通常是指一個和諧的家庭，或者是朋友組成的支持性團體。假設你是單身，聖杯三可能是在暗示同時間會有幾段愛的關係靠近你。

倒立的意義

聖杯三倒立代表和人們的關係並不和諧。或許是現在同事們彼此競爭，或者是你和另一半之間的關係被某個朋友、親人或一段祕密戀情所破壞。它也可能意指一個來自前一段關係的小孩，會讓目前這段關係掀起波瀾。

錢財上的意義

它代表分享財務上的成功。可能有三個或三個以上的人正在享受他們共同努力的甜美果實。這張牌顯示三個或更多的人一起工作或投資，並分享報酬的甜美果實。有時候聖杯三也意味著有些不錯的機會已經靠近，而你應該要選出最適當的那一個。

倒立的意義

倒立的聖杯三描述的是一群人當中的衝突，而那可能就是財務運用意見上的分歧，或者是有的人覺得財務所得分配並不公平所導致的結果。假設你無法認同團隊中的每一個人，那麼這就是你返回正立的聖杯二的時候，去找到一個可以分享你觀點的人。

健康上的意義

聖杯三所顯示的是，因為身體健康而能夠和朋友相處愉快，它意指一段你和朋友一起慶祝，或一起度假的時期，而這一切皆歸功於你的健康良好。和志同道合的朋友共度光陰，讓你感覺到身心平衡並且充滿感激。

倒立的意義

這是一段你感到孤立無援或離群索居的時期。這問題需要你回到正立的聖杯二，去找到那個看重你且欣賞你的人才能解決。聖杯三倒立顯示出你的健康問題和情緒是有關係的。在有些少數的案例中，聖杯三倒立透露出一群人，集體分享著一種會戕害他們健康的行為模式。當柯林因抱怨缺乏活力而前來進行分析，倒立的聖杯三就指出，他的社交習慣就是導致他如此的部分原因。柯林每週有五、六個晚上都泡在當地酒吧玩撞球，每晚總是喝掉四到六杯威士忌。而這也讓他的兩性關係產生衝突，因為柯林視此為娛樂，而他的伴侶雪姿卻認為這種行為是把存款平白的丟給酒吧老闆。

聖杯四 | Four of Cups

大體上的意義

一個人在樹蔭底下盤腿而坐，並閉目沉思。他渴望聖杯王牌，因為它能從其他面向提供他機會。在他面前站立的那三個聖杯承載著真實的機會，而第四個聖杯則是個提醒：除非你的精神和情緒與生活產生連結，否則幾乎不會有什麼機會或滿足產生。牌中這個人被描繪成安靜端坐，以平衡他的內在與外在需求。

倒立的意義

這個人並不滿足，而且也無法維持與他的內在及他身邊機會的連結。現在是重新回到聖杯三課題的時候，以便遇到一個能提醒他或喚醒他生命歡愉的人。當這張牌倒立時，滿足與成就感似乎是轉瞬即逝的。這個人坐思那些錯失的機會，卻忽略掉了眼前的機會。

以眼前的情勢來看，環境並不允許你的內在需求得到滿足，那麼就轉移目標往別處找尋心靈與情感的滋養吧。或許加入一個冥想的團體、汽車俱樂部、健身房，或者自然保護組織等，對你都會有幫助。

錢財上的意義

仔細想想你現在從工作上獲得多少快樂？而成功除了金錢以外，還有很多衡量的指標。假如成功對你的意義到頭來只有錢，而不是身邊的人對你的尊敬，或許該重新去審視其他成功的道路了。

做為財務問題的答案，這張聖杯四代表，你可以往後退一步來重新思考你所選擇的人生道路。這或許意味著你的財務充足，足以讓你在不感覺壓力的情況下這麼做。現在你應該要確認的是：你目前的作法或許可以賺到錢，但到頭來是否真的會得到滿足。

倒立的意義

現階段不滿的感覺凌駕過所有財務上的成功。現在是重回聖杯三的課題，重新和人們產生連結的時候了。休閒娛樂就和工作一樣重要，而聖杯四倒立通常是工作佔據了你的一切，休閒娛樂僅是短暫的片刻。而聖杯四倒立也可能意指在財務上無法得到滿足。當重新與人們產生連結，或許有人會介紹你新的、更有價值的機會。

健康上的意義

正立的聖杯四可能是在建議你，透過冥想可以找到一些方法來重新儲備身體上、情感上、精神上和心靈層面的能量。另外，花些時間休息、反省或放鬆，將會回報你更強、更有力的洞察力。

倒立的意義

你有可能是因為工作太辛苦，而對生活感到沮喪或不滿足。這時候你應該回到正立的聖杯三，去和那些懂得享受生活的人在一起。倒立的聖杯四可能是指，你的孤獨感導因於和那些能滿足你情緒和心靈的人們及活動失去了連結。

聖杯五 | Five of Cups

大體上的意義

一個身穿黑袍，意志消沉的人低著頭沉思他／她所處的環境。三個翻倒的聖杯橫躺在眼前，而另外兩個則正立於他的身後。代表情感的河流將這個人和位於遠處代表安定的城堡分開了。有座橫跨河流通往城堡的橋樑，但這個人卻更專注於他／她所失去的，而忽略了這條通往安定的道路。

這是一張失落、悲傷和因為境遇改變而後悔的牌。這個人以退縮的方式在處理這些情緒。塔羅牌的「五」代表一種心胸狹隘的狀態，而這張牌則是由悲傷來表現。處於悲傷之中，快樂就會閃避我們，因為我們正專注於我們痛苦的來源。

倒立的意義

當聖杯五倒立時，反而是一張比較正面的牌。它意指逐漸釋放掉悲傷，並且意識到近處的橋就可以將他帶回情感的穩定和滿足的狀態。它代表漸漸的明白讓感情和精神層面苦壯的機會在那裡了。歷經了失落與悲傷的時期後，總算確認了達到滿足的新途徑。你再度敞開心房迎接愛的可能。重回正立的聖杯四去精通其課題，會讓你在透過人們或周遭的環境尋找快樂之前，有機會體驗內心世界的平靜。

錢財上的意義

聖杯五顯示的是錢財上的損失。它指出你沒有去理會財務上的需求，

因為你太專注於感情世界了。如果是在回答一項事業或者一樁財務投資，這張牌暗喻了其結果是令人失望的。有時候，當你要結束一段長時間的兩性關係時，你會因為心煩意亂而無心去打理財務上的事情。這裡有一個風險就是，越是頭腦冷靜的伴侶，越有可能拿走你大部分的資產，讓你需要訴諸法律或尋求財務上的建議。

倒立的意義

聖杯五倒立可能意指，回到正立的聖杯四所代表的情感穩定期，而從過去的財務及情感失落中逐漸修復。它讓人明白金錢是無法填補情感和精神上的空虛的。

健康上的意義

聖杯五可能是在暗示，因情感失落或悲傷而造成健康上的問題。強大或漫長的情感困境可能會導致沮喪或其他健康上的隱憂，在西方社會，真正的悲傷只能短暫的被容許。相反的，如果你在埋葬了死者和你的心之後的隔天就回到工作崗位，那麼你會被讚賞。現在就花點時間整理你的失落或悲傷，那麼你的健康也會獲得改善。

倒立的意義

在有關健康的牌形當中，聖杯五倒立是張較正面的牌。它意指在沉澱了悲傷之後，回到一種較均衡的觀點。城堡代表你把痛苦留在身後，跨過橋樑而得到穩定的健康狀態。這張牌意指某人得到家人及朋友的支持，或者是在穩定、規律的生活中找到情感的避難所。

聖杯六 | Six of Cups

大體上的意義

在淡藍的天空下,有一對情侶在檢查一個聖杯,聖杯當中所綻放的花朵照亮了圍繞著他們的花園。他們看起來是安全的,而且他們被外在世界及領地裡的巡守隊保護著。儘管他們的外表是大人,但他們卻穿得像小孩子。

這張牌代表一個堅固的居家環境,並提供了情感上的穩定。它顯示一對情侶正享受著簡單的樂趣,譬如園藝和一間共同的屋子。通常這張聖杯六表示寧靜、和諧和情感的穩定。它也可以代表介於聖杯五的改變和聖杯七的成長之間的一段休養時期。

倒立的意義

聖杯六倒立是建議你回到聖杯五去精通其課題,那麼你或許會重新感受到你的失落和悲傷。安穩不會永遠存在,當你處於失去的悲傷期,那麼就有可能打破安穩的狀態。聖杯六倒立提供了下一個安穩和修養期到來之前的成長階段。

你會有機會打破令你不舒適的慣性,並且更直接的體驗生活。對於那些願意放下現有常態而進行探索的人來說,改變會提供新的觀點、新的理解和新的機會。

錢財上的意義

聖杯六指的是一段財務穩定的時期。不過這裡所強調的並不是財務，而是這段財務穩定期所提供給你在情感上的安全感。聖杯六凸顯了你對社會所表達的親切及和諧，都是源於堅若磐石的財務環境。

倒立的意義

倒立的聖杯六可能是形容由於財務狀況不穩，導致和人們之間缺乏親密感與合作的意願。當聖杯六倒立出現在分析財務問題的牌形時，可能是指財務基礎脆弱，而使感情上的安全感也受到威脅。回到正立的聖杯五會帶來改變和失落，然而這也是成長。

健康上的意義

正立的聖杯六描繪的是，均衡的健康狀態反映出和諧的感情生活。舒適的環境可以緩解健康上的壓力，而且可以從事休閒和娛樂。有時候這張牌也意味著你正在一個熟悉的環境中放鬆及休息，好回到健康狀態。

倒立的意義

聖杯六倒立是暗示目前健康上的隱憂，可能是因為情感失落或不穩定所導致的結果。回到聖杯五，這會提醒你，人生沒有什麼是永恆的，而失落和痛苦也是不可免的。在安逸舒適中的這個改變或許是成長的機會，並且會帶來嶄新且更具有支持性的健康習慣。

聖杯七 | Seven of Cups

大體上的意義

這個人凝視著七個聖杯，正在思考如何使生活均衡，並達到精神層面的滿足。每個聖杯都代表一個完美生活的重要面向，然而若是獨獨鍾愛某個聖杯可能會使生活形態不對稱。在能夠滿足你深層的精神需求（壽衣）之前，你的能量必須用在人（有一張臉的聖杯）、家庭（城堡）、物質與財富（珠寶）、個人的目標（花圈）、潛意識的渴望（惡魔）、性生活及創造的能量（蛇）。

這張牌描述的是：該去想想什麼是你生活中重要的部分。它顯示出，檢視環境來確認你正走在通往滿足之路的過程中。聖杯七意味著深思內在生活，以進行精神或情感的回顧。

倒立的意義

聖杯七倒立意指，你的生活中被許多瑣碎的雜事或責任義務給塞滿了，讓你無暇深思熟慮。恐怕就是那些工作或者是那些鬧哄哄的雜事，不讓你有機會進入沉潛靜思的階段。

回到正立的聖杯六是必須的，在那裡可以享受到穩定。過一段時間你又會為了改變、成長和情緒發展而躁動不安了，而這就是正立的聖杯七所表現出的自我。好好享受重返聖杯六所提供的規律吧，直到你下定決心追求更大的情感上的滿足。

錢財上的意義

不要在現在放棄你的財務目標，只要你知道它們對於你在物質上及情感上的滿足是有幫助的。花點時間去認清你財務上的需求，如此並不會轉移你對情感、心靈或精神的關注。深思你內在的需求或許能讓你決定目前的財務目標是否能滿足這些需要。

倒立的意義

聖杯七倒立說明你可能需要回到正立的聖杯六，以便享受一段穩定的時期。當你準備好了，你就可以重新出發走到正立的聖杯七。放棄目前的財務目標，因為長期下來你似乎無法從這些目標得到滿足。

健康上的意義

這張牌代表追尋深層的精神層面或情感，而導致目前身體上的症狀。只要你各方面的需求都得到滿足，健康就會均衡，所以花些時間深思你內在及外在的需求吧。

倒立的意義

聖杯七倒立描述一種忽略精神或情感上需求、而致力於追求財務穩定的傾向。現在是回到正立的聖杯六所提供的真實穩定狀態的時候了，直到你夠成熟、可以很自然的不再需要它，並且下定決心準備好要長大了，那麼這就是返回正立的聖杯六的真實穩定狀態的時候了。

聖杯八 | Eight of Cups

大體上的意義

八個聖杯被排列成一種可以讓第九個聖杯加入的態勢。這個身穿紅色斗蓬和靴子的人前往尋找第九個聖杯，而將這八個聖杯留在身後。月亮遮蓋了太陽，催促著更徹底的搜尋。這張牌代表為了追尋一種新的滿足，而放棄既有的滿足方式。或許你正打算離職去找一個更有價值的工作，或者你正從你的愛的關係中撤退去尋找更深層的幸福。

塔羅牌的「八」是力量的牌。聖杯八代表情感上的勇氣，促使你去追尋更深層的滿足。但是你要冒著找不到它的危險，而且在追尋的過程中你會失去既有的幸福。不過追尋這種深層的滿足還是會給你帶來希望，那就是你會有更多東西可以付出，並且有更多可以奉獻給你所處的環境。

倒立的意義

倒立的聖杯八描述一種被撕裂的感覺，那就是既急切的想要去追尋更深層的滿足，卻又害怕有可能會失去所有目前帶給你快樂的事物。你的兩個選項看起來是勢均力敵的，因而讓你更加混淆以及難以抉擇。現在是回到正立的聖杯七，以便辨識和確定你的需求。在你可以做出最好決定的時候，就可以重新再回到正立的聖杯八的狀態了。

錢財上的意義

當聖杯八出現在財務議題的牌形時，你可能正在考慮要離職，或者放

棄某項投資，或某種經濟來源。為了持續的成長及滿足，現在就該費心思考可能的新經濟來源或者新工作了。

倒立的意義

或許你正在猶豫要離開原來的工作或者是留下來。在近來的一次分析中，有位二十七歲的法務助理雅莉安解釋說，她得知她的公司將與一個規模較大的組織合併，合併後會有兩條路，一是拿一筆遣散費後離開，二是未來會有兩倍的工作量。雅莉安不確定能否安然度過這次的合併案，不知是否應該再另外找一份更穩定的工作。在做出決定之前，她應該先釐清她自己的需求。經過仔細考量（重新返回正立的聖杯七的時刻）之後，她認為工作的保障遠比熟悉度更為重要。於是她成功的在一家新公司找到一個新的職位。

健康上的意義

這張牌建議找一種新的促進健康的方法。你現在有遠離熟悉的健康之道的傾向，而在找尋一種新的，或許更有效率的選擇。八是代表力量的牌，而聖杯八則意味著情感和精神層次的力量。這精神和情感的力量就是身體健康的堅實基礎。

倒立的意義

聖杯八倒立意指你對於維持或促進健康的最好方式感到混淆。在夏曼妮被診斷出罹癌之後，她就在正統醫療（會產生的副作用包括：可能會掉髮，喪失聽覺和肝臟受損）與另類療法（可能會失去健康，或者無效的話可能導致死亡）之間被痛苦的撕扯著。她的生命就全看她做了什麼選擇，而倒立的聖杯八則反映出她的猶豫不決。她重新回到正立的聖杯七的課題，包括分析與研究她的抉擇，然後做出一個有根據

的決定。她發現了一種微波療法（Microwave therapy），這被正統醫療的醫生視為另類；但卻是自然療法中的主流。兩年後，夏曼妮回來告訴我：現在她已經恢復健康了。

聖杯九 | Nine of Cups

大體上的意義

一個男人坐在九個聖杯之前，而聖杯是放在他無法立即取得的位置。他雙手環抱胸前坐著，一派安然自在。牌面上的鮮黃色彩代表思路清晰，而他帽子、羽毛和襪子鮮豔的深紅色則顯示出他對生命的熱情。在這生命的熱情之下的是藍色的衣服，意味著他對於真實價值的精神層面的認知。

這張牌表示你瞭解自己真正的價值，而且就是你的價值造就了今天的你。你目前的職業帶給你一種滿足感，當你避免掉那些難以給你任何回報、且可能會分散能量的人們或狀況時，你的生活會過得更為平順。塔羅牌的九代表深思熟慮，這個人正坐著深思，在友誼或愛的關係中他必須付出什麼。他的束腰外衣是灰色的，因為他的愛只有在為某個值得愛的人付出時才有價值，他的束腰外衣就是個提醒，讓他謹記他還沒有到達聖杯十（代表聖杯牌組圓融境界的牌）的境界。

倒立的意義

你所渴望的滿足迄今隱而未現，使得你只要覺得有可能找到就四處抓取。當你只顧找尋短期滿足，持久性的內在平和就會逃之夭夭，而這可能會導致耽溺、妄想或強迫性行為。現在是回到正立的聖杯八的時候，好遠離那些不足以長期滋養你的人、環境和習慣。

倒立的聖杯九描述的是那些有很多需求不被滿足的人，而事實上他們的問題只有一項，那就是內心深處沒有被關照。而當滿足了這個深層

的精神上或情感上的需求之後，通常也會影響到所有次要的、或表象
的需要。

錢財上的意義

這張牌通常表示滿足是來自明智的財務決策。它預告著財務壓力將會
遠離你。或許你是以一種有創意的或能實現個人抱負的態度賺取你的
收入。當財務問題的牌形中出現聖杯九時，或許你會有一種財富不虞
匱乏的感覺。

倒立的意義

倒立的聖杯九代表一種孤注一擲的財務需求，並且會帶來更深層、更
屬於精神層次的需求。或許你並不喜歡你賺錢的方式，為了補償自
己，你就用花大錢來取悅自己。或許現在你應該重返正立的聖杯八，
遠離那些生活當中讓你上癮或空虛的花錢習慣。

健康上的意義

正立的聖杯九顯示出肉體上、情感上、心靈上和精神上處於均衡的健
康狀態。這是一段你很滿意自己健康與人生的時期。當有關健康的牌
形中出現正立的聖杯九，顯示均衡的健康來自對人生的態度以及一種
幸福的感受。

倒立的意義

倒立的聖杯九可能暗示耽溺的行為正以負面的方式影響你的健康。為
了長期的健康著想，現在是你檢視自己日常作息的時候了。這張牌顯
示出你可能耽溺於香菸、酒精、毒品或者是嗜吃不健康的食物。現在
應該要藉由重返正立的聖杯八而擺脫舊習性了。

聖杯十 | Ten of Cups

大體上的意義

一對夫婦站在一起，各自張開一隻手臂彷彿要擁抱周圍。而兩個孩子則在他們身邊一起玩耍。一條河流溫柔的流過房子，穿過已建立起來的花園，我們還可以看到十個聖杯就在他們頭上形成一道彩虹。聖杯十可說是聖杯六當中愛的關係的成熟版。差異在於聖杯十的滿足來自於內心世界以及彼此。現在孩子、大自然、他們的家以及生命本身，都在情感面和精神面滋養了周遭的每個人。

聖杯十表示有一群人一起和諧的工作，譬如一群朋友、運動團隊的隊員或是一群同事。當聖杯十正立，團體中的每個人都感覺到自己是這個團隊的一份子，並且會貢獻出某些對過程有助益的事。作為一段戀愛關係的結果或答案，聖杯十代表一個好的結果，並將帶來長期的滿足。

倒立的意義

聖杯十倒立顯示出一群人不再像個團隊般工作了。你有需要重回正立的聖杯九以確認你能貢獻什麼，以及這份貢獻的價值所在。有時候倒立的聖杯十是在描述你對於你的付出缺乏信心。在團隊裡、家裡或是工作場合，你可能覺得和別人比較之後，你顯得很不重要。

當這張牌倒立，可能意指你感覺到被團體排斥，或者是在團隊中你正漸漸的自我隔離。在兩性關係問題中，聖杯十倒立表示你正在嘗試著要避免重蹈過去戀愛關係的覆轍。或許你過去就有一段不滿意的戀愛關係，或者是你已經長大懂得父母之間不協調的連結，而你很希望不

要讓歷史在目前的關係中重演。

錢財上的意義

正立的聖杯十是在暗示，在這個階段比起財務穩定，其實要更關注於情感上的滿足。現在財務的穩定性讓你能夠充分的專注於享受人生。

倒立的意義

聖杯十倒立暗喻你有一種匱乏的感覺，而這可能是情感空虛，而非是缺乏金錢所導致的結果。它也可能表示你所關注的問題已經從金錢轉向捍衛穩定的情感。假如你一直有諸如此類的財務問題，它就是在暗示你要回到正立的聖杯九，好重新評估你的工作或者你的戀愛關係的價值是什麼。

健康上的意義

在健康問題的牌形中，正立的聖杯十在健康上是無虞。現在你擁有支持你的朋友和家人，而且工作和休閒之間也可取得均衡。有很多的愛和豐盛的情感，兩相結合後，讓你維持在既均衡又滿足的狀態。

倒立的意義

在健康問題的分析上，當倒立的聖杯十出現，你在家裡、在家人面前或戀愛關係當中，有可能感到極度的空虛，而這可能就是導致你健康出問題的重大原因。有時候聖杯十倒立所描繪的就是沮喪，這可藉由與你生活或工作在一起的人失去連結來驗證。現在你應該回正立的聖杯九，好好想清楚你是誰，以及你給了周遭的人什麼。往外尋找一群更適合的人來組成新的團隊。

聖杯侍衛 | Page of Cups

PAGE of CUPS.

大體上的意義

這張牌代表一個愛做白日夢的年輕人，對於人生浪漫的觀點，有時候會使得他／她在別人的動機還不明之前就自我揭露。這個人有創意、敏銳、靦腆、心腸柔軟，樂於在雨天寫寫東西或畫畫，也喜歡閱讀或看電影。

在某種情況下，聖杯侍衛代表一種情感的來源，或許是友誼、戀愛關係或一段創意。在有關事業的問題上，它可能意指一個會帶來情感上回饋的工作提案，另外也可能表示透過冥想以使身心達到均衡狀態。

倒立的意義

負面的聖杯侍衛表示很痛苦的防備著、害怕新的歷練，而且也不想和別人分享快樂的時光。在初識的人當中，愛黏人又膽小，他／她通常要慢慢的才會喜歡上陌生人。聖杯侍衛如果代表小孩的話，那麼他只有少數幾個要好的朋友，而且喜歡一次只跟其中一個玩，比較不喜歡融入團體當中。

當遭遇逆境時

聖杯侍衛類型的人在遇到挫折的時候會用生悶氣或眼淚來控制場面。他們對於感情上的傷害總是銘記在心，而且通常還能夠引用八百年前發生的對話來回敬你。而正面的聖杯侍衛有時候則是以默默的哭泣來釋放挫折。

聖杯騎士 | Knight of Cups

KNIGHT of CUPS.

大體上的意義

聖杯騎士是熱情洋溢的，不過也頗有同情心。女人之所以被他吸引是因為他有能力與人競爭，而且他的感受力和理解力也很強。在周遭的朋友遭遇麻煩時他會傾聽，通常在他需要幫助的時候也會有很多朋友伸出援手。另一方面，他也可能一開始是焦躁不安的，然後才變得有耐心，因為他是火象和水象元素的結合。既善感又浪漫，在他的思維中，愛似乎很少遠離。

倒立的意義

當聖杯騎士變得負面時，就是不斷的墜入愛河、又不斷的從當中爬出來。他在感情上並不成熟，常常會把新的關係塑造得和先前一樣。他開始去進行計畫，對於要如何完成卻毫無概念。他豐富的想像力讓他擁有許多點子，但是能夠落實的卻是微乎其微。

當遭遇逆境時

聖杯騎士在挫折當中很容易失去信心，他覺得自己可能不會再有被愛和幸福的感覺了。一如多愁善感的藝術家或詩人，他的情緒會決定他的人生道路。當生活讓他感到心灰意冷時，他可能會承諾一段愛的關係，把這當成他的避風港。而正面的聖杯騎士則會去探索挫折事件背後的精神意義，並記取教訓以及朝他的道路繼續前進。

聖杯皇后 | Queen of Cups

QUEEN of CUPS.

大體上的意義

聖杯皇后是充滿直覺的，有同情心、心地善良，感覺纖細並有教養，相當具有感情深度。這個皇后要避免感情容易受波動的工作環境，因為她常常會被周遭的各種情緒給淹沒。由於她對於平靜與和諧的需求，或許已經讓她感覺到，為了要維持一種一致感，她付出太多了。她總是保持信心，且對於那些想要從困境中卸下重擔的人，她也願意聽他們傾訴。

倒立的意義

倒立的聖杯皇后是神神祕祕的、沒辦法原諒或遺忘過去，而且會沒來由的憂鬱。當這個皇后變得消極負面，與其說她是別人的負擔倒不如說她是自己的負擔，因為她從生活裡退縮，並掏空自己的情感和精神。假如你惹怒她又沒有道歉，她可是不會忘記的，因為她擁有數位影像般正確的記憶，每一個細節都會在適當的時機被回想起來。負面的皇后可能會變成一個長期受苦的人，因為她活在一個難以忍受的狀況中，卻不願意去改變或離開。

當遭遇逆境時

聖杯皇后在遇到挫折時很容易分心，因為她沒有權杖皇后所擁有的那種義憤填膺。與其要她開口要求合理的工作分配，她更希望別人能主動注意到她需要協助。而正面的聖杯皇后則會耐心的等待其他機會。

聖杯國王 | King of Cups

KING of CUPS.

大體上的意義

聖杯國王是敏銳、有憐憫心、有創意、有耐心的，而且還是個好的傾聽者。由於感情深度夠，聖杯國王有著寬廣的心胸，通常對孩子們都很好，對於大自然也特別有感觸。這是一個會記得週年紀念日的男人，喜歡海洋（即使只是從海角望向海洋），而且比較喜歡從事有創意，或者在精神層面具有意義的工作。他是有直覺力的，而且盡量的在避免競爭。

倒立的意義

當聖杯國王變得負面時，他就是名符其實的「憤怒之王」。他心懷怨懟，而且會以酗酒或吸毒來舒緩過度的情緒震盪。隱藏閃躲、抑鬱寡歡、總是沮喪而且天生憂鬱，這個國王大部分的時光都在沉思、沉迷、嘆息，而且一數再數從前的過失。

負面的聖杯國王通常是有創意的，但他的腳步卻趕不上他的創意發想，這為他招來了更多的責任，或是放任過去負面的經驗環繞著創意。在本質上，他夢想著有創意的生活，但不得不承認他已經偏離他所選擇的道路太遠了，以致回不來也無法重新開始。

當遭遇逆境時

聖杯國王可以含著怨恨過一生，雖然他不喜歡衝突，但他有可能會展現出侵略的傾向，當你急著要解決一個重要的偶發事件時，他可能會決定借你車子，但他會在出借的前一個小時把鑰匙遺失。當遭遇挫敗時，他會是退縮的高手。

而正面類型的聖杯國王則會很輕易的原諒對方，並喜歡將時間消磨在海邊，聽些舒緩心情的音樂，或者和朋友談心，藉以重新平衡自己。創意的行動可以讓他們在情感上以及恢復對人性的信心上取得平衡。

THE SUIT OF SWORDS
寶劍牌組

這十四張從王牌到國王所組成的牌組，顯示出一條利用理智通往理解的道路。寶劍類型的人通常是健談的、有社交能力的、好奇的，而且不會感情用事。他們喜歡透過閱讀以及和他人討論重要的議題來追尋人生的答案，並且讓理性的世界變得有意義。

寶劍類型的人是有效率的管理者、計畫者和組織者。假如在工作當中出現問題，寶劍類型的人通常可以很快的找出一條解決之道，或者是和某個能夠改善問題的人取得聯繫。由於寶劍是屬於社交類型的人，一般來說他們的交友圈和業務範圍都很廣。

在星象學上，寶劍類型的人是風向星座的雙子座、天秤座和水瓶座，而寶劍皇后則也有可能代表處女座。不過寶劍類型的人並不限於這些星座，他們也可能是黃道十二宮的任何一個星座。大凡有著追根究柢的精神，而且對於人生的問題渴求著理性的答案者就會是寶劍類型的人。聖杯類型的人表現出教養，而寶劍類型的人則顯得有主見、有概念、腦筋動得快並且善於溝通。

寶劍類型的人適合的職業是可以和人接觸、溝通意念或電話交談

的工作，而且假如工作作息當中變化性不夠的話，他們也會覺得抑鬱寡歡。他們成功的開拓新視野，善於執行短程計畫，並且可以為達到目標而和團隊共同分擔責任。他們是天生的導師，而且幾乎沒有什麼事會讓他們感到膽怯。

當寶劍類型的人發怒時，他們會變得愛挖苦人、態度草率而且尖酸刻薄。他們可能不再願意對周遭的人付出感情，或者是會問一些尖銳的問題，並用話語把人逼到角落。他們在回答你的問題時會刻意用一種省略的語氣，好讓你明白你欠他們一個道歉。

當寶劍類型的人處於負面狀態時，他們可能會同時執行太多事務，而搞得精神散亂並且一事無成。他們可能會沒完沒了的說些毫無意義的事，就好像是害怕沉默似的。在極端的案例當中，負面的寶劍類型的人在夜裡如果身邊沒有開著收音機或電視的話，就無法入睡。負面的寶劍類型的人需要有人作伴，儘管來自同伴的關懷其實少得可憐。負面寶劍類型的人可能喜歡以流言蜚語中傷他人、擁有驚人的自信，並喜歡窺探他人的風流韻事。

負面狀態的寶劍類型的人比起採取實現他們目標的實際行動，他們更喜歡做計畫和空談他們想要做的事。話說負面的權杖類型的人對事物可能會是「完全扭曲」，而和他們很相像的負面寶劍類型者則通常是只會空談。

寶劍王牌 | Ace of Swords

ACE of SWORDS.

大體上的意義

寶劍王牌代表了一項規劃中的新方案，而且在展開新事業之前，各種想法、概念、步驟和設計等都和目標取得平衡。這張牌有一隻手從雲當中伸出來，這隻手握著一把正立的寶劍，該劍刺中皇冠和部分花環。這是一把理解的劍，刺中了現實當中的假象。這把雙面的寶劍強調著現實的成就和成功所必須擔負的責任和應得的報酬。

倒立的意義

倒立的寶劍王牌意指因為沒有明確的計畫和目標，因此沒有耐心再繼續往前進。現在是回到正立的寶劍十的時候，好檢視你對生活的信念以及現階段心靈層面的需求。在重新審慎評估，並釐清混亂的思緒後，可能會出現一個可以藉以重新出發的新的想法或計畫。

當寶劍王牌倒立，畫面中的雲就變成在手的上方，代表著心靈的困惑佔上風。現在應該要專心致力一個方案或計畫，以確認那邁向渴望目標的步驟。當你的想法被烏雲所密布，就很難跨步向前了，所以在有任何動作之前應先釐清你的目的，那麼成功就會容易得多了。

錢財上的意義

寶劍王牌可代表審慎的財務執行計畫。你對於環境的變遷充滿警戒心，而且在需要的時候也能夠適應變化。當正立的寶劍王牌出現在答案的位置，就表示透過周詳的計畫而獲致成功。

倒立的意義

倒立的寶劍王牌表示由於對計畫漫不經心，或者太多混亂的想法而導致新的財務方案延遲進行。而回到正立的寶劍十，就是要你在執行之前，接受檢視財務理念的挑戰。倒立的寶劍王牌是在描述由於缺乏深謀遠慮而無法成功。

健康上的意義

寶劍王牌出現代表你對於自己身體的健康狀態有清楚的瞭解。它也可能代表要進行一項手術（寶劍是手術刀），因為寶劍被上下放反（劍身在下）就好像刀子在前面要用來切開身體一樣。塔羅牌當中，手術通常是由寶劍國王和皇后來代表。

倒立的意義

在健康問題的分析上，倒立的寶劍王牌意指或許你需要重新思考你目前的健康規劃，以及這規劃會造成何種長期的結果。在行動之前花點時間想清楚你所有的選項。當這張牌倒立也有可能是在指一項手術的過程。

寶劍二 | Two of Swords

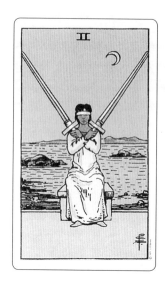

大體上的意義

一個雙眼被蒙住的女人坐在一張灰色的石椅上，並且雙手各執一把寶劍。她雙手交叉臥於胸前，兩把寶劍以傾斜的角度向外延伸。平靜無波的水（代表感情、情緒）把她和背後的小山丘隔開，而一枚弦月則在她頭頂放射光芒。黃色的月亮與她的鞋相吻合，代表著才華出眾並富有想像力。每把寶劍各代表一種選擇，而她在評估自己的選擇上，並不會感情用事。作為分析師的你可以要求問卜者多選兩張牌來對應這兩個選項，而加選的牌都與選擇或寶劍有關。

倒立的意義

當寶劍二倒立，那麼牌面上的水就居於寶劍上方，這代表目前你的想法正被如烏雲般的情緒所籠罩著，想要下決定就更加困難了。或許是該逐一檢視那些被閃避的態度或想法的時候了。藉由釐清每一項你所逃避的議題，你就可以自由的重返正立的寶劍王牌，且找出一個清晰、可實行的選擇。

倒立的寶劍二代表你現在確實只有一個可實行的選項，所以在做決策的過程要同時瞭解，你必須將感情和理智一起考慮進去。

錢財上的意義

這是二選一的抉擇。寶劍二意指在考慮你的感覺之前，先要理智地權衡你的財務選擇。或許在目前這個階段，你對於所做的選擇會產生怎

樣的結果，洞察力還不夠。或許你正在考慮兩個工作機會，其中有一個工作是在另一個城市。而你在做決定的時候，並沒有對你的環境作通盤的考慮，或者是，你沒有考慮到你在財務上的抉擇會帶來怎樣的結果。

倒立的意義

現在有兩個或兩個以上的選擇，卻沒有一個是特別重要或特別吸引人的。或許兩面押注已經打散了你的財務焦點。如果你想追求另一個目標，就必須放掉這個選擇。重新回到正立的寶劍王牌，這會提供你運用你的理智砍斷那些圍繞在每個選擇上的希望和恐懼，如此你才能作出獲取良好財務報酬的最好決定。

健康上的意義

寶劍二意指你正從生活中撤退以深思你的健康狀態。或許你正在考慮你的選項，或者正在思量你的想法是否影響著你的健康。牌面上的弦月意指在午夜的夢境中，它會提供你解決之道或可實行的抉擇。它同時也可確定現在身體的能量已經降到低水位了。

倒立的意義

寶劍二倒立說明了你正掙扎於那些和健康有關，卻毫無吸引力的選擇。現在或許是回到正立的寶劍王牌，以釐清你健康計畫的時候。在情感上懸而未決的選擇或許會耗竭你的健康。

寶劍三 | Three of Swords

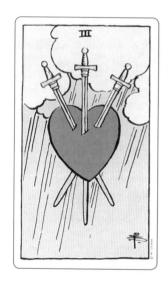

大體上的意義

三把寶劍刺中一顆心，背景則是暴風雨肆虐。這是說在每個人的人生當中，有點風雨是在所難免的。這張牌描述的是情感上的風暴，它會掀起痛苦、失落、悲傷和失望。雖然導因可能大大不同，但情感的受挫則是普世皆然的。從一個小孩遺失了她的兔寶寶玩具、到一個財務版圖失控的企業家，失望的情緒都曾在某個時刻出其不備的向我們襲來。對有些人來說，情緒上的不速之客稍縱即逝，但是對某些人則有長期的影響。

這三把寶劍呈現相互衝突的態勢，意指現階段無法理解情勢。在經歷如此深沉、令人心力交瘁的痛苦時，我們總是會問「為什麼？」而當寶劍三出現時，我們通常會選擇逃避。相反的，如果你堅定你的想法且接受痛苦，痛苦便會漸漸消退。雖然當你置身於情感風暴的中心時，會有度日如年的感覺，不過這個痛苦總是會過去的。接下來就是找出導致痛苦原因的時候了。

倒立的意義

寶劍三倒立是指因為壓抑痛苦，導致身陷害怕、恐懼，或者沮喪中。為了重拾活力，現在必須檢視過去的痛苦並加以釋放。人不能長期耽溺於痛苦之中，你應該勇敢的面對痛苦並試著驅離它。過去的痛苦需要你回頭去戰勝它，不過在這麼做的時候，你得壓抑自己的情緒。為了恢復深層的平靜，必須趕快脫離這些悲傷的感覺。或許回到正立的寶劍二是需要的，如此才能選擇一條適當的道路而有比較好的生活。

錢財上的意義

在錢財的問題上，這張寶劍三的意思是，嚴重的財務損失或職場上的失意。有可能是你覺得自己應該會升職而結果卻沒有，或者是被無預警的解雇了。這張牌描述了當希薇雅所想要的房子被其他買主買走時所感到的失落。對希薇雅來說，這房子代表了她夢寐以求的生活，失去它意味著她的夢想幻滅。希薇雅或許會再去尋找其他的房子，不過，在牌形中出現寶劍三表示她因失望而悲傷莫名。

倒立的意義

倒立的寶劍三意指過去財務上的失利迄今仍縈繞心頭。這種痛苦或逗留不去的不滿感受，可能會讓你更敏銳的意識到匆促做決定的結果，這失望的感覺也有可能蒙蔽你的想法，讓你對於財務上的收穫更不抱希望。假如你目前的狀況仍是在重複先前的狀態，那麼在行動之前更應該三思。

健康上的意義

寶劍三說明悲傷和痛苦影響著你身體和情緒上的健康。這個等級的悲傷可能會影響睡眠、降低食慾以及損害判斷力。這張牌代表的沮喪反映了最近的失落，或目前環境所帶來的愁苦。

在身體方面，這張牌可能代表心臟的問題，例如心絞痛或心臟疾病。但是它更常暗示著深度的情感痛苦影響了你的身體健康。

倒立的意義

過去沒有解決的痛苦情感現在可能會影響你的健康。失去伴侶、父親、母親，或親密的朋友讓你抑鬱寡歡，或對人生不再那麼樂觀。大致上，這張牌所涵蓋的健康區域包括心臟和長期的沮喪。

寶劍四 | Four of Swords

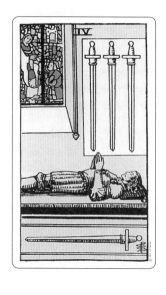

大體上的意義

在教堂的隱密處有一個人安靜的橫躺於此。儘管他的外表看起來懶洋洋的，但卻有活躍的思緒。這張牌上唯一有活潑色彩的是彩繪玻璃，這是可以用來引發教堂會眾們高貴的或精神上的思想。

這是一張反省過去行為和計畫未來的牌。他說明精神層面的鞏固：採取讓過去行為有意義的行動，以及排除那些已經被證實為不正確、或沒有建設性的想法和信念。如此一來就有可能運用過去的經驗來幫助你獲得未來的成功。在經歷了寶劍三的痛苦之後，隨之而來的是對你自己和你的人生有更深層的瞭解。

倒立的意義

回到正立的寶劍三會提供你一個經歷過痛苦與悲傷，而淬鍊出的成長機會，並讓痛苦與悲傷煙消雲散。寶劍四所表達的是強化思想，而在情感上卻急著要行動而沒有詳加規劃。或許現在已經來了一個需要即刻下決定或行動的機會。也有可能是需要一個持續的行動，來掩飾從過去的失落或失望所造成的深層悲傷。

假如學習就是結合行動和深思的一種方式，倒立的寶劍四所顯示的就是這兩個面向中的行動部分，而正立時則代表深思。思想在這張牌倒立時還是很顯著，因為黃色現在就變成跨過了這張牌的上方，然而，由這張正立牌中的彩色玻璃顯示出的思想特質是缺乏深層的冥想。當這張牌倒立時，這個人會從棺木中掉出來，說明過去的損失或死亡的

影響現在已經不那麼明顯了。

錢財上的意義

現在是要省思你過去為財務方面所做的努力的時候了，這是為了要確認那些機會是真實的、而那些僅是短暫的。或許你的努力還沒有為你帶來成功。那麼現在應該要認真的檢視你的想法、過去的行為和你對於成功的信念。

倒立的意義

或許你並沒有滿足的感覺，而且你希望透過更大的投資風險來獲得更大報酬。你確認了過去那些事對你來說是沒有效率的，並且熱切的想去嘗試新方法。這種態度或許會引導你回到正立的寶劍三，但同時也會帶來痛苦與失落。而這份痛苦很可能對你會是很有影響力的。

健康上的意義

正立的寶劍四發布了身體違和的警訊，這是一段生病或手術之後的恢復期。生命已經強迫你躺下來，並要求你深刻檢討你的方向。這是你領悟需要有所改變的最後一個機會。有時候這張牌是在表示一段體力低迷的時期。

倒立的意義

這張牌倒立意味著，不想深思熟慮而只想快速採取行動。雖然你的行動可以讓你從過去所受的傷害中抽離出來，但也可能把你帶回正立的寶劍三狀態，因而招惹來新的痛苦。有時候倒立的寶劍四只是單純的表示，在一段深思期或生病之後重新拾起活力，為了要填補身體的能量，因而激起一股更加投入人生的渴望。

寶劍五 | Five of Swords

大體上的意義

牌面上最明顯的地方站著一個人,他手緊握著三把寶劍。兩名對手則是轉身離開。牌面上有五把劍代表一開始參與這場戰鬥的有五個人,而身穿紅、橘、綠顏色衣服的人暫時打贏了這場戰役,但整場戰事似乎還沒有結束。

這張牌描述了糾紛、意見紛歧或衝突。鋸齒狀的雲反映了緊張的態勢,因為五種不同的信念(寶劍)在難以相處的環境下相遇了。它可能是在描述內在的混亂、困惑和散亂的精神能量。或許你正在不同的需求中掙扎,或許正在對抗內在的慾望。也可能是在暗示你強迫周遭的人同意你的觀點。當泰德想要知道為什麼他的同事們一個個離開的原因而前來進行分析時,寶劍五出現在牌形當中。泰德已經取得會計工作的主要執行權,寶劍五顯示他想要強迫他身邊的人改變工作方向,而這就是為什麼同事們會紛紛求去的原因。

倒立的意義

倒立的寶劍五揭露了很早之前就有過的爭議或不協調,那些雖然都已經過去了,但卻保留了協議的空間。包括說過或聽過的一些評論,雖然已經是覆水難收,但是他們也知道往後還是要一起生活或工作。所以除了有某些特定的議題要排除之外,現在牽涉其中的人大致上是可以達成一些較有效的共識。

錢財上的意義

當這張牌出現就表示會因財務上的事而帶來爭吵、意見不合和痛苦。如果是一項投資，結果可能就是在投資結束之後，投資人彼此之間交情破裂。如果你仍堅持追尋既定目標並採取行動，而不考慮其他人的意見，那麼可能的結果就是招致責備、反控和怨恨。

倒立的意義

寶劍五倒立意指，在一個緊張的階段，若能敏捷且機智的處理的話，就有可能克服。假設是詢問錢財的問題，你應該要停止行動，因為這不是一張會有收穫的牌。重回正立的寶劍四會讓你有機會深思你的決定，來判定寶劍五所要表達的真正價值所在。

健康上的意義

因為你和他人之間懸而未決的問題而導致的壓力，在這張牌顯現出來了。它意指你的健康問題仍處於不均衡狀態，必須直到你解決了和周遭人們之間的分歧或遠離他們，才可能恢復健康。

倒立的意義

寶劍五倒立說明在找到內在或外在的解決方式之後，回到一種休養生息的狀態。它也建議或許該重回正立的寶劍五時期，以深刻反省你的生活。有時候它也在暗示回到寶劍四的生病狀態，因為那會強迫你深思與反省。

寶劍六 | Six of Swords

大體上的意義

一個男人駕著一艘平底船,遠離湍急的惡水往平靜水面駛去。一對母子在船上依偎在一起,並且被六把倒插的寶劍給圍住。多雲的天空代表他們的感覺,這場景強調的是他們正漸漸脫離困擾,而前往較平靜的環境。六把寶劍是這些人對人生的共同信念,他們奮力於想要瞭解什麼是真實的,而負面的思想和行為模式的結果又是什麼。六把寶劍是指從對人生的舊思維轉變為瞭解你自己、你的生活以及對生命的各種可能的行動。

這張牌也可以代表把你從對周遭環境的抱怨與責備移開,轉換到為追求個人目標而願意負起責任的過程。

倒立的意義

當寶劍六倒立意味著,為了試圖要打破陳舊模式,而和自己或他人有爭執。它顯示出某人想要自己掌舵(平底船)遠離舊的行為模式和信念,但並不是以有效率的方式離開。只有透過仔細思考自己的行為模式及了解自身所處的環境,那麼才有可能達到改變的目的。雖然你想要大聲吶喊,不過這份能量需要被引導去思索你該負什麼責任,還有你能改變什麼。當寶劍六倒立,那麼水就變成位於這張牌的上方,代表目前的想法可能被情感給掌控了。

錢財上的意義

正立的寶劍六意指在一段動盪期之後的休息階段。當寶劍六出現在錢

財問題的牌形上，表示你有能力償還債務並且為目標而節約度日。它也隱喻著你終於瞭解你的消費行為是如何造就今日的財務狀況。它會帶來一個讓財務事件平息下來的機會、給你時間去深思你的消費行為及其所帶來的後果。現在對於錢的觀念也慢慢在改變了。現在可能有一份海外的工作在等著你，或者是和工作相關的國外旅遊，因為這張牌裡的船會載著你飄洋過海。

倒立的意義

寶劍六倒立形容一種更加混亂的狀態，而且有衝突與鬥爭在等著你。返回寶劍五的課題會讓你和債權人及身邊的人發生爭吵，或許該是運用寶劍的能力來分析這些問題並做出計畫，好遠離衝突現狀的時候了。當寶劍六倒立，表示情緒蒙蔽了你的思考。假如你能把情感的因素從現況中抽離，或許你會發現要下個有效率的決定容易多了。

健康上的意義

歷經壓力階段後，正立的寶劍六預告著療癒期的到來，並且有機會深思自己以及人生方向。你要想清楚是否有什麼不重要的議題或問題而讓你的憂慮及壓力倍增，或是有那些無法掌控的事情而使你勞心費神？這些問題都會讓你越來越衰弱。現在你該靜下心來思考：「這些事情在你的生命中是否真的那麼重要？」

倒立的意義

寶劍六倒立意指現在的你壓力和緊張是越來越明顯了，或許可以透過冥想、禱告或是試著去超越它而讓它浮出檯面。心靈上的壓力一旦傳輸進體內，就有可能讓健康受損。你的自我信念以及對生活的想法正以負面的方式在影響你的健康，所以檢視你的思想吧。

寶劍七 | Seven of Swords

大體上的意義

這張牌上顯示出有個人從軍營裡偷走了五把寶劍。這有可能只是隨機的偷竊，或者是藉由偷取敵人的兵械來增加自我生存的機會。用這種偷偷摸摸的方式，以及擔憂所要面對的恐怖敵人，這都代表著他並未放棄。

這是一張運用自我的力量來達到目標的牌。透過詳細的規劃和不放棄的決心，你就能得到更多。比起你目前正汲汲營營於某件重要的事，理智所提供的解決方案會讓你不需如此費勁。

倒立的意義

過時的方法和態度正阻礙著你的進度。拒絕適應可能會讓你倒退回正立的寶劍六，而回到一段反省的沉思期。此時你可能會發現選擇環境的方法。在兩性關係的牌形中，倒立的寶劍七可能是在暗示兩個人之間並不坦誠，藉由避重就輕、閃躲問題來維持表面的和平，但是這樣會讓人變得愈來愈虛偽，愈來愈溝通不良。

現在或許有些話或想法（寶劍）可能插進你的心，這就好像你過去嚴厲的話語也曾深深的刺傷了別人。或許自我批評會讓你沒辦法（阻礙了你）在別人面前敞開你自己。重返正立的寶劍六會將那些可能導致你痛苦的狀況隔開，你因而能夠匯聚想法和方法，當狀況又再度出現時，會有比較好的解決之道。

錢財上的意義

寶劍七宣告一個彈性時期的到來，這是為了要達成你的財務目標。也可能是暗示財務上的偷竊或詐欺。如果是在詢問財務的投資，那麼寶劍七意味著在付出任何金錢以前你需要更審慎的檢視這項投資計畫。

倒立的意義

倒立的寶劍七是指害怕被欺騙而侷限了財務發展。或許你已經從不動產中賺到一筆小財富，而現在則是該把部分的錢投到股票市場的時候了。當牌形中有這張倒立的寶劍七，你可能會堅持已經嘗試過以及自己所信任的方法，而不想去探試其他的選擇。建議你在做任何決定之前多想想其他可行的財務機會吧。

健康上的意義

該是好好檢視你平常維繫健康的各種方法的時候了。瑜伽課或是規律的治療性按摩將會幫助你減輕壓力，或許自然療法也可以提供你解決慢性疾病的問題。這是凱文的案例，在使用藥水來控制牛皮癬症狀幾年後，他閱讀到長期使用藥物的副作用。寶劍七顯示凱文正陷入左右為難的局面：他需要光潔且看起來健康的皮膚，但又希望自己可以活得長久又健康。他在尋求解決的方法，並向某位草藥醫生諮詢，這個醫生所用的方法是找出導致他牛皮癬的原因。採用這種新治療方法一年後，凱文幾乎沒有皮膚上的問題，因為他的牛皮癬已很少發作了。

倒立的意義

寶劍七倒立意指你可能在抗拒可改善你健康問題的方法。為了給自己多些選擇，應該多學些其他的處治方式。抱著舊方法不放，可能會限制你的健康，侷限你的活力。問問其他人的意見，這會讓你在洞察情勢時出現新的曙光。

寶劍八 | Eight of Swords

大體上的意義

有個被捆綁且蒙蔽了雙眼的女人站著，周遭被劍尖朝下的寶劍給圍住。灰色的天空反映了她的內心世界以及她有限的知覺。在遙遠的山丘上可以看到一座城堡。

塔羅牌的「八」是代表力量的牌。而對於寶劍八裡面的女人，這份力量源自於傾聽她內在聲音的能力。雙眼被蒙蔽讓她無法透過視覺來做判斷，也限制了她離開所處環境的能力，她顯得那麼的無能為力。而那些住在城堡裡面的人們卻可以清楚的看見她，並隨他們的目的來限制她。第一眼看上去這是個阻礙，但其實卻是助力。阻礙那個女人控制自己所處環境的能力，卻使得她能夠走進自己的內心世界傾聽內在的聲音，並且留心它所發出的指令。如果你想做出有效率的決定，現在是留心你的自我精神層次的時候了。

倒立的意義

當寶劍八倒立，代表需要回到寶劍七，以便尋求解決之道。或許你可以抱著「玩遊戲」的心態和周遭的人們相處，跟他們說他們想聽的話，私底下再去做自己想做的事。倒立的寶劍八或許會喚醒你的直覺、並打開你的雙眼。你就像芮芭一樣，已經準備好要挑戰那些過去所學到的價值觀了。當倒立的寶劍八出現在她的分析中，顯示芮芭對於有形財物的渴望，讓她四十年來一直做著令她厭煩且繁重的工作。她終於下定決心要走出朋友們加諸在她身上的束縛、還有她家人的期

望，以及她膚淺的生活方式。她辭掉工作、賣掉房子並且搬到鄉下去住。這是個讓她有機會展開新生活、交到新朋友並獲得報償的選擇。

錢財上的意義

在錢財問題的牌形上出現寶劍八代表的是財務吃緊。或許是你失去工作、或者是你已經入不敷出了。此時你仍要堅定你的意志並留心內在的聲音或直覺。當你面對持續的財務壓力或是債權人時，要這麼做幾乎是不可能的，但你仍需這麼做。

倒立的意義

當你選到倒立的寶劍八，為了要找出解決之道，你必須重返正立的寶劍七。你會發現你再也不會讓別人來敲你竹槓了。該是刪減你的某些支出，或者擬定一個讓你債權人滿意的付款計畫的時候了。觀照自己的內心（遠離負債所帶來的限制與困惑焦躁）並找到一個長久的合適方案。當寶劍八倒立，也可能意味著最壞的情況已經過去了。

健康上的意義

在健康問題的分析上，寶劍八代表氣喘、胸部不適和沮喪。當面對若干抉擇和龐大的壓力時，會變得沮喪是很自然的事。現在你可能會覺得被環境綑綁住，不過你可以透過冥想或其他方式讓心思平靜下來，讓你能夠專注自己的直覺，如此就能發現內在的力量和平靜了。

倒立的意義

倒立的寶劍八意指你已經走過健康惡化的谷底，而改善是指日可待的。現在該重返正立的寶劍七以發現達到健康和身心舒暢的新方法。對於所有可能讓自己健康的選項都要抱持開闊的心胸，這是很重要的。

寶劍九 | Nine of Swords

大體上的意義

在寶劍九這張牌當中，一個人坐在黑暗中，因為憂慮和恐懼而無法入眠。在精神上，她急著尋求目前進退兩難局面的解決之道，而理智跑在前頭，以致為了將來的日子而不敢稍歇。她的擔憂是真實的，因為選項太多了，但真正可行的方案卻屈指可數。她因極度的痛苦而掩面嘆息。

以目前的狀況，理性的思考不見得能提出正確的解決之道。所以對她來說，去睡個覺，順便回想她夢境裡的解決之道或許會好些。這張牌暗示夜裡強烈的夢境讓人驚醒並陷入持續的煩惱和擔心中。

倒立的意義

倒立的寶劍九意味著現實和夢境有強力的連結，這通常有助於你去釐清及選擇有效的解決方式。夜裡所做的夢，現在更容易被回想起來，因為它可做為意識和潛意識之間的強力連結。

回到正立的寶劍八能讓你拋下塵世的煩憂，和已經知道如何解決目前問題的那個你接觸，透過冥想、沉思或夢境來和精神層次的自我接觸，或許能讓你解除煩憂並找到達成目標的適當方式。

錢財上的意義

這張牌意指著為了財務問題而憂慮、恐懼。或許此刻你正掛心著你償還債務的能力，而那些失眠的夜晚則更加遽了這個狀況。列出你的負

債清單以及你所期望的收入，接下來再列出增加收入或減低開銷的各種方法，來重新平衡你的財務狀況。

倒立的意義

或許你已經透過夢境發現了可行的解決辦法，並準備好要依照你在睡夢中接收到的訊息去行動了。回到正立的寶劍八或許會幫助你瞭解節制花費的必要性。而當倒立的寶劍八出現在財務問題的牌形中，也可能是指財務上的壓力所導致的睡眠障礙。

健康上的意義

正立的寶劍九是在暗示難以在日常事物中放開心胸，因此很容易使睡眠中斷或不易入睡，而長時間下來這些狀況就會影響健康。頭痛、頸部不舒服以及上背的部分（那些部位在牌面上正是寶劍穿過身體的部分）是目前比較令人擔心的健康問題。

倒立的意義

或許你會發現經過一段睡不著又容易驚醒的階段之後，現在已經比較容易入眠了。仔細思量正立的寶劍八所傳達的訊息，或許可以提醒你，到了晚上就應該把白天的煩惱給忘掉，好好睡一覺，以便迎接嶄新的一天。在健康的問題上，倒立的寶劍九意味著歷經壓力期之後，睡眠狀態已經獲得改善。

寶劍十 | Ten of Swords

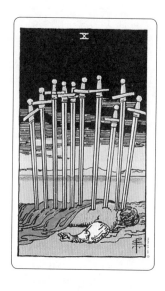

大體上的意義

一個人臉朝下的躺在地上，有十把劍刺在他的身上。此時他再也無力去計算背上有幾把劍了，因為他正處於人生的最低潮，並且被牢牢的釘死在地面。他的人生信念已經把他逼至絕路，然而這些信念卻仍隱而未現。藉由檢視導致他陷入困境的環境，或許他就可以明確找出自己的信念或者更加瞭解自我了。

夜晚即將消失，因為黎明已經接近了，這意指人生將從低潮處漸漸加以改善。有些分析師喜歡掩飾這張牌，因為它的意象過於恐怖，但這對問卜者來說是不公平的。假如問卜者都已經陷入最糟的境況了，當然更應該要去瞭解它。而假設最糟的狀況還沒降臨，問卜者也需要被預先警告，那麼或許他們就能在嚴冬來臨之前做好準備。冬天終究會過去，重要的是必須要告訴問卜者如何、以及何時可以期待春天的降臨。

寶劍十可能代表喪失一份工作，結束一段戀愛關係，或者忽然間感覺到被生活給壓得喘不過氣來，因此可以預期在身體和精神狀態方面會有筋疲力竭和混亂的感覺。雖然這毫無疑問的會是一段艱困的時期，不過好消息是，它終究會過去。

倒立的意義

寶劍十倒立暗示要返回正立的寶劍九，好透過夢境注意到自身的直覺。它意味著最壞的情況已經過去了，然而你需要站起來並甩掉那些陳舊的信念（寶劍），接著就能邁步向前。倒立的寶劍十意指你被你

的想法給限制住了。現在艱困的時光已經在你背後，但是你依然緊抓住你的恐懼和過時的生活態度不放。有時候倒立的寶劍十是在指壓抑白天恐懼的行為，只有當你在夜晚重回到正立的寶劍九，你才會在夢境中不得不面對它們。這壓力不能統統視為負面，它或許能強迫你去釐清你的思想，並更新陳舊且負面的信念。

錢財上的意義

在財務的牌形上，正立的寶劍十暗示財務狀況被破壞或是某種程度的崩毀。當艾克邁打算要提出申請破產時，他來進行分析。雖然當了十七年成功的小型貿易商，艾克邁家族的雜貨事業仍舊不敵大型購物中心的競爭，被迫要關門大吉了。他勉強撐了十二個月，但在關門前就已經負債了。正立的寶劍十出現在解牌的位置，暗示著艾克邁處於事業的最低潮。在結果的位置出現五角星三，暗示在未來有新的財務機會等著他；而假設結果的位置出現的是寶劍十，請加選一張牌放在它的旁邊。加的這張通常是比較正面的，它會給你帶來希望，並提醒你冬天不會持續太久。

倒立的意義

倒立的寶劍十意指最壞的情況已經過去了，而且一旦你甩掉你的舊思維並做好財務計畫，那麼財務狀況將會獲得改善。或許償還債務和重建財務結構需要花點時間，但正好可以好好運用這段時間，在精神上做好迎接將來財務挑戰的準備。有時候倒立的寶劍十可能是在描述健康狀態不佳，因此限制了你的謀生能力。

健康上的意義

寶劍十代表在某種情境裡的最壞狀況，如果是分析健康情形有可能暗

示著死亡，不過這還需要和死神、高塔、寶劍三、世界、審判、寶劍六和空白牌裡的至少三張牌一起出現才成立。通常它是表示在你給予你的健康應有的關注之前，它已到達耗竭或崩潰的臨界點。

在健康問題的牌形上出現寶劍十代表背部和頸部疼痛，並伴隨著頭痛和筋疲力竭。為了將來，現在該是好好計畫如何重建和維持你健康的時候了。

倒立的意義

剛度過健康和體能上的艱困階段，你需要重返正立的寶劍九以透過夢境關注到自己的直覺。或許你所做的夢正催促著你改變你的生活，或者你正飽受失眠之苦，而睡眠品質不佳則會缺乏活力，並帶來長期耗竭的惡果。

寶劍侍衛 | Page of Swords

PAGE of SWORDS.

大體上的意義

這個思考敏捷的年輕人喜歡說話、有很多點子和創新的概念,而這些成雙出現的點子卻無法搭在一起。異於常人的故事和對話很容易吸引他們,所以他們的話語當中常常出現書籍、影片和電話中的對談。即使是小孩,當保母到了的時候,他們也不會緊抓著父母不放,他們通常對於陌生人顯得好奇,而根本不知道害羞。不過他們在學齡前可能會過得比較辛苦一些,因為他們的想法很無厘頭,而且似乎沒有厭倦的時候。

倒立的意義

當寶劍侍衛處於負面狀態,可能就是不停的想要講話,這點足以把他們周遭的人逼到快發瘋。他們很容易就分心,能夠集中注意力的時間非常短暫。負面狀態的寶劍侍衛可能經常犯嘀咕,因為他們知道會吵的小孩才有糖吃。如果要改善他們注意力的問題,那麼就要鼓勵他們多做些事。引用寶劍皇后對她十四歲的侍衛所說的話:「假如你雙腳的練習能夠多到像你嘴巴講的話,那麼你就可以去參加奧運的馬拉松比賽了。」

當遭遇逆境時

當生活當中遇上挫折時,寶劍侍衛會想逃避到他/她的異想世界裡。畢竟想像中的成功要比真正的成功容易多了。他們用作白日夢來取代尋求可行的解決方案。在某些案例當中,自信穩重的寶劍侍衛會透過

協議達到讓步、協助以及得到達成目標的機會。在挫折的境遇當中，溝通帶來的好處便是伴隨著理性的思維，這將使這個年輕人快速的找到新的解決方案。有一天我比較晚回家，我十歲的兒子問我：「我可以看一部影片嗎？」「絕對不行！」我回答。「那只看前半部呢？」他討價還價，展開協商。我知道這個時候如果答應讓他看影片，就算只有十分鐘，接下來他會想協議到二十分鐘，而搞到後來我就得花整晚的時間和他協商。

寶劍騎士 | Knight of Swords

KNIGHT of SWORDS.

大體上的意義

他是熱情、思慮敏捷並且充滿活力的。他是一個懂得如何「抓住這一天」的年輕人。他的思緒裡總是不斷的在找新的機會、新的路線和新的想法。他有辦法把幾種不相關的概念組合並形成一些新的想法。他通常是滔滔不絕的、好奇、活躍並熱衷於多瞭解人生。他堅稱女人是聽覺的動物，要通達她的心就要透過她的耳朵。而且他也喜歡練習某種富於想像力的措辭。

倒立的意義

負面的寶劍騎士輕率的將想法和概念拋給周遭的人，而沒有充分瞭解它們的意涵。他可能今天答應一件事，隔天就自毀承諾。溫西卡這個乖僻、任性又善變的傢伙，可說是符合倒立的寶劍騎士的不二人選，他是個靠不住又不守時的人，之前答應過的事，一轉身就忘得一乾二淨。他很容易從自己的思想或短程目標中分心，他尚未體悟到說出去的話並不等於真實的作為，除非能把它運用到實際可行的事物上。

當遭遇逆境時

年輕的寶劍騎士類型的人可能會完全轉換一個新的方向，或者是對那些反對他計畫的人發動猛烈的語言攻擊。當情事急轉直下時，他會很快的推託責任，只有在極少數的案例中，寶劍騎士會長久守候在周遭伺機而動，並從錯誤中站起來。當事情出了差錯，他會落荒而逃，由別人來承擔責任，而他卻急著去追尋下一個機會。

寶劍皇后 | Queen of Swords

QUEEN of SWORDS.

大體上的意義

寶劍皇后有著好口才，思路敏捷又有條不紊。她以筆、紙和電話武裝自己，從婚禮到葬禮，不消一個下午的時間就能安排好一切。她喜歡閱讀、學習，而且由於她擅長運用心智和組織能力，所以在任何工作上的表現都相當突出。當你購車要折扣或想聘請優秀的律師，問她就錯不了，因為她的社交圈很廣，認識的人很多。當一名研究員、調查員或小企業的經理人，她能確保人生在平順中卻不乏樂趣。她皇冠上的蝴蝶象徵著改變我們對人生理解的心智能力。她那將寶劍劍尖筆直朝上的姿態，揭露了她是寶劍牌組中感知能力最強的成員。她左手上的流蘇則是在提醒她在寶劍八狀態時所遭遇到的限制。

倒立的意義

寶劍皇后是個完美主義者，在負面狀態時可能會對自我不滿，精神無法集中。她不再運用她強而有力的心智去學習，反而是轉向自己的內心世界去苛責自己。她老愛說長道短，而且顯露出一副不耐煩的樣子。她一講起話來就喋喋不休而且漫無目的。作為一個皇后（空氣元素中水的部分），當她處於正面狀態，就是一條安安靜靜蜿蜒流入大海的大河，而為負面狀態時，就是一條小溪流，不管是碰到巨岩或小卵石都會喧鬧的噴濺出水花。

當遭遇逆境時

當寶劍皇后的計畫遭到反對時，她可能會口出惡言或者會寫一封尖酸苛薄的抱怨信。在和那些認識她的人交涉時，她會揚起一邊眉毛來表現出她的質疑和厭惡。有時候她也會縝密的構思另一條達成目標的路線，但卻裝出一副早已放棄了的模樣。

當挫折襲來，寶劍皇后會變得辣嘴毒舌，對於她所爭論的事情錙銖必較。想要辯贏她可沒那麼容易，因為她能快速的搜尋並指出你的弱點。在被要求修改原稿超過一千五百次後，在某個下午我發了一封對我的編輯表示不滿的攻擊信，要求對方必須解釋為什麼在編輯過程中會要求我修改這麼多次？我的信在編整過後，又重新回傳給我。寶劍皇后改正了我的拼字，並在一些措辭旁加了一些問號，還指出我用前置詞來做為句子的結束是錯誤的。我被恰如其分的教訓了一頓，而她仍保持冷靜和沉著。

寶劍國王 | King of Swords

KING of SWORDS.

大體上的意義

寶劍國王是一個思路敏捷、善於分析且實際導向的人。他擁有一顆愛追根究柢的心、對凡事都感到好奇、並用言語來表達他自己，這是因為他的心智能夠去蒐集、儲存並回憶起各種不同的事實，比起那些要運用雙手的工作，他更適合從事以心智或溝通技巧為主的事業。他很快就能抓住一個故事的重點，或是問到問題的核心，而且他的好奇心會讓他克服羞怯。

倒立的意義

當寶劍國王出現倒立時，話語會宛如洪水氾濫般傾瀉而出，而這些話並沒有事實根據。若不考慮面子問題，寶劍國王很能做出令人信服的口頭評論，而且在當時的氣氛下，連他自己都被這些話給說服了。雖然他知道該說什麼話可以讓人留下好的印象，卻不懂輕然諾而不去實行會帶來多大的痛苦。當寶劍國王處於負面狀態時，他可能會變得精神渙散，因為他手邊實在有太多計畫了。

倒立的寶劍國王就像是不成熟的寶劍騎士，會依當時的心情來執行計畫，所以要完成任務可說是相當困難，有時候甚至是不可能的。當新的機會向他招手時，他就不願意堅守目前手邊的工作了。

倒立的寶劍國王並不願意對一段戀愛關係作出長久的承諾，因為他怕會錯失更好的機會。

當遭遇逆境時

遇到挫折的寶劍國王會變得冷嘲熱諷、牙尖嘴利。他會問一針見血的問題，或者是寫一封憤怒的抱怨信。他的話語變成他的劍，揮向那些軟弱且通常是還沒準備好的對手。當正面的寶劍國王遇到挫折時，他會去協商出一個可達到目標的新方法，或者尋找心靈層面的解決之道。而負面的寶劍國王遭遇挫折時則會快速的找個新的解決之道，或是另闢蹊徑通往他所想望的目標。

負面的寶劍國王很快就能合理化他的過失或責任，並正當化他的行為。他是一個有說服力的演說者，而且在挽救他人的承諾上很有效率，只要自己沒有做任何承諾。

THE SUIT OF PENTACLES
五角星牌組

從五角星王牌到五角星國王所組成的這十四張牌，顯示出一條透過務實生活和關照人生實際需求而達到理解的道路。五角星類型的人通常是務實的、勤奮的、保守的、抗拒改變的，並且擅長處理日常工作。

五角星是在一個圓圈裡面有著五個角的星星。朝上（正立）的星星的五個角代表著頭、雙手（展開的雙臂）和雙腳（雙腿分開地站立）。包圍著五個角的圓圈則蘊藏著一個人的能量。正立的星星意味著理智統治著熱情和渴望。在這種狀態下，雙手和雙腳會統合起來，去完成你理性中的計畫。所以一個計畫會變成某種產物或看得見、可測量的結果，其實就是透過你去執行實際上的事。

當五角星牌倒立就變成頭下腳上了。倒立的五角星意味著慾望戰勝理智，假如你放任你對物質的渴望來榨乾你的財富，那麼倒立的五角星就可解釋為財務上的貧乏。當五角星正立，你的理智可以協助你決定你是需要一部新車、或者是支付未償貸款的帳單；而當五角星倒立，你的物質慾望會凌駕於你目前的財務負擔或長期的財務目標。

五角星類型的人知道成功需要花時間才能達成。他們通常已做好要付出長期努力的準備，以完成他們長遠的目標。名聲對於五角星類型的人來說是很重要的，這使他們不會做出有損他們美名的事情來。作為一個始終如一的計畫者，五角星類型的人從小就認知到，唯有正

確的努力和精心的規劃，才能輕鬆如意的踏上人生旅途。而要使這趟旅程舒適，金錢是最重要的因素，所以他們會不屈不撓的追逐金錢。對於五角星類型的人來說，金錢等同於選擇權，擁有的金錢越多，在人生的選擇上就會越豐富。

　　相較於權杖類型的人做選擇時都不去考量財務狀況，五角星類型的人則是假如沒有勝算，就不喜歡去著手這個計畫。穩定性對五角星類型的人是很重要的，而且內心的平靜是來自於擁有穩固的投資、低負債以及隨時都有應急的錢。有時候即使是在緊急狀況，五角星類型的人也不願意去動到這筆「應急金」，因為有了它，他們就會有平靜的心。

　　五角星類型的人適合從事的職業有不動產、農耕、銀行業和財務相關行業，五角星類型的人會在這些紮實的行業結構中獲得成功。在星象學中，五角星是土象星座，包括金牛座、處女座和魔羯座，不過這組牌形容的是人的本性，而比較不強調其星座特徵。

　　當五角星類型的人處於負面狀態，他們會藉由錢來掌控他人。他們可能是關係中的主要經濟來源，他們會利用收入來控制伴侶或小孩。有時候，負面的五角星類型的人處於貧困時，會喪失自我價值感。這對於五角星類型的人來說是很艱困的，因為他們早就準備好要透過努力工作來贏得舒適的生活方式了。聖杯和權杖類型的人能夠無視於財務的限制，但五角星類型的人一旦財務環境不能得到滿足，可是會挫折感不斷的。

　　負面的五角星類型的人往往在放棄他們的工作之前會先鬆開某段戀愛關係、他的家庭、或者是孩子。如果事業和愛情只能選擇一項，他們通常會毫不遲疑也絕不後悔的選擇事業。

五角星王牌 | Ace of Pentacles

ACE of PENTACLES.

大體上的意義

五角星王牌顯示有一項資金充沛的新事業要展開了，而且是經過有條不紊規劃過的。這張牌顯示出平靜、深思熟慮的步調，正如馬拉松競賽般，而這是來自於對這項事業的瞭解。一般而言，這張牌暗示著你已經為前方的旅程做好準備了。

倒立的意義

由於沒有能力抓緊金錢，所以它消逝無蹤。這有可能是你的開銷比收入大，或者是已經令自己陷入貧窮的不良消費習慣。當五角星王牌出現倒立時，代表事業或財務上的機會從你的指尖溜走了。

錢財上的意義

五角星王牌為一項新事業的開始做了最有力的保證，因為它暗示著會有一筆資金能讓你度過頭幾個月，直到這個案子可以自給自足。五角星王牌暗示著你將得償所願，並以小心翼翼、有條不紊及一種舒適的步驟開始，直到結束。作為財務投資問題的答案，五角星王牌通常是確保財務上的成功（需視周遭的牌而定）。

倒立的意義

五角星王牌倒立宣示著延遲展開新事業或投資，或許這是由於財務上的束縛所導致。它凸顯出財務困難、喪失工作或缺少收入來源。如果是回答有關投資問題，那麼便暗示著財務損失。

健康上的意義

五角星王牌意指你有實際的辦法來維持身體的健康。它暗示你的生活是採取中庸之道，因而你享有健康的身體。這段期間會有足夠的金錢讓你維繫身體健康。它也說明了均衡、規律的生活使健康狀態相當穩定。它也可能是指一項維繫健康的投資，如加入健身房、步行團體或是向自然療法的治療師尋求諮詢。

倒立的意義

倒立的五角星王牌暗示著財務上的憂慮已經不及你眼前的健康問題了。要不就是表示你目前的健康問題是因工作所引起的。柯林是個搬運工，當他要把一塊側板搬進卡車時竟然閃到腰了，結果這個意外使得柯林兩個禮拜沒有正常收入。

五角星二 | Two of Pentacles

大體上的意義

一個人耍弄著兩顆金色五角星，而且小心翼翼的注視著其中一顆。有一個無限的符號（∞）包圍著這兩顆五角星，意味著它們循環不息。這個人的背後有兩艘船行駛於驚濤駭浪中，表示金錢就像潮浪，來了又去。這個人穿著紅橘兩色的衣服，代表熱情的大地色彩。這顏色意味著他根植於實際的世界並專注於他的金錢。他綠色的鞋子和綠色的無限符號一致，代表他的錢流進流出，端看他的雙腳把金錢帶到什麼地方去。這也意指某些地點對他是有好處的，而其他地方則可能讓他付出高昂的代價。例如某些地段的店面，生意不斷的在換手，始終無法聚集人氣，或許原因是沒地方好停車，因此就算換了幾十種不同的生意，總是開了關，關了又開。

倒立的意義

當五角星牌以倒立出現，代表無法決定這兩個機會中那一個的實質報酬比較好。現在是回到正立的五角星王牌的時候，好追尋可獲得甜美果實的清晰道路（機會）。倒立的五角星二意味著財務上的決定，或者是需要改變一些方式好達到收支平衡。或許是你的慾望強過精神上的紀律，因此使你付出了高昂的代價。

錢財上的意義

五角星二顯示一個專注於錢財的人。此時他並沒有重大的財務壓力，

只是要決定那張帳單要先付而已。牌面上的兩艘船看起來都是位於浪峰，代表這時候還有些剩餘的收入，或許該把其中的一部分謹慎的用來投資，或者是擺些錢在身邊以因應就快到來的冬天。

倒立的意義

五角星倒立暗示著冬天已經到來，你需要降低開銷，量入為出。現在要決定那些帳單要先付、而那些可以暫緩；現在也是決定如何減低未來花費方法的時候。它讓你有機會重返正立的五角星王牌的狀態，以改善你對於收入的專注。或許該是清楚的寫上預算並堅持到底的時候了。

健康上的意義

正立的五角星二的意思是指，你的健康取決於財務上的決定。或許你正在考慮要加入健身房會員來投資你的健康，強化健康能量，或展開一系列的看牙行程。它也說明了何時該暫時放下工作去動手術，權衡工作和健康的輕重也可能是這張牌的意義。

倒立的意義

五角星二倒立暗示著你的工作或是對金錢的追逐，已經對你的健康造成不利的影響。或許你手邊有兩份工作，而現在該重返正立的五角星王牌了，以便更有效率的做好一份工作。或許你正在決定要投資多少錢在你的健康上，正在盤算要花多少金額到一個所費不貲的手術上。它也可能是在描述身體的不適，因而阻礙了你賺錢的能力。

五角星三 | Three of Pentacles

大體上的意義

一個生意人、一個建築師和一個神職人員聚在一起，而生意人決定進教堂。另外建築師和神職人員在討論計畫。三顆五角星出現在他們上方的雄偉建築上。這張牌代表將計畫轉換為具體結果的行動。由於詳細的規劃和具體的努力，而發展出某些堅實且可行的東西。五角星三代表對於精神層面的堅定信仰，但是這也可解釋到任何其他領域，就看問題問的是什麼。它也可能暗指某些課程的學習或工作中的訓練；另外，它也可能是在描述一段戀愛關係，由於他們步履堅實的一路走來，最後獲得長期的圓滿結局。

倒立的意義

五角星三倒立暗示著由於基礎薄弱而無法成功，或許更多的學習或經驗可以確保最佳的結果。反覆的模式一直出現因而阻礙了成功，對你來說，為了避免重蹈過去負面的模式，現在是問問自己該從目前的環境中學到什麼的時候了。

五角星三倒立可能是在形容放棄一段課程或訓練而沒有考慮過後果。重返正立的五角星二的課題讓你有機會決定出一個清晰且值得採取的行動，那麼你就可以採取這個行動並達到想要的結果。

錢財上的意義

想要在財務上獲得長期的成功，那麼就要打下穩固的基礎。學習或是

直接的經驗會幫助你確認你的計畫得以平順的進展。目前你有穩固的結構或組織能支撐你的財務計畫。這張牌代表的是在財務投資項目上的成長、進步和成功。

倒立的意義

基礎薄弱導致成功的力道被削減。或許現在的你是因為經驗或知識不足而無法落實計畫。你必須要重返五角星二的課題來決定你的時間、努力和金錢該做什麼投資才是明智的。

重複的模式出現，導致你又失敗在曾經失敗過的地方。或許是你的新工作又帶來和上一個工作同樣的問題，或者是一項生意上的投資，因基礎不穩固而失敗。凡妮莎在對於如何開始賣東西都還沒有任何想法的時候，就做起了生意，倒立的五角星三出現在她的分析牌形中，暗示著她就要遇到麻煩了。一被問到，她就透露了她並沒有事業計畫，並且推測顧客就是會剛好出現。儘管她有著為自己工作的強烈渴望，凡妮莎卻幾乎是沒有關於生意該怎麼做才能生存下來的實際想法。兩個月後她關門大吉，現在是和一家大公司簽約，她打算東山再起，而正立的五角星三則暗示了她目前正在學習小生意的經營管理。

健康上的意義

正立的五角星三代表健康的行為模式使得身心處於均衡狀態。這是因為平衡了火（生意人）、水（神職人員）、空氣（建築師）和土（建築物）的元素，而帶來健康的結果。或許這是你從孩提時代就學習到的正面的健康模式，而這對於你將來穩固的健康狀態是很有貢獻的。

五角星三形容一個以循規蹈矩的方法找回健康的病人，因為五角星類型的人通常喜歡採取中庸之道的生活。五角星之道就是記住你會漸漸老去，而你現在的所做所為決定了你往後的健康狀況。正立的五角星

三意味著你有著穩固的健康基礎，它也可能代表上某種健康課程或者學習和健康有關的事物。

倒立的意義

五角星三倒立可能暗示著不良的行為模式正在摧殘你的健康，或許是加了六匙的糖到你的咖啡裡面，或是早餐前就要抽四根菸，這暗示你已經養成某些對健康不利的習慣了。或許是重返五角星二課題的時候了，好決定將能量或注意力放在那邊對健康會有最好的結果。當這張牌倒立，表示的是重複出現的健康問題。

五角星四 | Four of Pentacles

大體上的意義

一個人坐在灰色石椅上，雙手緊抓著一顆金色的五角星，另有兩顆五角星在他的雙腳下，而另一顆則位於他的頭上。背景處可見一個熱鬧的城市，但他則臉背對著它，專心一致的想著跟錢有關的問題。五角星四這張牌代表的是節約金錢、累積財富，以及計畫著如何讓錢為你工作。它代表知悉財務上的安全是重要的，而城市則提供改善財富環境的機會。

倒立的意義

五角星四倒立是在警告金錢花費的速度比累積財富的速度要快，因此即將產生負債。它是在說隨意且大方的花錢，而沒有考慮到收入夠不夠支付。

最近有位五角星國王宣稱：「荒唐的報酬就是負債。」這張牌倒立是出現在當你過著借貸的生活，譬如使用信用卡，或者是擴張房貸，而把這筆錢拿去支付度假的費用。假如你還想保有你的還債能力，要小心不要讓支出大過收入的時期一直延長下去。

錢財上的意義

五角星四是一張在財務方面有正面意義的牌，它是在形容有足夠的收入能帶給你安全感，或者是代表一筆可運用的資金，而這筆資金還能存一些在身邊以備退休使用。這張牌意味著你有雄厚的財力，去進行

金錢或時間的投資。

倒立的意義

倒立的五角星四意指一項花費不斷追加而收入卻有限的投資。由於不斷的向你要錢，使得你的財力逐漸減弱，這讓你不得不重新回到正立的五角星三的課題。這會讓你看到為了將來的成長和發展，而重建穩固財務基礎的機會。這個機會可能是指你著手更多的學習使知識精進，並且對於時間有更好的掌控能力，或許是在說你做了更務實的財務計畫。

健康上的意義

這是一張代表金牛座的牌，五角星四可能意指頸部、喉嚨和肩膀的問題，在某些案例中，它單純的指你的工作或你對財富的追求正在影響你的健康。

倒立的意義

五角星四倒立代表慷慨大方，但有時候它也可能是在暗示沒有屬於個人的空間，而導致你在情緒上或體能上已經被耗盡。它也可能是在暗示隱藏在你健康問題下的，是對失去錢財的恐懼，或許是在說你擔負不起足夠的健康保險，或是沒有能力再進行維持健康的投資了。

五角星五 | Five of Pentacles

大體上的意義

雖然教堂的窗戶顯示了這是一個庇難之處，但牌裡面的男人和女人正飽受寒冷之苦，也因為不斷的爭吵和彼此孤立，並自絕於生命的恩賜而感到疲累不堪。嚴寒的氣候、病弱的身軀、還有財務上的困窘，強迫這對夫婦做改變，而他們卻是毫無準備。

五角星牌是一張代表飢餓的牌，不論是精神上或財務上。當這張牌出現在牌形當中，代表你的生活負擔很沉重。可能是你被解雇了，並感覺到被社會放逐，或者也可能在暗示你正在為自己以及家人的基本溫飽而奮鬥。

倒立的意義

冬天已經漸漸遠離，現在機會和方法又出現了。這個改變宣告著你又回到正立的五角星四的狀態，它給了你儲蓄金錢的機會，並且享受著物質財富所提供的舒適感。它提供你利用財富過著舒適生活的機會。歷經一段財務艱苦的時期後，現在你終於能夠比較自由的運用金錢了，這讓你有機會償還債務或為一個有價值的目標而儲蓄。塔羅牌裡的「五」代表改變，而倒立的五角星五所形容的是財務環境的改善，並帶來更多的選擇和生活型態的改進。

錢財上的意義

五角星五顯示出財務窘境、貧窮或一次嚴重的財務損失。若是詢問一

樁生意或一項財務方案的話，並不建議你朝著設定的方向走。當詹姆士來作分析時，他正在考慮是否接受自願離職。因為已經有人邀請他加入一家新成立的公司，他也感覺到這似乎是放手一搏的好時機。但是他在目前的職位上可說是得心應手，他想要問的是如果繼續在舊公司多待兩年是不是明智之舉？答案正是五角星五。這暗示著現在離開似乎是一項不會令他後悔的改變。所以他拿了遣散費，而且三個月後他之前的公司就進入破產管理狀態，很多還在那裡工作的人都喪失了他們應有的權利以及工作。

倒立的意義

當五角星倒立意味著最嚴峻的財務寒冬已經過去了，而且財務環境的改善似乎是有譜了。有時候它是暗指你可能正要從某個讓你入不敷出的生意或投資中撤退。

健康上的意義

出現這張牌代表身體出狀況囉。隱藏在身體症狀之下的通常是精神上和情緒上的空虛，使得身體越來越沒辦法去承受。五角星五可能意指你的健康狀態正在影響你的賺錢能力，或許你會因為身體不好而被解雇。

倒立的意義

此時最壞的健康狀態已經遠離你了。假如你願意敞開心胸接受的話，你周遭的人隨時都可以提供你支援。當健康的牌形中出現五角星倒立時，請先充實你的情緒和心靈，這將有助你享受美好的健康。

五角星六 | Six of Pentacles

大體上的意義

一個有錢人左手拿著一組天平，右手丟下幾個銅板給跪在地下雙手張開的人。跪在地下的人事實上是受制於他的，暗示著局面是由他所控制，而他是透過他的財富來掌控這一切。這個站著的人深諳擁有金錢就是擁有權力。他越能妥善管理好他的財務狀況，他就越能選擇自己的人生。

這張牌可能意指你即將要買一棟新房子或一部新車，或者你即將要開始一項新的工作，因為當這張牌正立，代表有新的收入來源或者是一連串的購物行為。

牌裡面這個下跪者無法確認是他的雇員或者乞丐。而天平意指著他已經衡量過他的付出和所得或服務是否相當，或者是他已經掂量過目前他付得起多少來雇用他們。五角星六可能是在描述著手一項投資的基金是安全無虞的。現在是處於財務穩定階段，所以只要有良好的財務管理，成功是指日可待的。

倒立的意義

五角星六倒立暗示著財務穩定狀態的崩潰。或許是你搞砸了飯碗、申請房貸被拒絕，或者是你的經常性支出已經高過你的收入。現在應該要重新回到正立的五角星五的課題，好好反省你的收入和消費模式所帶來的結果。倒立的五角星六暗示著財務狀況失控，而這可能是五角星五階段的艱難和貧困所導致的結果。

錢財上的意義

在財務問題中，正立的五角星六意指成功。這可能是來自於賣掉一棟房子或成交一筆生意的所得，一項有把握的新收入來源或者是你在投資上有新的贊助者，或者是辛勤掌理你的財務所獲得的成功。當這張牌正立時，基本上你應該會有一個可靠的收入來源，而且你的花費也可以得到控制。

倒立的意義

五角星六倒立可能意指你正要離職、正要賣房子或車子，或者單純是指你正經歷一段財務緊縮期。比起平常，這時候你可能比較沒有管控好你的收入或財務狀況。它可能意味著你感覺眼前的財務負擔讓你陷入困境。有時候這會發生在你還沒處理好原先就該償還的債務，就買下一棟新房子。

健康的意義

正立的五角星六可能意指你把錢花用在你的健康上，或許是你加入了健身房的會員，或者是你建構起能增進你健康的生活和工作模式。正立的五角星六出現在健康問題的牌形中，意味著健康狀態穩定。

倒立的意義

倒立的五角星六可能是在形容身體不健康而侷限了你賺錢的能力。你可能會因為生病而有一段時期無法工作，或者因為財務問題而倍感壓力。它也可能是在強調你需要檢視你的工作是如何影響你的健康。在某些案例中，五角星六倒立意味著目前你沒有足夠的金錢選擇你喜歡的方式。

五角星七 | Seven of Pentacles

大體上的意義

一個人耐心的站著，倚靠著他的棍棒立於金錢樹之前。他辛勤的果實已在他面前臻於成熟，而他則深思著該如何處理它們。他雙腳穿著不同顏色的靴子，暗示他夾在五角星六的財務穩定期，和五角星八的唾手可得的機會當中，左右為難。

這張牌是指你的辛勤努力會結出纍纍果實，譬如某項投資的穩定成長、在商場的好名聲為你帶來更多的顧客，或者單純是指花些時間檢討你財務計畫的機會。五角星六的財務穩定狀態已經為五角星七鋪下了更寬廣的道路，並更快速的為你的投資加值。

倒立的意義

或許你該重返五角星六的穩定階段，以便確認厚實的財務結構在你人生當中的適當地位，然後你才可以再繼續往正立的五角星七邁進。當倒立的五角星七出現在牌形中，最有可能的情形是，因為你還沒有注意到你的財務投資或穩定性（金錢樹），所以你需要重返五角星六的狀態去當員工（兩個乞討者其中之一），直到你學會了牌面上的富裕之人是如何成就他的財務安全和財務獨立的。

一般而言，倒立的五角星七描述的是工作太努力而無暇為財務獨立進行計畫。或許簡化你的生活是必要的，如此一來你才有時間深思你的財務和生涯規劃。假如你沒有辦法回歸到你的工作或事業，或許該是進行諮商的時候了，找個人談談，好協助你循序往五角星十邁進。

錢財上的意義

你的努力就要結出果實了，所以不要放棄！現在該是好好思量你的財務選項，以及為了穩定且長久的成功做好計畫的時候了。牌面上這個人不只是盤算著他的未來，他還緊盯著他的作物來確保它有得到充足的水分和營養。他堅信成功來自持續不斷的努力，而不單單只是一個好的計畫或猶如曇花一現的熱情。

倒立的意義

倒立的五角星七意味著你現在可能丟下一份工作或結束一樁生意，而人們也知道你對於工作做了什麼。為了要建立穩固的聲譽，你放棄了你的收入來源且重新來過。你已經有效率的栽培出作物，且在豐收之前出發到別地去了。這張牌也可能是在形容結束一項事業而去找一份工作，或者是當個約聘式的雇員。

健康上的意義

五角星七可能意指你在考慮要花一筆錢來投資你的健康，或者是你正在想如果退休後要舒適的過生活，那麼需要準備多少錢。當五角星七出現在席夢妮的分析中，她正準備要動脊椎手術，而該手術需要六個月的恢復期。她計畫將這段期間作為她工作的休耕期，安排了影片送到家的服務，以及上好的黑巧克力，好讓她在休息期間更舒適。

倒立的意義

你致力於追求財務穩定，這或許已經對你的健康產生負面的影響了。或許該是重返正立的五角星六的時候了，好簡化你的生活，給自己時間去搞定財務，然後你就可以繼續前進到正立的五角星，來考慮你長期的健康和財務上的事了。

五角星八 | Eight of Pentacles

大體上的意義

一個人坐著，手上拿著槌頭，專注於他手邊的工作。六個已經完成的五角星正展示著，而另一個則躺在他座位底下，等待著他訓練有素的巧手。這個人的紅色緊身褲凸顯他的熱情，而他的藍色短袖束腰外衣則提醒著我們，他所完成的實體工作也有著精神層面的象徵意義。他的工作讓他的技巧更上一層樓，而他的自律和他的能力則將意念轉換為具體的形式。由於這個人代表精神能量透過實體形式來表達，所以他的想法（五角星）會變得可行或真實。

這是一張代表承諾並專注於眼前工作的牌，而意念當中這乃是為了較長遠的目標而努力。這人辛勤的工作並完成他的任務，這會為他帶來收入，作為他的家庭及他自己的支撐。假如他在他的行業中的紀律是為了賺錢，那麼他會成功，因為他的收入不僅能供他溫飽，而且還能夠把所有多出來的收入拿去投資，以確保老年生活無虞。因此他對於工作的奉獻不僅讓他在如今就能受惠，連同未來的退休生活也得到好處。

大體上，這張牌顯示的是對工作、對戀愛關係、對健康以及對人生的承諾。承諾和專注幾乎可以讓不可能的任務完成，你所關注的領域就會產出成果。假如你專注於問題，那麼問題本身就會越來越大；而假設你聚焦於尋求解決方案，那麼你就會看得見它們。在最近的一個業務教練課程中，凱倫抱怨她的按摩生意越來越差了。結論是凱倫注重的是玩樂，她每天都要偷閒到植物園裡散步，而且她一收到顧客付給

她的錢，她就馬上離開辦公室去逛街了。五角星八在她的分析中意指，假如她每天能多花點心思在預約的顧客身上，那麼她的事業將會是相當出色的，而且事實也證明了如此。五角星八描繪出的景象就是，我們把焦點放在事物上，該事物就會蓬勃繁盛。

倒立的意義

五角星八倒立所描述的是缺乏承諾。那麼現在就該回到正立的五角星七，以便記取你期待你所有的努力會得到怎樣的長期回饋。五角星七可以提供你機會去深思從現在開始的十年，並且計畫出採取那些步驟以達到你想要的目標。或許你對你的工作、你的戀愛關係、你的生活感到厭倦，而且由於你不願意對這些事情付出，它們就會以更無聊、更沒完沒了的姿態和你周旋。假如你不重新回到正立的五角星七的課題去釐清你的目標，那麼赤貧的老年生活會讓你有充分的時間去悔悟你年輕時缺乏財務上的深謀遠慮。

錢財上的意義

這張牌是對於財務穩定和成長的承諾。它描述的是某些喜愛他們工作的人，而且他們的工作品質經常是很傑出的。我最近參加了一個十二個人的午餐會，我們的服務生顯然是很熱愛他的工作，他提供了不引人注目卻相當出色的服務。他以一種藝術風格擺桌並等待賓客光臨，甚至直接建議其中一位男士在用完午餐之後，可以沿著海灘散散步，在那邊享用白蘭地和雪茄。這個提議受到五位非吸菸者的熱情擁戴，他們把鞋、襪放在門口，捲起褲管，手持雪茄漫步於淡奶油色的沙灘上。而服務生恰如其分的工作表現則為他獲得豐厚且應得的小費。

倒立的意義

五角星八倒立可能暗示著不願對長期的財務負起責任。或許你是覺得財務上的問題和決定都會船到橋頭自然直吧。當珊蒂前來進行分析時，倒立的五角星八已將她無法掌控財務狀況給表露無遺了。珊蒂毫不在意的揮霍著她所賺的每一分錢，因為她知道他的父母過世後，會留給她一筆豐厚的遺產。當他的父親過世時，他同父異母的兄弟卻跳出來爭奪，而且拿走了所有的遺產（不動產）。珊蒂卻付不起錢打官司，因此無法主張她應得的部分。她謀生技能少得可憐，又沒有足夠的錢保障老年生活。對於珊蒂來說，已經到了必須決定她要為滿足生活承擔多少義務，以及如何去累積財富的時候了。

健康上的意義

這是為改善和維持你的健康做出承諾，特別是身體上的健康，因為五角星牌是指專注於真實的世界。五角星八指出一個可量化、務實的方法可以維持你長久的健康。

倒立的意義

你對於身體健康的關注或實踐程度還不夠。有可能是你目前的健康狀態還好，而你想維持下去，或者是你拒絕承認你的身體狀態不佳。也有可能是你一心想增加收入而付出了健康的代價。倒立的五角星八意味著目前健康這個選項在你心中的排名大幅落後。

五角星九 | Night of Pentacles

大體上的意義

一個女人平靜的站在結實纍纍的花園中，一隻有冠頂的小鳥棲息在她帶著手套的手上。晴朗的天空代表好時光似乎還會延續下去，還有在這張牌的底部有一隻蝸牛，確認了這份成功已經穩穩的到來了。有的人可能會覺得成功真是曠日廢時，然而五角星類型的人就是能夠明瞭穩固的成功是需要花時間的。

這個女人目前的成功就是詳細的規劃和過去的努力所帶來的，所以她有時間好好的盤算未來，那九顆位於她雙腳旁的五角星可以成為嚴冬中的屏障，讓她獲得安全。不僅可以照顧到立即的需求，還有餘裕去投資，在縝密的規劃下你的財富將會增加。

大體上來說，五角星九形容由於過去的努力而帶來的一種舒適的生活。當五十五歲的艾瑞克來詢問他即將到來的退休生活，五角星九暗示著他不虞匱乏的生活方式。他自己也證實過去十年來他的投資所得比他的工作收入還要多。這就是典型的五角星國王的作為，艾瑞克已經提前計畫好他退休後的財務需求了。

倒立的意義

五角星九倒立是在形容對金錢的追求凌駕於你生活當中所有其他事情。你花太多的精神在賺錢謀生上而卻沒有享受到你努力的報酬。或許現在該重返五角星八，以習得更多其他的技能來增加你的收入，或掌控你目前薪資所得的能力。

儘管歷經五角星七階段的深思，以及五角星八所提供的對於特殊財務和生涯方向的承諾，但是當牌形中出現倒立的五角星九，就代表你正被每天的開銷用度和工作上的苦差事給壓得快喘不過氣來了。現在正是決定那條路線值得你承諾、而那個方向放棄了也不失安全的時候。五角星九倒立可能在描述晚上或休假日加班變成了一樁低報酬的工作，所以現在應該要重返正立的五角星八，投入更多的訓練，以便找到收入更高的工作。

錢財上的意義

當這張牌作為回答財務問題的答案，那麼財務上的成功是很明顯的。生活井然有序且穩定，這是因為你有為將來的財務安全而做好下一步的打算。這張牌上女人兩邊的五角星暗示著她已經分散投資，所以假設其中一條走得跟蹌的話，她還有其他資源足以支撐她度過這段收入差的時期。

倒立的意義

倒立的五角星九意味著你可能是既要工作又要學習，或者也有可能是你兼做兩份工作。現階段你的財務所得和你的努力付出是不相稱的，所以假如你不學點東西（因為這有可能可以增加收入）的話，那麼或許現在就是你返回正立的五角星八的時候，好讓你集中精神去精通技能，那或許能帶給你巨大的財富。

健康上的意義

均衡的健康狀態是這張牌正立時所暗示的意思。你有時間去想清楚工作和日常生活之間該怎麼過。對於健康的維護要抱持著長遠的眼光，這有可能讓你在來年健康獲得改善。你目前健康的狀態或許就是過去

勤練身體的結果。或許你在一份能得到滿足的工作中還擁有附加的樂趣，而這將回饋到你的財富、情緒和精神層面。

倒立的意義

你的工作或者是你目前為了五斗米而付出的努力，可能正在戕害你的健康。漫長的工作時間、危險的工作狀態，或者是在輪班之間沒有足夠的休息時間，會耗盡你的精力。這時候，該回到正立的五角星八，好對自己做出均衡飲食的承諾，或者是有規律的運動以確保長久的健康。沒有對健康負起應盡的責任就是五角星九倒立所指的意思。

五角星十 | Ten of Pentacles

大體上的意義

通過堅實家庭的拱門可以看見一座工廠和藍色的天空。長者坐著，腳旁有兩條忠心耿耿的狗，這對夫婦在交談著，而老公卻凝視著工廠。房子頂飾繪有一座城堡（同時出現在五角星國王）和一組天平（見五角星六）裝飾著牆壁。這張牌最左邊的掛毯上可見一座高塔。這座高塔是在提醒，假如這些人失去了對他們環境的洞察力，譬如沒有好好耕耘他們的事業，他們可能會冒著最終將失去一切的危險（一如高塔牌的寓意）。

五角星十描述一個穩定的財務狀況提供了舒適的生活，這是過去和現在努力的回饋。如果是詢問事業的問題，它可能是在暗示你受雇於某大型機構、政府部門或者你做的是大生意。假設抽到這張牌的問卜者是自行創業的人，那麼有可能會和大公司簽訂契約。五角星類型的人對於事業有著強烈的認同感，所以一份成功的事業就等同於一個成功的人生。在一般的分析上，這張五角星十意指美好的人生：一幢大宅建立在豐饒的土地上，並且充滿了實現目標所得到的報酬。儘管五角星類型的人總是辛勤的工作著，不過也會給自身的努力一些獎賞。五角星類型的人很容易辨識：透過昂貴的手錶、汽車、珠寶，或者是藉由具有收藏價值的稀有錢幣、書籍、郵票或古董汽車，不難一眼就認出他們。

倒立的意義

五角星十倒立代表財務環境艱困的時期。或許你正過著入不敷出的生

活，或者是為了維持一種你負擔不起的生活方式而辛苦工作著。沒有錢只好以信用卡付款、個人或家庭有負債，你正深陷於債務的泥淖中。這張牌倒立可能是描述某人收入已經減少了，但還想嘗試著要維持一種昂貴的生活方式。

在事業的牌形中，倒立的五角星十可能意指在萎縮的市場中掙扎求生，或由於財務受到限制或經營管理不善而縮編和裁員。當溫伯韜來問：買一部新的跑車是否明智時，這張牌以倒立的姿態來作為回答。我告訴他，他還供不起這部車，在為這部車借錢之前，至少再等上一年會是比較聰明的決定，但這似乎只是激起他更快速且瘋狂的行動。罔顧建議，溫伯韜買了一部造價高達 85,000 澳幣的車子，而它在七個月後就被收回，這是發生在他事業失敗而且無法如期付款後不久的事。

錢財上的意義

正立的五角星十意指財務穩固並成長。這是一個豐收的階段，源於你過去的努力以及嚴謹務實的財務結構。作為展開一項新事業問題的回答，這張五角星十暗示著成功。而如果問題是有關於借錢從事新的投資或事業，這張牌意指著錢即將到位。

倒立的意義

假如牌形中出現五角星十倒立，那麼財務上可能是比較吃緊的，若出現這張牌要事先向問卜者示警。在事業的問題中，你可能失去一份工作，或者會有好長一段時間沒辦法找到適合的、待遇又不錯的工作。當經濟進入衰退期，在事業和財務問題的牌形中，這張倒立牌會一口氣出現好幾個月。若是作為經濟衰退的預言，甚至可以連續十八個月在牌形中發現它。作為分析師，假如好幾個顧客在一個禮拜之內都同

時選到這張倒立的五角星十，那麼你所收到的警示便是總體經濟的衰退，而且會持續較長的一段時間，在未來的幾個月內好好控制你的支出會是明智之舉。

當這張牌倒立，那麼便該重新回到正立的五角星九，以便好好照料你的需求。倒立的五角星十暗示一家大公司正在流失員工，卻不尋求替代人選，而是讓留下來的人去分攤那些工作。或許你會發現你獨自完成好幾個人的工作，但你額外的努力卻沒有得到報酬。或許該是重返正立的五角星九的課題，來決定在這種狀況下你的需求和責任是什麼。

健康上的意義

均衡的健康狀態顯示於正立的五角星十。五角星類型者的健康之道便是靠不間斷的保持和務實的作息，來確保未來均衡的健康。有時候它也暗示著在你每月的薪水支出中含括了健身房或健康保險的費用。

倒立的意義

在這時候你的事業有可能正在傷害你的健康。或許是工作時間太長，或許是工作的地點對健康有害。當健康問題的牌形中出現倒立的五角星十，經濟拮据或許正是壓力持續的來源之一，接著，它可能就會導致健康上的問題。當選到這張倒立牌時，也或許就是健康狀態不佳阻擋了你賺錢的機會。

五角星侍衛 | Page of Pentacles

PAGE of PENTACLES.

大體上的意義

這個年輕人是務實的、保守的，而且通常是個讓人信得過的學生。這是一個當害怕權杖國王或權杖皇后類型的父母親時，會揚起一邊眉毛，而在舞會中卻會瘋狂跳舞的青少年。五角星侍衛一直以來就害怕教人為難的事，他比較喜歡好走的路，勝過去嘗試任何冒險和沒試過的事。他／她通常是早熟的，而且年紀輕輕就能被信任並託付責任。五角星侍衛常在人生早期就有兼職工作的經驗，因為年輕的五角星類型的人會把金錢和自由畫上等號。作為一個年輕人，這個五角星侍衛卻知道真實的世界是如何運作的。他們能輕易的管理財務、學習和日常作息。這個孩子通常會被託付照料寵物的工作，因為這樣寵物才會被規律的每天餵食。

如果是在說明一種狀況，五角星侍衛是在形容對學習或事業的承諾。或許你在每天的工作生活當中研究或學習新技能。五角星侍衛所形容的是，你相當用心且認真的在精進新技巧。

倒立的意義

負面的五角星侍衛通常會不斷的渴望著金錢和物質，而沒有肩負起建立財富所需承擔的責任。他們衡量周遭的人是以他們擁有什麼而非他們是誰。做為學生，他們並不認真學習，而且有可能變得太重視吃這件事，這是為了補償內在的飢餓。他們也可能喜歡在物質上和人競爭。

如果是在描述一種狀態，倒立的五角星侍衛暗示著對於精進新的技巧缺乏承諾。如果是有關工作或學習的問題，你並未完全盡力達到正面的結果，而且可能會辭掉工作或在課程完成之前中斷學習。

當遭遇逆境時

當在環境中遇到挫折時，這個五角星侍衛通常會求助於食物。他／她通常是有耐心的，也很努力的完成工作，卻一邊等待著還沒到來的機會。有時候即使還是個孩子，這些侍衛也會想換取得以讓他們遠離艱困環境的方法。當十六歲的羅伯特（一個五角星侍衛）在某個午後踢著球，卻意外的打破客廳窗戶，他很快的就把窗戶換好，還自己付了錢，就為了避免被父母責罰。

五角星騎士 | Knight of Pentacles

KNIGHT of PENTACLES.

大體上的意義

五角星騎士是個比他實際年齡還要聰明的人，態度務實且勤奮。他已經做好了直到退休前的生涯規劃，雖然沒有具體書寫下來，但卻在他腦中已然成形。五角星騎士渴望著舒適的人生旅程，不過他很快就瞭解到，年輕的時候努力工作可以讓老年的退休生活不虞匱乏。他是個認真的學生，也很熱心的想要承擔工作責任。當他的騎士同學們都出去尋歡作樂時，他正籌劃著他的事業或不動產王國。當他遇上可能的另一半時會顯得害羞且冷漠，他所欣賞的對象會是工作勤奮並顯示出自我規範的人。這個年輕人通常會在年紀輕輕時就擔負起責任，因而成為最年輕的經理或者是大企業裡最年輕的董事。

如果是代表一種狀況，那麼五角星騎士形容的是深思一個長遠的承諾，或許就是指事業。它意指對認真工作的認知——包含了對某個長遠目標的追求。它也描述著調整自身的步調，直到達成目標。雖然別人可能偶爾會伸出援手，但那畢竟是和你有關的事，所以你的目標需要你的決心和努力。

倒立的意義

五角星騎士倒立是形容某個人可能是雄心勃勃的，卻不願意認真工作或是不願意堅持他的目標。他痛恨權威（通常導因於和他父親之間懸而未決的問題），卻又沒有辦法在工作上自我約束。他可能是孤僻、冷漠，而且不斷的想要控制身邊的人。這個倒立的騎士害怕改變或無

法控制他自己以及他的人生。喜歡書本勝過於人,他可能會是個敏銳的學生。他有種時間即將用罄的感覺,因此他有可能錯失了這輩子必須要完成的事的機會。因此,他對於缺乏目標這件事感到焦躁不安且備受挫折。

五角星騎士倒立所描述的狀況是缺乏對目標的承諾。你的想法都是短期的,導致可能因為得不到長期的結果而對於目前的計畫也意興闌珊。倒立的五角星騎士也可能在描述有一種被責任和義務重壓的感覺,而且找不到喘息的空間。

當遭遇逆境時

當正立的五角星騎士被環境撥弄而頹喪時,通常會變得更果斷,而且會朝著他的目標更勤奮的工作。為了消彌逐漸升高的緊張感,他可能會隻身置於大自然中好好散個步,藉此舒暢身心。這個年輕人只有在遠離人群和他的責任後,才能真的休息。假如他有儲蓄或有投資盈餘,他通常就比較能正面的處理生活上的挫折,因為對於五角星類型的人來說,財務的穩定度會增添情緒上的穩定。

五角星皇后 | Queen of Pentacles

QUEEN of PENTACLES.

大體上的意義

五角星皇后通常是個務實而且有著溫暖的心的女人，她喜愛大自然、園藝和動物。她通常是個成功事業的擁有者或者經理人，並且無畏於辛苦的工作。她熱愛工作並對於走出自己人生的道路有一份驕傲感。假如她的另一半擁有一份事業，那麼這個五角星皇后通常會在企業中扮演舉足輕重的角色。她喜歡規律生活，而且通常是有耐心並且對人生的各種可能有著理解的。

五角星皇后代表很有耐心的等待東山再起的機會。它也可能暗示著與大自然、散步和園藝有連結。當她感覺像洩了氣的皮球或遇上挫折的環境，在大自然中消磨時間可能就是讓五角星皇后恢復能量的方式。

倒立的意義

倒立的五角星皇后可能會對她的工作感覺焦躁不安，而且沒有辦法在某種特殊目的中安頓下來。她總是野心勃勃，也常因為她善變的天性而感到雄心壯志無法滿足。在鄉間生活或是在大自然中消磨時光可能會有助她恢復均衡狀態。負面的五角星皇后有時候會掙扎於是否該找個富裕的另一半好支撐她的需求，還是應該追求財務的獨立這兩者之間。她會掛心財務的穩定性，但又不斷的花錢藉以補償她內心的飢渴。

假如五角星皇后以倒立的姿態出現，代表你可能太在意你的事業或財務穩定，而不知道只要你一離開職場，過不了多久你的足跡便會消退，你那麼努力工作所擁有的戰利品也會跟著被分送出去或變賣掉。從你那永無休止的工作負荷中撥出時間暫歇，注意四季的變化，還有花些時間找到值得你投入的公司，對你是很重要的。

當遭遇挫折時

當周遭反對聲浪四起時，五角星皇后有時候會把自己丟進工作中，她寧可工作勞累也不願意面對障礙。「我離開我的婚姻，並且二度就業。比起他曾經做過的事，我覺得現在很值得。」這是一個遭遇挫折的五角星皇后的描述方式。五角星皇后可能會用昂貴的小飾品來犒賞自己，但是她內在的直覺確是在驅使她遠離目前的環境。假如挫敗持續一段時間，她可能會從食物裡尋求慰藉。對於五角星類型的人來說，懸而未決的挫折通常會以身體上的各種症狀來表現。

五角星國王 | King of Pentacles

KING of PENTACLES.

大體上的意義

這個有耐心且務實的男人展現了對人生的理解之路，他喜歡規律生活和穩定多過於冒險。通常他勤奮工作，並且會用少許的實際財物來犒賞自己的努力，諸如一部昂貴的汽車或手錶。他是那種喜歡每年到固定地點去度假的人，而且如果擁有自己的度假屋他會更滿意。如此一來，他還可以每年去修繕他的鄉間度假別墅，然後就在那裡度過退休生活。他瞭解要追求一種有價值的生活，就需要有穩定的財務基礎。

當描述一種狀況，五角星國王代表透過務實的努力而成功。透過持久追求一種生涯方向或個人的目標，就會有緩慢卻穩定的成功，因為務實的努力會帶來財務上的成功。持續一種穩定的目標，所得到的回饋就包括了財務上的穩定。

倒立的意義

當五角星國王出現倒立的狀態，他可能會是個對物質貪婪的人，他以緊縮的預算來經營公司和對待他的員工，然而把錢花在自己身上卻是很大方。假如他是被他的父母親或環境所逼迫而去從某項工作，有時候他是不會成功的。他是那種會在一朝醒來就明白了他想要追求的美夢已經結束了的人，因為要從起跑點開始打拼一項新事業會讓他付出太多代價。他渴望金錢，但是缺乏留住它的內在穩定力量。他的財務狀態是矛盾的，總是先慷慨大方，接著便陷入愁雲慘霧。

財務管理不成功或者成為一介庸人，可能是因為所從事的事業並不是
你內心所企求而導致的結果。追尋父親的腳步而罔顧自己內心的召
喚、沒有去走不同的道路，就是這張倒立的五角星國王所表達的意
義。於是你很可能會常常用物質來獎賞自己，以填補多年來你在這份
無法激勵你的工作中所感受到的空虛。

當遭遇挫折時

當五角星國王受挫於環境時，通常他會工作得更努力。他尋求以自己
的標準完成工作，這將帶給他一種足以掌控環境的感覺。當持續受到
生活的打擊，他會偷偷攢錢，並計畫著逃離他的兩性關係、事業或責
任。有時候他也會透過錢財來控制周遭的人。有時候他還會撤銷對某
個孩子金錢上的支援，直到孩子同意去從事他所指定的工作，或是以
一種被認可的態度來做事為止。當遇上挫折時，五角星國王有時候會
試著花錢，好買到一條離開這狀況的路。

UNDERSTANDING
THE MINOR ARCANA
解析小阿爾克納牌的密碼

現在既然你對這五十六張小阿爾克納牌已經更為熟悉了，這裡再提供一些練習，可以幫助你記住這些牌，還有它們的數字所代表的意義。首先，我們就來練習這些數字和它們的意義。

王牌　王牌代表開始。它們各自顯示一種展開某種新事物的方法。

二　　二代表決定。他們同時也代表其中混合著反對，而這可能就是你為何做出這個決定的原因。或許你需要去親近某些事物，然而卻渴望著潛入未知的水域。你必須權衡你反面的需求，並且做出決定。

三　　三代表已經做出決定之後的進展。

四　　四代表鞏固。這是來自你的意念或信念，而使某些事物更為堅實的行動。

五　　五代表改變，不論是出自自己的選擇或者是被逼迫的。改變會促使我們走出自滿，往新的機會邁進。

六　　六代表在經歷了「五」的改變之後，重返穩定的狀態。關於穩定，不同的牌組有各自的概念。對權杖類型的人來說，穩定就隱身在各種機會當中；而聖杯類型的人則在情感當中發現它

們；至於寶劍類型的人，穩定就存在於生活依照他們的計畫或期待而展開；對於五角星類型的人，所追求的就是財務的穩定。

七　七意味著回到衝突當中讓自我得到成長。它們在告訴我們千萬別放棄行動，直到我們瞭解我們所有的潛能。這裡的衝突以不同的面向彰顯，視各牌組而定。

八　八向我們展示的是顯現出我們的力量。這些力量依不同牌組而有別，而且每當結束一段旅程時，我們就更瞭解自己一些。對權杖類型的人來說，力量就是克服挑戰和可以自由的旅行；聖杯類型的人會在放下過去情感上的困擾，並且獲得平靜當中發現力量；對寶劍類型的人來說，能夠理解過去曾經阻撓過他的人們或環境便是力量；至於五角星類型的人，力量會在事業上的成功中和堅持有價值的未來目標中發現。

九　九顯示的是重新評估。每一個九都代表某人在對未來做出承諾之前，重新評估過去。權杖類型的人是重新評估過去的行動；而聖杯類型的人則是重新評估情感上的經歷；寶劍類型的人重新評估通往人生知識和理解人生的道路；而五角星類型的人則是重新評估獲致財務穩定的方法。

十　十代表完成各自牌組的課題。每一張十都顯示所有的可能性，包括王牌中的種子，而其中，寶劍十是個例外，在寶劍牌組中，十描繪出持續的負面信念所帶來的結果，而王牌則顯示出清晰的思考。

再一次熟悉了從一到十的數字意義，檢視這四個牌組中各自的意義是有必要的。藉由知悉各個數字的意義和每個牌組的象徵，當它們出現在解牌的牌形中，你就可以將所有出現在牌形中的每一張牌，拼組出它們的意義。

權杖牌組

權杖牌組走的路線是一種行動、積極、熱情、移動、旅行和探索。許多目標吸引著權杖類型的人，而且它們通常是有能量和活力，可以去追尋對他們而言最重要的目標的。

權杖類型的人：
- 在做事的時候最是生氣勃勃。
- 活在未來，而那當中有著無限可能。
- 喜歡為目標而奮鬥。
- 是熱情、熱心且坦率的。

聖杯牌組

聖杯牌組走的是一種情感的路線。這些人追求平靜、教養、和諧以及和他人有所連結。對於需要去愛及被愛的聖杯類型的人來說，分享目標是很有價值的回饋。聖杯類型的人對於創意、敏銳度、浪漫和想像力等，是給予高度評價的。

聖杯類型的人：
- 需要時間取得寧靜和深思。
- 喜歡反省過去，這段時間似乎更具有情感上的價值。
- 對於競爭會羞怯地避開。
- 喜歡創意，而且經常是個軟心腸的人。

寶劍牌組

寶劍牌組走的路線是一種理解的人生。為什麼？什麼？何時？何地？以及誰？這些便是寶劍類型的人經常問的問題。這便是想法、概念、

比較、精確和記住事實的一種方法。

寶劍類型的人：
- 喜歡解決人生的困惑。
- 會被那些有著不尋常或古怪想法的人所吸引。
- 是好奇的、樂於溝通的，而且熱愛增進他們的知識。
- 通常是機智的並且喜歡思考、計畫並討論人生的。

五角星牌組

五角星牌組走的是生存的路線。五角星類型的人會事先計畫，所以他們能夠讓生命旅程舒適。這些人就是喜歡過好日常生活，所以對他們來說，盡可能把生活弄得舒適是有意義的。有時候五角星類型的人也會困惑於被炫耀、或者是均衡所擁有的財富之間，當這情形發生時，他們會透過所有權來讓自己獲得安全。五角星類型的人工作勤奮、擁抱改變的速度慢，但是交友關係穩定。

五角星類型的人：
- 在安定感和安全感上是成功的。
- 喜歡規律所以是可靠的。
- 並不害怕努力工作，而且通常是為他們自己工作。
- 是忠誠、務實、嚴謹並且有耐心的。

小阿爾克納牌的圖（詳見本書彩色圖表篇）總結了每張牌的意義。把圖的那部分遮起來，用它來檢視你對每張牌的瞭解，然後試著把意義記下來。用大體上分析的經驗來體會每張牌更深層的意義。這會讓你有能力為你的顧客作更詳細的分析。

要成為一個有效率的塔羅分析師，其中一個條件就是能夠將牌的意義應用在問卜者所提問的問題上。假如正立的權杖二在有關實際環

境的分析上代表作出決定，那麼做為兩性關係問題的回答，它的意義又是什麼呢？公式如下：二（決定）＋權杖（地點）＋兩性關係＝意義。

它的可能意義就包括：

• 問卜者正在決定是否要和他的伴侶同住。
• 問卜者正在做有關離開這個家的決定，而這對他們的伴侶有何影響（或許是一個跨越州的搬遷，或者是搬到另一個郊區）？
• 問卜者正在決定是否往這段關係的另一階段移動（結婚或者生小孩）。

當你對這四個牌組以及每一個數字有了紮實的理解，那麼要有效率的運用意義來對應問題或環境就簡單了。數字一到九甚至可應用到大阿爾克納牌，例如，四代表鞏固，而大阿爾克納牌的第四號牌就是帝王牌，代表這是一個穩定的、可信賴的、務實的人。

宮廷牌和占星學中元素的組合

每一組宮廷牌都代表著火、水、空氣和土這四大元素的組合。瞭解這些元素，在你為顧客進行分析時，能幫助你確認你的顧客所提及的問題。侍衛牌代表空氣，因為他們有著天生的好奇心，而這和空氣的象徵有關。騎士代表火，因為他們展現出火一般的豐盛熱情。皇后代表水，因為他們具有感知能力、富於直覺，而且她們比起其他類型的人更能夠平順的適應她們的環境。國王代表土，因為他們對於自己的人生道路，相對上是比較堅定且務實的。（詳情請參閱本書彩色部分有關宮廷牌和元素的連結）

PERSONALITY TRAITS AND
THE MINOR ARCANA
人格特質和小阿爾克納牌

藉由瞭解這四種類型的人的性情，以及當處於正面、遇到挫折或沮喪時，他們對應人生的方式，你就可以以一種充分做好準備的態度，讓你的顧客瞭解你所進行的分析。這也會讓你與周遭那些不同類型的人產生連結。

當你知道如何去找到蛛絲馬跡時，你也可以更輕易的判斷某個人所屬的牌組類型。當權杖類型的人張開他們的嘴高談闊論，而其他人則默默思考時，他們的反應通常是目瞪口呆並語帶吃驚的說：「啊？我剛說了什麼？」

從為了改善和同事或家人的關係，到讓你的塔羅分析更加效率化，藉由瞭解他們與人生對應的方法而與他們產生連結，其價值是無與倫比的。有些學習塔羅的學生困惑於不知道那種宮廷牌是代表自己的類型。在某個美好的日子裡，你覺得自己處於最佳狀態，那麼就可能是正立的國王和皇后；然而如果是個遭透的日子，當別人打壓或反對你，或許另一種面向的你就出現了。當一個權杖皇后類型的朋友被問到她是個什麼樣子的人，「天生反骨，這就是我之所以成為今天的我的原因！」她如此回答。下面這個列表就詳述了四種牌組類型的人，他們各自處理挫折以及幽默的方式。

面對挫折的態度

權杖類型　抗拒、外表看起來很生氣、很挑釁，當天碰上任何想聽的人他都會告訴對方。權杖類型的人會尋找一種實際的方式來發洩他們被禁錮的侵略性格。競爭性的運動或練習通常可以幫助他們消彌緊張壓力。

聖杯類型　沉默以對、了無生氣、用退縮哭泣來釋放壓力、安靜的抗拒著提供協助給他的人。聖杯類型的人在含怒不語的功力上絕對是可以拿到冠軍的，而且當他處於負面狀態時，他還會訴諸正面的攻擊行為。

寶劍類型　好爭辯、毒舌厲嘴、而且會運用計謀來擊敗那些反對他的人，在佔便宜方面可說是詭計多端。寶劍類型的人可能會在情感方面冷凍你，譬如透過冷冷的瞪你一眼、愛理不理的回答，還有冷嘲熱諷，他一定要你明白，你已經得罪他們了。

五角星類型　退回到工作當中、吃得很豐盛、大吃甜食，以及重返讓他們能有掌控感覺的規律生活中，當五角星類型的人處於負面狀態時，他們有可能會偷竊，譬如盜用公司的財物，這是因為他們覺得自己長期的努力被忽視了。

當苦惱的時候他們會怎麼做

權杖類型　最近有位沮喪的權杖皇后類型的朋友在哭泣良久之後和我展開一場爭辯。我正擔憂她因感受不到斬獲，而不知

如何是好時，得到的回應竟是：「沒有收穫？我可是已經竭盡全力了，而且我可以跟你保證，我已經從地板開始，結結實實的重新整修這房子超過六個月了。那今年你做了些什麼？」當一個新鮮的挑戰出現時，權杖類型的人很快就會忘記他們剛剛還在煩惱的事。

聖杯類型　聖杯類型的人傾向於安靜的哭泣，然後漸漸變得愁悶或憂鬱。憂鬱期可能會是好幾天、好幾個禮拜、甚或是好幾個月。假如聖杯類型的人能夠回想起他們是被愛以及被欣賞的，通常他們就能夠重新振作起來。送他們一些鮮花、一張卡片或是小寵物，水象類型的人就會沉浸在滋養的喜悅中，而且會覺得被需要。

寶劍類型　遇上苦惱時，寶劍類型的人通常會在精神面反覆檢討該事件，並試圖去理解。他們的理由是當他們瞭解別人說了什麼、以及對方為什麼會有此感受時，那麼他們自己就會平靜多了。這有可能導致一種迂迴的想法，其中需要有人耐心傾聽，並且有時候需要有個堅持的朋友去提醒他們，不妨暫時把這些事放下。如果鼓勵寶劍類型的人去參加體能活動（散步、運動或游泳），他們就可以再度放鬆。

五角星類型　五角星類型的人基本上是耐心十足的，所以會讓五角星類型的人苦惱可不是一椿小事。假設某個五角星國王或皇后工作得非常努力，卻感受不到讚賞，他們可能會自己花點錢來犒賞自己。換一種方式，五角星類型的人也可以透過漫步於大自然，或者在花園裡工作個把小時來取得平衡。如果是深層的困擾，五角星類型的人就會受身體上的一些小毛病之苦。這個類型的人傾向於以身體的症狀來表現挫折。

當權杖類型的人發火時，他們會咆哮、引起風暴或爭辯不休。一旦他們釋放了自己的感受，很快就會忘記他們的麻煩了。然而其他的事可就不見得會忘記，特別是假如權杖類型的人在大庭廣眾下被惹火的話。某個夜晚，外出到餐廳用餐，我聽到一個傢伙用他充滿莎士比亞風格的聲音對著服務生吼叫。這個彷彿從電影裡跑出來的人打算以他的意志折服他人，他也迅速串連其他用餐客人，想要營造一種大家都厭惡這家餐廳的感覺。當服務生飛奔向前迎合他的需求時，其他用餐的人都因為被打擾而瞪了他一眼。

權杖類型的人會在問題浮現時尋求立即的解決之道，當碰上挫折，他們的沒耐心更是表露無遺。他們能使整個狀況，包括他周遭的朋友和同事也陷入艱難，如此一來這些人就會傾其所有，只為了回復寧靜。當然，假設他們引起太多麻煩，他們就要冒著被制止的危險，不過，在憤怒或挫折當中的權杖類型的人，他們的理性思維是很有限的。

當聖杯類型的人被激怒，他們不見得會帶著牢騷前來。他們可能被別人的言語或行為所傷害，但他們會撤退到某個隱密的地方來重建平靜。通常被辦公室戀情傷害的聖杯類型的人比較喜歡隱居起來，如此一來他們或許就可以把目前的麻煩寫下來，或者對此狀態作出反省。假如挫折是來自生活，聖杯類型的人會對生活當中的可能性感到悲觀，並且有可能尋求藥物或酒精來麻痺內在的痛苦。假如發生的是漫長的挫折，聖杯類型的人可能會往抑鬱寡歡的情境中鑽進去，變得了無生趣、沮喪，而且對周遭的人們視而不見。

憤怒中的寶劍類型的人比較喜歡有伴，如此只是希望能有個對手來場爭辯或激烈的討論，他們需要討論他們的境遇，來防止他們在迂迴的思考中過於激動。別人或許可以提供一些不同的觀點，好讓寶劍類型的人理解自身的境遇。當極度憤怒時，寶劍類型的人的舌頭切過障礙就像一把熱刀子碰到奶油。他們也會運用冰河的邏輯，變得冷若冰霜，只消運用最少的幾個字就可以帶給對方最大的痛苦，一如寶劍男人以他的劍鋒來執行他的任務。

如果找不到對手，遭遇挫折的寶劍類型的人可能會打電話向一些朋友投訴、寫尖酸的抱怨信，或者事先做好爭辯的準備，好在遇上那些阻撓他們計畫的人時派上用場。

而當五角星類型的人生氣時，他們傾向於回歸到熟悉的規律當中，那會讓他們重新建立起一種有力的感覺。「如果今天技術人員沒辦法幫我把新的影印機安裝好的話，那麼我就要完成那一疊文件來作為補償。」這是基本原則。由於五角星類型的人和他們身體的連結很深，所以在挫折發生時，食物通常會吸引他們。他們需要小心注意這種習慣，因為這有可能導致體重過重。

有時候當五角星類型的人在財務上遇到挫折時，他們也會用財務上的方式來處罰。到了付款的時候他們會延遲腳步，抱怨產品或服務，暗示著該打個折扣，或者直接拒絕支付當初同意的金額。如果挫折為期很長，五角星類型的人可能就會遭遇健康問題之苦，因為他們是四種類型當中最真實的人。如果想要進一步瞭解，請參閱本書彩色部分的宮廷牌類型的人。

他們的幽默感

權杖類型　　權杖類型的人喜歡真實的幽默感，譬如低俗的笑話。當你出去旅行，就在拍照的前一刻掉進泥巴裡，權杖類型的人可是會忙著大笑而沒空搭救你上來。他們喜歡插科打諢裡的顛覆性趣味，而且負面的權杖類型者常會惡作劇，通常那裡面有種隱藏的侵略性，或包含著教人招架不住的反諷。

聖杯類型　　聖杯類型的人的幽默比起權杖類型是溫和多了。如果以照片來表現，可能會是個臉上塗滿巧克力、露齒微笑的

小孩，或者是家裡的狗狗從睡著的爺爺手中吃著冰淇淋。負面的聖杯類型喜歡一種較晦澀的幽默感。有位朋友擁有兩條狗，在其中一條因為年紀老邁而死去時，她簡直心碎了。當關心起她的失落時，她說她忙到根本沒空去想念牠，而事實是，她以扭曲的微笑說出：「真的太忙了。這個禮拜我已經將牠重新埋葬四次了。另一條狗一直把牠挖出來並拖著牠在花園裡玩耍。」

寶劍類型　寶劍類型的人喜歡話語，所以任何會扭曲話語的幽默都是他們所喜歡的。最近有個朋友宣稱他已經從「多災多難學院」畢業，而且就要轉往「厄運大學」就讀。就在我告別單身之夜，我最好的朋友，一個寶劍國王，在他問我是否苦惱時，把一個玻璃杯硬塞到我手中。「有一點。」我承認。「你有苦惱的權利。」他很冷靜的說。「結婚是一個很大的承諾，它就是那種你一輩子只會做兩三次的事。」

五角星類型　通常五角星類型的人會分享不露感情的、輕描淡寫的幽默。不會輕易表露太多感情，他們不動聲色的傳達方式，假如你不注意的話，有可能會忽略掉。在豪雨期間，有個下午，詹姆士在一家商店的遮雨棚下躲雨，宛如斷奏的巨大雨滴聲響往他周圍的地面砸下。震耳欲聾的雨聲聽起來就像是機關槍突然走火，就在他上頭的鋼製遮雨棚上爆炸，而那些水滴又潑濺到地面，把他的腿和鞋子都浸濕了。頃刻間就形成一個水坑，而幾條小河便往各個方向湧流，宛如一群人瞪視著大自然的狂暴。在他身邊的陌生人直接以冷靜的聲音說出，「看起來好像就要再變回好天氣了。」

對應性

這四個牌組或宮廷牌群組代表四種人格類型的成長與發展。整體來看，侍衛代表男孩和女孩。騎士代表二十幾歲的年輕人，比起年輕孩子的時候更成熟，但也還沒有完全像個成年人。男性的侍衛在長大成為國王之前，會先經過成長為騎士的過程；而女性侍衛則將獲發展為皇后。由於男孩的成熟期比女孩要長，所以皇后也可能是指二十來歲的女性，不過二十幾歲的男性通常是騎士。

當分析的牌形中國王或皇后以倒立的姿態出現，那麼分析師就需要判斷這個人是否為習慣的倒立（通常就展現出國王或皇后的負面特質），或者這個人是否為偶發性的出現這些特質，譬如當筋疲力竭、生病或者是被生活壓得喘不過氣來時。倒立的牌所描述的這個人有可能是受挫於目前的生活環境，或者也有可能是習慣性的會去找比較簡單的應對方法，並避免塔羅牌上面所提供的課題。

在進行塔羅牌分析時，瞭解社會趨勢是有必要的。由於越來越多年輕的成人留在家裡的時間比過去更久，這可能會讓邁向成熟的時間延遲，人們到了三十歲可能還表現的像個侍衛，而不是騎士或皇后。在兩個世代以前，那些同年紀的人可能都已經擁有一個四口之家了。

某些牌組可說是天生一對，輕易就能夠鍛鑄出不墜的友誼或愛的關係。任何的國王、皇后或騎士和任何其他類型的人們交往，都會滿足於圓滿的、長期的愛的關係。

四大牌組對應表

雖然某些人和你所對應的牌組以相同的方式在觀照人生，但這或許對你的成長和發展並沒有幫助。雖說異性相吸，不過相對的兩個人在相處上還是有其困難度，除非他們容許他們的伴侶擁有對人生不同的觀點。每個牌組天生都有個相容的對象，而這個速配的牌組就是權杖配寶劍、聖杯配五角星。

KING of WANDS.

QUEEN of WANDS.

KNIGHT of WANDS.

PAGE of WANDS.

權杖類型的人享受激情,假設對應的是其他權杖類型的人,代表為期不長的友誼或戀愛關係。

• 權杖類型的人有時候會覺得聖杯類型的人動作太慢條斯理、太敏感,而且對他們喜好的事物有著不切實際的想法。
• 權杖和寶劍類型的人通常是可以互相包容的,因為權杖類型的人喜歡探險,而寶劍類型的人則擅長在改變中成功。
• 權杖類型的人通常會發現五角星類型的人太穩重又太規律了,而且他們的品味也太務實了。

KING of CUPS.

QUEEN of CUPS.

KNIGHT of CUPS.

PAGE of CUPS.

聖杯類型的人通常會覺得權杖類型的人太活躍、太愛爭吵,而且對於維持長期的友誼或戀愛關係並不可測。聖杯類型的人很容易被權杖類型的那種直來直往的方式所傷害。

- 聖杯類型的人很享受與其他聖杯類型的人在一起，分享彼此的回憶、情感和共同的浪漫。
- 聖杯類型的人有時候會覺得他們那些寶劍類型的朋友們太過知性，而且他們的品味也缺乏感情。
- 聖杯和五角星類型的人通常會趣味相同，因為聖杯類型的人喜歡安全感，而五角星類型的人則喜歡透過準則和建立財富，給人生提供一個穩固的基礎。

KING of SWORDS.　QUEEN of SWORDS.　KNIGHT of SWORDS.　PAGE of SWORDS.

寶劍類型的人喜歡和權杖類型的人在一起，因為他們一起旅行很輕鬆自在，這是由於他們都喜歡接觸從來都不曾接觸過的人，也都很快地就會對規律的生活感到厭煩。

- 寶劍類型的人常常會覺得聖杯類型的人老是耽溺於過去、堆疊了太多的感傷或無解的感情上的傷害。他們還發現聖杯類型的人很寡言，而且幾乎是有溝通上的障礙。
- 寶劍類型的人會喜歡其他寶劍類型的人，因為不論是聊八卦、傳謠言、推測結果和損人的幽默，他們的話匣子都很容易打開。
- 寶劍類型的人會發現五角星類型的人動作太慢、工作太認真，而且他們的嗜好幾乎是一成不變的。

KING of PENTACLES. QUEEN of PENTACLES. KNIGHT of PENTACLES. PAGE of PENTACLES.

五角星類型的人很快就會被權杖類型的人熱情的生活方式給搞到筋疲力竭。「熱情在那裡？」這就是權杖類型的人一到達時的反應，充滿了停不下來的熱情。

- 五角星類型的人通常喜歡和聖杯類型的人之間那種容易相處且互補的關係。因為其中一人提供了財務上的安全感，而另外一人就提供感情上的滋養和一個逐夢的機會。
- 五角星類型的人通常會發現寶劍類型的人思考太快、停不下來，而且對喜歡的事物很善變。當五角星類型的人提議到去年同一個地點度假，寶劍類型的人一想到一成不變的目的地和規律的作息就開始發抖了。
- 五角星類型的人通常喜歡和其他五角星類型的人在一起，因為他們彼此都瞭解努力工作對於長遠目標的價值，他們都喜歡有架構、規律和運作平順，及有秩序的生活。

權杖類型的人通常會尋求冒險，而寶劍類型的人則能成功的理解人生。這通常可解釋為寶劍類型的人陪伴著他們權杖類型的朋友去冒險旅行，路上還遇到以前不認識的人們。以前不認識的人可能會提供對人生的不同觀點，而這對寶劍類型的人來說是很喜愛的。

聖杯類型的人則會迴避冒險，他們比較喜歡舒適的規律生活，好提供時間和空間去深思他們的感情。五角星類型的人在提供穩定和規

律環境上可說是和聖杯相當速配的。而同時五角星類型的人也喜歡他們聖杯類型的朋友所提供的溫柔和忠誠。聖杯類型的人無法理解為何權杖類型的人會為了探索未知事物，而拋棄舒適的家庭和有趣的工作環境。

　　大致上說來，寶劍類型的人會發現他們的聖杯朋友太羞怯和畏縮，而聖杯類型的人則是最後會找個方法逃離寶劍類型的人滔滔不絕的談話。寶劍類型的人可能會覺得五角星類型的人太過一成不變，設限很多但是讓人一猜就中，而五角星類型的人則是發現寶劍類型的人太善變而且不可靠。

　　權杖類型的人有時候會覺得五角星類型的人太害怕改變而且缺乏熱情，然而五角星類型的人觀察到有時候權杖類型的熱情簡直就是浪費能量。五角星類型的人可能視熱情如演戲，而且會讓人從一系列的要務中分心。演戲讓他們沒有安全感，而安全感對五角星類型的人來說是最最重要的。

- 權杖類型的人跳的是探戈，它是激情的、濃烈的，而且可能讓人筋疲力竭。
- 聖杯類型的人會因為一首幾近多愁善感的歌曲而起身跳舞，並且把她的頭靠在他的肩膀上。
- 寶劍類型的人會加入群體的舞蹈，而群舞則是每六十秒就換一次舞伴。
- 五角星類型的人跳著緩慢的華爾滋，而且比較喜歡和在同一個舞蹈老師那邊上課的舞伴跳舞。

SPIRITUAL PURPOSE IN THE PHYSICAL WORLD
在現實生活中的精神目標

小阿爾克納牌的四個牌組各自提供了和現實世界連結時的獨特旅程，以及充實你精神目標的機會。要在現實的需求和精神目標之間取得平衡，需要有所警覺，而且這四個牌組在這兩難中各自有其不同的應對之道。

權杖之路

關鍵：用熱情和勇氣追尋人生當中的各種機會。

駕馭激情和運用對熱情的紀律是權杖牌組的課題之一。而其中的挑戰就是要這麼做，卻不能讓當中的熱情熄火。太多的熱情和將能量分散到太多的方向，通常將一事無成。而過多的紀律則會讓熱情消滅。許多很棒的點子都是在會議當中，在還沒起步時就被毫無想像力的人們給澆熄了。

當五角星父母扶養權杖類型的孩子，他們可能會在孩子要尋求興奮與冒險，而父母堅持有秩序和安全之間產生衝突。要求權杖孩子處於安全和可掌控當中，可能會產生一種風險：扼殺掉權杖天生的創意

和自然流露的熱情。

傑克五歲的時候就為他的父母演了一齣戲，他將自己表達出來。他那五角星國王和皇后的父母，為了供得起傑克進到較好的學校而忙著做生意，卻沒有時間坐下來好好陪他。後來傑克進了高中仍繼續演出和創作戲劇，然而他父母卻鼓勵他從事一個穩定的、收入有保障的工作。他的父親和他訂了一項協議，那就是假如傑克考試能夠達到要求的分數，那麼他就可以在暑假時參加戲劇工作坊。

權杖類型的人要學習駕馭他們天生的激情和熱忱，通常是透過直接的經驗。不像寶劍類型的人可以透過觀察他人來學習，那些權杖牌組通常是要燙到他們的手指時，才會發現爐子是熱的。對權杖類型的人來說，他們必須要學著自己調整步伐才能達到某些目標。這包括在他們沒有足夠的時間、金錢或精力時，不要一次著手太多新目標，免得徒勞無功。這當中需要理解到：做足準備對於實現目標是多麼重要的事！

權杖類型的人通常在還不會走路之前就想要飛，是個沒有耐性的人。但權杖類型的人在實現計畫方面很有一套，這就是為什麼在營建產業中會有那麼多這類型的人的原因了。在完成計畫的同時，他們就已經看到會蓋出怎樣的建築物。一棟房子、商務區或是購物中心，在他們的努力下已經聳立在眼前。他們不喜歡冗長的計畫過程，這也就是為什麼設計師、繪圖者和專案企畫人員通常都是寶劍類型的人了。

傑克在學習做計畫這件事情上可說是吃盡苦頭，在他十一歲的時候，他被要求為跨年音樂會編一齣劇。由於不理解計畫和舞台綵排對於這項活動是多麼重要的事，傑克到了演出當天下午還在重寫劇本。那真是個令人悲傷的失敗經驗，在演出進行當中，傑克和他的朋友們就被觀眾以噓聲給轟下台了。就算權杖們因缺乏計畫而失敗得這麼慘，一開始他們確實會很沮喪，不過他們不會因此而斷念。他們非但不會躲藏起來，還會花時間去為將來的成功做準備。

權杖類型的人需要在人生當中有些值得追求的目標，這些目標是那種做得到卻又不會太輕易達成的。在完成一項長程的目標後，權杖

類型的人通常會有點小失望，除非又有一個可以滿足他們的新目標在手，否則他們在獲得這項成果後，會頓時感到索然無味。

基本上比較具競爭意識且激情的人，可能會覺得精神上的滋養和內在的和諧，是可以從這輩子的重要事物中除名的項目，權杖皇后貝希列出她精神層面的需求，裡面就只有一串想去旅行的地點。

「我已經去過尼泊爾和西藏，還有印度的幾處印加文明和印度教聚會所，另外還有露德（Lourdes，法國城市），那個位在南歐有很多朝聖者的城市，我還去過戈壁沙漠的某個冥想修行所呢。」她語帶驕傲的述說著。這整串聽下來就好像是帶著馬錶去參加馬拉松比賽。這不禁讓人聯想到葛丘・馬克斯（Groucho Marx，義大利即興喜劇的代表人物之一），他曾吹噓過他的樂隊能在五十三秒內演奏米紐爾特（The Minuet，緩慢的三拍子舞）華爾滋。

權杖之路包括了從人的角度去發現各種可能，不論是短跑、長泳、帶著你的導盲犬遠征喜馬拉雅山，或者是在月圓之夜的光暈下乘著降落傘跳進海洋中。它包括了促使你經歷最好的自己，去發現你新的極限。理由便是，「即使我在嘗試的過程中死去，但我發現了我的極限。」

權杖類型的人在內心深處有一種急迫感，他們想要在死前盡可能的得到最多。以熱情和熱心著手每一個目標，他們發現了許多處女地，發明了新的小玩意兒，比其他早先已經來探險過的人發現了更深層海域裡的失事船隻殘骸，或者展開新的事業。權杖類型的人視人生為一系列的征服，而他們的挑戰包含了活在當下，並擁有對未來的認知。

權杖類型的人需要特別留意未來的目標，且記住正是因為今日的所作所為，而形塑了我們的明天。當他們在還沒有精通自律前（權杖國王的課題），他們可能會在看似追求某種需求下，自目前的環境逃開。權杖類型人總是愛誇張，他們有可能把蓋個樹屋說得像是在巴黎的凡爾賽打造一座宮殿似的。

當權杖類型的人能夠駕馭自律這個課題，他們就能夠將他們的成

功推展到十倍大。他們會持續的發現擴展他們領域的新方法,做為一位企業家和生意人的理查‧布藍森(Richard Branson,維京集團總裁)就是個例子。當權杖類型的人設法要做到活在當下,並駕馭他們對於還沒實現的目標的熱情和熱心,他們會建立事業,訓練運動團隊,寫歌,蓋房子,激勵他人去瞭解自己的目標,而且一般說來,還會賦予那些跟隨著他們的人靈感。他們擁有天生的領導特質,雖然別人可能很難跟得上他們的腳步。

權杖類型的人對於遠古時代的神祇似乎特別感興趣,他們會督促自己要得到更多,直到他們發現自己已經可以跟他們的神明相匹敵為止。

這些輕易就有了行動動機的人,並不是圓滑老練的外交官、也不善於傾聽群眾的意見。但他們勇於接受挑戰,喜歡和周遭的人競爭,在追尋深層滿足的長期精神目標過程中,也只會抬起頭瞥一眼短期的實質目標。

性格須知

- 對於那些需要花時間才會有收穫的計畫缺乏耐心。
- 對那些不如你本身這麼充滿活力的人,會變得愛發脾氣。
- 會和團隊中的人競爭。
- 會和你的另一半或孩子們競爭。
- 在和別人相處上並不圓融。

和權杖類型的能量相對的是五角星的能量。為了達到一個更均衡的人生境界,或許你可以考慮擁有某些五角星對人生的態度,將你部分天生的熱情轉換為效率,這會讓你在邁向目標的努力上更為集中。

嘗試培養

- 明白今天需要完成什麼事,好讓你距離目標更近。
- 對待人生的過程以及其他人要有耐心。

- 要具備當下的意識感。
- 要瞭解團隊努力具備了何等的價值。
- 在著手新事物之前,需要專心去完成目前的方案。
- 對你過去的成就深感榮耀,而非總是往前去尋找新的可能性。

展開權杖之路

假如你正以權杖的方式展開你的人生旅程,或許你會因認識到下列的建議而獲益:

- 需要擁有一個重要的、長遠的人生目標。
- 中期(三到五年)目標。
- 可達成的短期目標。
- 在你身邊的那些務實的人們,可以把你拉回現實去完成目標。
- 別人可能視你為競爭對手,試著去理解一個團隊的努力足以改善一個方案。
- 或許你會需要培養一種嗜好或養成一種運動習慣,好讓你每個禮拜都可以釋放掉一些被壓抑的熱情。

聖杯之路

關鍵:在靈性及情感方面去滋養你自身以及你周遭的人,因為你是在分享人生旅途中的靈性道路。

聖杯之道包含了尋找那些足以滋養心靈和靈魂的人與活動。透過冥想、書寫、繪畫和彈奏音樂,或者是溺愛某個特別的人,聖杯類型的人會樂在其中,因為可以分享他們的溫暖和善意。不同於權杖類型透過競爭尋求分開,聖杯類型的人則是透過團體活動尋求連結。

聖杯類型的人需要志同道合的人一同分享他們在精神層面上的觀點,那麼人生旅程就會更溫和了。我們每個人都曾經歷過的孤獨感,

對於聖杯類型的人來說會更加難熬。而透過冥想可以驅散這份孤獨的感覺。對聖杯類型的人來說，冥想會讓他們看見在某個精神層面上我們是如何互相連接在一起的。聖杯類型的人通常是很有同情心的，他們不會忘記在人生旅途上，我們統統都是踩著獨特的步伐邁向類似的目的地。

聖杯類型的人會避免有競爭意味的計畫案，他們尋求平靜，好照見彼此。他們總是多愁善感，並不斷的檢討過去的經驗。聖杯類型的人天生的伴侶是五角星類型的人，其中的一項原因就是那些五角星類型的人可以提供架構和穩定性，好讓聖杯類型的人有餘裕去做白日夢和深思人生的各種可能性。誠然，當你得為了五斗米折腰時，是很難有時間去深思人生的。

聖杯之路是一條包括了「我們會在何處相遇？」這個問題的道路，這「我們」有可能是一段戀愛關係、一個家庭，或一個擁有類似想法的團體。聖杯類型的人在本能上就能明白，在人生中陪伴他們的其他人，都包括了授與受。聖杯類型的人適應各種狀況的能力就像水能以本身的型態適應環境一樣。

對聖杯類型的人來說有個挑戰，就是要認知到和他人連結的力量，其中也有可能伴隨著痛苦。克服過去情感上的傷害對聖杯類型的人來說可能是困難的，因為他們對於情感的經驗總是特別的印象鮮明。

聖杯類型的人總是特別的浪漫多情，需要防備自己隨意與看對眼的人墜入愛河，他需要瞭解到有些人就是永遠不可能達到那個可能。聖杯類型的人本能上就會預先考慮到他們伴侶的需求，並去迎合他們所想要的，即便有所犧牲也在所不辭。假如伴侶對聖杯類型的人的需求也很敏銳，這麼做是會奏效的。但假設是權杖國王，他會非常的期望伴侶可以在他們有需求的時候自己說出來，就像他自己一樣。反觀聖杯類型的人很少說出來，他們會比較喜歡耐心等待，期待著他們的伴侶可以發現他們需要什麼。

聖杯之道還包括了有創意的紀律（聖杯國王的課題）。譬如有個

想法啟發了你，接著你就要採取實際的步驟，好讓那個想法變成一首歌、一幅畫、一本書或其他藝術作品，而這整個過程需要紀律，假使你還對原始的念頭保有信心的話。權杖類型的人熱情地擁抱新想法，而當另一個概念出現時就會拋棄原先的想法，而聖杯類型的人可能會比較喜歡整個方程式裡面夢幻的部分，在找出實際方法上則若非令人洩氣，就是太冗長了。

幫助他人追尋他們人生的靈性道路，對於聖杯類型的人來說會是很有價值的工作。在事業方面，聖杯類型的人被歸類到精神治療、心理學、藝術、音樂以及孩童照料等方面。他們通常也適合從事幼兒教育、大型企業人力資源部門、顧客服務、自然療法、銀髮族照顧和美容療程。任何行業，只要能夠去照料別人並鼓勵他們去追尋精神上和情緒上的快樂，聖杯類型的人都可以做得非常成功。

駕馭創意靈感，並將他們導向某個有價值的事業或生活形態，這會是聖杯類型比較喜歡的道路。相對於權杖類型的人積極的追尋新想法，聖杯類型的人則是很容易被勸阻不要栽進那有創意的目標中。苛責、沒耐心或是一連串的阻撓，都有可能讓聖杯類型的人停下腳步。在追尋創意的努力上如果屢遭挫折，有可能會讓這些人不悅和憎恨。

而使用親切、有耐心的方式，聖杯類型的人就能逐漸展開他們創意追尋之路。他們適合結為伙伴關係或參與團體活動，但必須要注意，別讓其他人的需求被自己創意的表達方式給取代了。

權杖類型的人會因未來的可能性而茁壯，而聖杯類型的人則在過去的事件中汲取養分。由於記取過去那些在身邊的人是如何的支持他們、鼓勵他們，聖杯類型的人因此找到追尋夢想的力量。

聖杯類型的人明白，當社群中某些成員的需求被忽略了，整個社群都可能受到傷害，其中包含某種心靈上的傷害。他們會找個對所有社群成員都適合的地方，如此一來每個人都可以對團體做出一些有意義的貢獻。追尋一條對別人造成最低程度衝突的人生道路，這對聖杯類型的人來說是很重要的。

性格須知

* 有活在過去的傾向。
* 你有浪漫化所有可能性的癖好。
* 你對他人的同情會讓你無視於更好的判斷。
* 花時間獨處以深思人生的需求。
* 當你感覺到境況對你並不公平時，你總是緘默不說。

和聖杯能量相對的是寶劍的能量，或許培養某些寶劍的能量可以幫助你對人生有更清晰、更均衡的觀點。培養寶劍類型的人所熟悉的思考過程，或許有助於你抖落一身被情緒壓抑的狀態。

嘗試培養

* 一種務實的方法以達成你的人生目標。
* 預防你周遭的那些人榨乾你的情緒的方法。
* 你能想清楚你的感覺和獲得一個更為清晰觀點的心智。
* 透過分析，並結合你的直覺或感覺而有更清楚的判斷力，好讓你不會在烏雲籠罩的情緒中做決定。
* 欣賞在長期快樂中茁壯的情緒的價值。

展開聖杯之路

假如你正以聖杯的方式展開你的人生旅程，或許你將因認識到下列的建議而受惠：

* 假如你有親近的朋友，你就比較不會依賴你的另一半，來尋求情感上的滿足。
* 擁有有創意的嗜好或者有創意的發洩途徑是很重要的，你可以每個禮拜都去從事這些嗜好或方法。
* 你需要有些規律的寧靜時間來做為個人省思之用。這或許是冥想、閱讀、觀賞一部情感洋溢的影片的時間，或者是做白日夢的時間。

- 在幫助別人的過程中很容易可以提供給精神層面養分，只要那些人不會將你的幫忙視為理所當然。
- 為了一個更滿足的人生，從過去當中學習釋放，並且活在當下。

寶劍之路

關鍵：尋找人生及其目的的答案，並去理解它們。因為你會發現宇宙天地之間有著與生俱來的秩序。

寶劍類型的人需要去理解人生，以及任何對他們有意義的、精神上的目的。他們並不是那種對無法理解、或無法解釋的事物存有信心的人，他們是那種想要直接和上帝或佛陀溝通提問的人。

當心智被紀律化了，這條道路提供了一個成功的人生。思路清晰會帶來精確的、井然有序的人生，至少在知性的層面是如此的。在現實世界裡，寶劍類型的人可能會頻於更換工作、居住地和伴侶，然而一旦他們洞察到人生確實可行的方向後，寶劍類型的人是既有系統又精確的。

寶劍的問題就是「為什麼？」我們為什麼會在這裡？我們為什麼會活在這個物質的世界？為什麼我們會認可線性時間？在相等的情境下，為什麼有人會完全相信，而另外一個人則完全不相信？在截然不同的宗教信仰或精神信念下，人們的靈性怎麼得到滋養？

預防思想變得散亂而無法駕馭心靈能量，是寶劍類型的人的課題之一。就像孩子一樣，他們的思緒很快，而且輕易的就從他們的目的中分心了。在長大成人後，寶劍類型的人認知到雖然有很多選項可以提供你做出有用的選擇，然而一旦決定了目標，若要成功的話，就得聚焦於你所選擇的道路。

寶劍類型的人天生就對他人、不同的國家以及生命本身感到好奇，他是那種在學校裡會去接近新同學，而且和對方交談的孩子，原因只是因為新同學是外國人或者和大家不一樣。好奇心迫使寶劍類型

的人開口和別人說話、打開一本新書、收集一些廣告小手冊、選擇新的地點去旅行並展現新的思考方式。

寶劍類型的學生需要知道為什麼他們要以這種方式進行學習。他們很少碰到無話可說的情形，所以寶劍類型的人所適合的工作是能與群眾在一起的，像是教書、向大眾演說、上廣播電台或電視節目、或者是從事科學類的工作——因為寶劍類型的人喜歡邏輯。至於諮商師或心理學家，由於他們並不是屬於有耐心和富於同情心的類型（一如聖杯類型的諮商師那樣），所以寶劍類型的諮商師會去尋求理解是怎樣的事件或行為模式導致目前的問題。醫師、律師、調停人、交涉人、會計人員、科學家、建築師、電腦工程師、IT 專業人員以及許多寫實風格的作家，都是寶劍類型的人。而在銷售的口才方面是如此的才華洋溢，以致於他們有可能在撥錯了一通電話之後，竟然就把案子給結了。

當處於巨大的壓力下，寶劍類型的人可能會感受到精神錯亂且筋疲力竭。負面的類型可能會持續不斷的憂心，並且會因優柔寡斷而聲名狼籍。心智上的紀律會讓內在感到平靜。假如外在的壓力絲毫不見鬆動，寶劍類型的人可能會因為過度的思考而導致心智崩潰。

直到他們精通了心智紀律，他們就會試著深思，張開一隻眼睛去掃瞄房間，看看是否有值得專注或有趣的東西。寶劍類型的成人通常具有冷靜、思慮清晰的能量，這種思路相當適合從事研究或擔任法庭訊問者，因為他們一旦開始追求真相或答案，就不會輕易被其他事物所阻撓。

寶劍類型的力量通常出現在安排他人上，特別是一個團體的方案中。他們通常是有效率的經理人或好的溝通協調者。他們喜歡透過閱讀、學習和旅行來匯集知識。然後這些知識還能被巧妙的運用在計畫一個有趣的、精神層面活躍的人生上。

寶劍類型的課題包括了能夠匯集知識，且不忽略精神層面的目標。最後這將轉換為發現、界定，並且能夠不失偏頗的為其他通往精神層面的方法作出結論。或許這裡面還包含了教導別人、懂得規範心

智所能得到的好處。有一個古老的靈性團體,他們相信有兩種靈性啟蒙的方法,一種是透過頭腦,另一種是透過心。下面這段他們留下來的文字,顯示了引導高階學生的過程。

> 我們一開始就解釋有兩條啟蒙的道路,一條透過頭腦,一條透過心。而事實上則是只有一條道路,也就是透過心的這一條,但我們首先就必須回答你的所有問題。你已經準備好要走這條道路了嗎?

在科學進步、知識普及的今天,寶劍類型的課題就是獲得理解卻不失去信心。這情形通常會發生在當他們瞭解越多,就越會發現還有更多需要被瞭解。隨著知識的成長,他們就越能理解我們在無限的生命領域裡渺小如滄海之一粟。

性格須知

- 遲疑不決,以及在做決定之前需要不斷的去發現更多的可能性。
- 有合理化任何行動的傾向。
- 當你無法自己做決定時,需要去尋求他人的意見。
- 任何想要與人結伴的渴望是為了避免落單,以及面對自己和人生。
- 把問問題當成在閒談,並在其中窺探別人的私生活。
- 有種草草略過人生表面而不去感受它深度的傾向。

寶劍能量的相反(思想)是聖杯的能量,所以不妨培養些聖杯對別人的悲憫和敏銳,以取得一個更均衡的人生之道。

嘗試培養

- 結合悲憫和清晰的思路,以做出均衡的決定。
- 當別人不想要和你分享他們的想法和感覺時,對他人要有耐心。
- 尊重他人的隱私。

- 多培養和感覺同在的能力，而不是要去理解它們或為了自己而去合理化它們。
- 意識到心智在使人生更快樂這件事上面的價值。
- 對你周遭那些沒有辦法像你這麼輕易表達自己的人要有耐心。

展開寶劍之路

假如你正採取寶劍的方式走在人生的道路上，或許你會因認識到下列的建議而獲益：

- 留下一些不做任何思考的時間。這會讓你的心智和身體得到放鬆和舒坦。可嘗試進行規律的按摩、冥想或散步，好將你的能量從心智引開而回到肉身。
- 假如你每個月能閱讀一兩本非小說類的書籍，這將有助於規範你的心智。你可以在每天晚上睡前十五分鐘進行閱讀。
- 要知道，當你有個想法時，可以透過嘴巴或手去實現它。假如說得太多，那麼在完成目標前，通常能量就消耗殆盡了；而假設你是用雙手去實踐它的話，別人就能夠和你一起討論，因為它是真實而且具體可行的。
- 人生中某些比較大的問題是沒有辦法輕易用言語來回答的。有時候追尋精神層面的意義就是一種超越言語的答覆方式。
- 深層且持續的平靜來自一個有紀律而寧靜的心智。

五角星之路

關鍵：當你確信你能留給這個世界一處更好的地方，那便是享受生命的豐盛而非去發現它的時候了。

五角星之道包含了去駕馭上帝所恩賜於你的天賦及接受你的限制，並為自己創造一個安全無虞且舒適的人生。其間的平衡點在於你能夠在

享受舒適的人生的同時，也瞭解到有一天你終將要以全然優雅的姿態將它還諸天地。五角星之道還包括了能夠理解對目前的環境來說，什麼是必須的。

對五角星類型的人來說，有一些簡單的事實似乎是無庸置疑的。假如你接受地心引力、線性時間等學理，那麼將你的身體保持於某個特定的溫度範圍，將大大的提高你的生存機會。

話說權杖類型的人碰到天氣突然變冷，他們可能會冷得直打哆嗦，而五角星類型的人則會先預想到這種狀況，並隨身帶著外套，好在這時派上用場。五角星類型的人是長遠的規劃者，在事業的規劃上他們會早在二十年前就開始，就算是在盤算當天往返的旅行，他們也要確保已經針對環境變化做好準備了。

五角星類型的人通常能夠理解金錢對於人生的重要性，其他類型的人或許會認為這種認知很膚淺，不過五角星類型的人明白，擁有錢和制度，第三世界的某個村莊就能鑿井、灌溉農田，並且讓每一個人都有飯吃，而村子也就可以繁榮起來。五角星類型的人瞭解，當立即性的身體需求被滿足，就能夠選擇人生。假如你每天都要花大半的時間去找食物，那麼整個人生就可能都要耗費在填滿這個空洞的胃上。

對五角星類型的人來說，人類的存在並非以煉獄或受苦作為來生的準備。他們知道透過周詳的計畫、辛勤的工作和團隊的努力，便可以讓現今的生活宛如置身天堂。他們理解五十五個人划船可能會比一或兩個人來得更有效率，所以他們會組成團體、社群，最後設立公司。很多公司就像是大型的非正式家庭，在達成偉大目標的同時，也以員工和顧客的需求為榮。

當一位五角星皇后建立起一筆財富，她能確信透過正確的教育（學校、大學和職場上的教育），她的子孫便能獲得安穩的生活。穩定和結構提供了一種內在的安全，他們通常都準備好要辛勤工作以便建立起穩定和有架構的生活。他們確信一旦基本需求被滿足（食物、水、遮風擋雨處、衣服），他們就有了自由，可以專注於更重要的議題。這個結構的某個部分當然也包括每個禮拜或每個月花些時間去追

尋精神層面的需求。

有著與生俱來和大自然連結的能力，五角星類型的人能夠從照料花草中得到莫大的快樂，從一小塊培植香草、香料和蔬菜的小小果菜園，到栽種著無數植物的連綿山丘，五角星類型的人喜歡看著植物成長，待植物茁壯成長後，便擁有一種豐盈的感受。

五角星類型的人通常會因工作做得完美而感到驕傲。假如和他們做生意，顧客不需要擔心品質和服務的問題，而且他們會確保顧客的生活不會有不方便的地方。因為他們的設想和計畫都很長遠，期待生意可以長長久久做下去。有一點他們也很早就認知到，那就是名聲的樹立得來不易，但要毀掉它則易如反掌。

許多權杖類型的人視超越達成的事物為快樂，而五角星類型的人則是活在當下。他們有能力為美好的將來作計畫，但確信在當前的環境中仍需要盡全力。不論是在工作或在家裡，他們都要確定他們坐的椅子、沙發和視野對放鬆是有幫助的。他們相信工作自有其報酬，而去欣賞這些通過他們努力所獲得的報酬是重要的。

五角星之道往往就是經商之道。各種責任可能會令其他類型的人卻步，但五角星類型的人覺得，這是一個穩定且長期的商品供應與服務，並提供雇員工作機會，這對他們的家庭是有幫助的。五角星類型的人的影響力是以正面的方式深入社會。從一項自營的生意到大公司，五角星類型的人們所管理的事業提供我們食物、住宿、旅遊、燃料、服飾和娛樂。

相對於權杖類型的人有著與生俱來的急迫感，五角星類型的人則是對生活有著深度的耐心。他們緩慢卻穩定的方式能確保長期的成功。而權杖類型的人有時候嘗試一項計畫或業務，旋即放棄，而放棄只為了其他更有可圖的目標，這卻給了五角星類型的人可以便宜買下或讓業務達到成功的大好機會。

性格須知
• 追求制式化而阻滯了個人的成長。

- 透過財物來掌控環境的傾向。
- 留在某個你並不喜歡的狀況中，理由是在熟悉的環境裡總比置身於不清不楚的狀況中好。
- 雖然很想玩樂，但你還是會去工作。
- 會放棄在生活中尋找歡樂的習慣，直到退休。

和五角星能量相對的是權杖能量。意思是說，規律作息的相反是隨意自然和熱情。為了擁有更均衡的人生道路，或許你可以考慮擁抱某些權杖類型的特質。

嘗試培養

- 偶爾順著本能的驅動力而行動。
- 對新的地方、新的人和新的想法抱持開放的態度。
- 在人生旅途中有些冒險的意識。
- 給你的人生一些單純、好玩而且不涉及工作的新目標。
- 在別人對你有不切實際的期望時，要有說出自己想法的能力。
- 要知道如何處理當下的問題，並在它們坐大之前就將之解決掉。
- 對於生命的豐盛要常懷感恩之心。

展開五角星之路

假如你正採取五角星的方式走在人生的道路上，或許你會因認知到以下的建議而受惠：

- 三不五時的離開你那舒適的日常作息，以便發現某些新的、更有價值的慣例，即便是置身於天堂，一成不變也有可能令人窒息。
- 要瞭解如何讓穩定的財富幫助你身邊的人，而不造成他們對你的依賴。透過提供獎學金、交易工具或聘僱一位沒有經驗的年輕人，你就可以讓他們的人生更積極且正面。

- 用規律的假期調整自己的生活步調。不要在退休以前把努力工作的急迫感擺在第一。沒有人能應允一個夠長的退休生活,況且你所愛的人或許無法在那裡與你分享,花些時間透過生活與你的朋友和家人好好享受當下的時光吧。

- 假如你會和周遭那些比你成功的人做比較,那麼你也一定要和那些不如你的人比較,因為他們的負擔比你目前所承擔的還要大。

THE FOUR SUITS IN BUSINESS
四大牌組的事業啓示

四大牌組各自代表某一種人格類型，以及一種獨特的應對人生之道。
各個牌組的人都有各自喜歡的職業及專才。

權杖類型

權杖類型的人通常有一種直接了當的態度，並且對目標和挑戰有著熱
情。因此，他們相當適合從事業務和行銷工作。他們喜歡作為業務代
表所提供給他們的自由，而且他們對於設定和達成銷售目標都很有一
套。為了得到一部汽車、一台筆電或一隻手機，他們很快就會離開辦
公室。雖然那些人不會在總公司，但他們積極的行動讓他們成為全世
界走得最大搖大擺的人。

對於權杖類型的人來說，一個比較不幸的模式就是當他們練達之
後，通常會被晉升到管理階層，理論上這是頗具吸引力的，但他們會
發現自己被鎖鍊綁在辦公桌前，並深陷紙上作業的泥淖中。很快的他
們就會以嫉妒的眼神看著他的業務團隊可以自由的來來去去。

權杖類型的人喜歡戶外生活，而且假設可以透過交談，他們是最
成功的，當結案之後，寶劍類型的人會回到辦公室完成文書作業，而
權杖類型的人則會覺得這事太無聊又浪費時間。他們喜歡把資訊記在

他們的記憶裡勝過儲存在電腦中。

聖杯類型

由於他們的手法溫和又富有同情心，聖杯類型的人最適合從事顧客服務，以及在大型企業擔任人力資源部門的工作。通常他們面對那些碰到麻煩的客人是耐心十足的，而且有著強烈的直覺，在遴選對的人加入公司陣容上表現十分突出。

聖杯類型的人也適合擔任企業的心理顧問，或許他們可以幫助公司員工在公、私領域方面的整合更為成功。

繪圖設計、行銷企畫及支援的角色也適合聖杯類型，他們會因為展現不同的情感與社交能力而備受肯定。他們比較喜歡避免競爭，不過他們還是可以成為訓練有素的研究員和溝通協調者，特別是在需要謹慎行事的環境當中。所以大型企業的安全（保全）部門有時候也會發現有聖杯類型的人。

聖杯類型的人總是避免成為眾人注目的焦點，他們樂於支援他人或參與團隊工作，共同分擔責任。有時候聖杯類型的人會栽在會計部門手上，而果真如此的話，那是因為他們對於賺錢總是做著天馬行空的白日夢。

寶劍類型

寶劍類型的人對於任何營運平順的環境當中的秩序和榮譽都抱持著欣賞的態度，所以他們很適合從事經營管理之職。當被賦予管理的責任，他們便會置入有效率的系統來確保組織的營運順利。寶劍類型的人擅長緊急危機處理、書寫公司目標和職務描述以及法務部門的工作。他們是優秀的個人助理，在處理文書工作上效率十足。他們做事有系統、有方法而且講究實際。

寶劍類型的人在從事業務、行銷和會計工作方面也很有效率，雖

然他們是那種跟越多人接觸，做起事來會越帶勁的人。屬於這個類型的人專精業務，堪稱是業務領域的十項全能。他們是天生的溝通專家，聰明的協調好手。如果你想要透過分期付款的方式買些辦公室設備，那麼就請寶劍類型的人進行報價的工作吧。他們很懂得利用電子郵件和電話，並且在電話中向供應商詢問報價時他們還會邊掃瞄網路上的資訊進行比價呢。

在公司重整期間，就派寶劍類型的人到各個部門去詢問「如何以最少的費用來改善生產效率」吧。寶劍類型的人通常善於製作表格、問卷或者是評量表。他們也很適合擬公司的新聞稿或者是重新設計公司的表格。

五角星類型

五角星類型的人欣賞秩序和規律，這使得他們很適合在會計部門工作。他們是很有效率的財物控管者，能夠進行周詳的年度或每季的財務預算計畫，並且貫徹執行。如果沒有一個強力的界線或系統，五角星類型的人反而會感到不自在，所以他們很喜歡那種有明確界定權限和權利義務的職務。

依照慣例來說，五角星類型的人常和權杖類型的員工角力，因為兩造對於金錢有著截然不同的看法。通常權杖類型的人相信你必須要花錢才能賺到錢，而五角星類型的人則會特別留心注意省錢這件事。這可能會導致衝突的局面，譬如當權杖類型的業務經理要求追加預算，好讓他的業務團隊達成目標，然而五角星類型的會計經理則會認為這是浪費金錢。五角星類型的人會不斷的對他的寶劍同僚耳提面命，告訴對方他對股東是有責任的。但是權杖類型的人則會爭辯說，若沒有更多金錢的奧援，競爭對手很有可能會搶走他們的顧客。

一個能攻能守、體制健全的事業體，有著權杖類型的業務團隊、寶劍類型的經營團隊、還要有聖杯類型的人在人力資源部門以及進行顧客服務，另外也少不了五角星類型的人坐鎮會計單位。五角星類型

的人嚴守著底線，因為他們知道假設用度超過收入，對任何人都沒有好處。他們穩健、果斷的態度使他們成為公司財務守護者的最佳選擇。

對一家公司來說，把對的組合人選放在對的位置上是值回票價的，否則，公司很可能就會變成一個大型的、功能失調的家庭。

展開一項新事業

這四大類型的任何一個人都足以建立一項新事業，不過對於之所以這麼做，他們各自有著迥異的特殊理由。權杖類型者喜歡工作上的自由，所以他們會自己創業當老闆。

聖杯類型的人通常是為了能在優美且有靈性的環境中工作，因此以自己的步調而展開新事業。假如他們從事的是服務導向的事業，他們很快就會建立起一長串的顧客名單，因為他們會花時間去確認顧客是否熟悉他們的產品或服務，而且當顧客有所抱怨或遇到麻煩時，他們通常會願意傾聽。

寶劍類型的人發現有個經營良好的事業這個想法很吸引人，他們會在其中導入有效率的系統，好讓每個人都能夠運作這個事業。寶劍類型的人喜歡把所有事情都寫下來，所以當這個事業到了可以出價求售的時候，他們就可以提供新業主一個關於如何經營這個生意的完美手冊。

五角星類型的人通常會是因為他們打算要比過去幫雇主工作時賺更多的錢，而自己開創新事業。仔細的研究該門生意以及競爭對手，他們會在先熟悉了這門生意的每個範圍之後才慢慢地開始。五角星類型的人比較喜歡先把錢存夠，以支付先期創業階段的開銷，即便還沒開始做生意，這些人就已經緊盯著目標營業額、收入，以及最後的售價。他們的營運計畫當中還會包括日期這個項目，譬如他們希望在那一天可以達到某個特定的目標。

做為獨資經營者，你會需要擁有這四大類型的元素，假設你沒

189

有，你還是可以藉由聘僱諸如會計師、律師、事業顧問、行銷人員或公關人員等專業工作者而獲得成功。從適當的牌組類型中選擇你的顧問，那麼你的事業將會茁壯。

我記得有一回在書商見面會中，那個陪我到電台和書店去的公關簡直是害羞極了，她和我或者是那些見面會上所遇到的人幾乎都沒有眼神的接觸，而且和任何剛碰面的人講話總是咕噥不清。最近我雇用了一位寶劍類型的人來處理公關事宜，寶劍類型的人天生就好奇、愛說話，和陌生人碰面或講電話對他們都是輕而易舉的事。在一次打書的過程中，我那五角星皇后的公關人員頭戴電話耳機，一口氣連打十四通電話，在她說話的當兒還能把細節輸入到電腦當中。當她在和某個音樂編排很嚴謹的電台通電話時，就在我打算要告訴她這點時只聽見她說：「星期四下午可以，而且我們會早點到，如果你想要跟保羅談談的話，可以請他幫你看個手相。」

Chapter

I2

UNDERSTANDING THE COURT CARDS AND THE CLIENT
瞭解宮廷牌與問卜者的關係

有許多塔羅學習者和專業的塔羅牌分析師都曾碰過一種難以下定論的
情況，那就是宮廷牌究竟是代表一個問卜者已知或未知的人、問卜者
的某個層面，或者是一種狀況。權杖國王可能代表一個成熟的、坦率
熱情的男人，一個牡羊座的男人或女人，或者是因為自律（牡羊座的
課題）而成功的人。而當它倒立時則可能代表一個缺乏紀律或不成熟
的人（其成熟度可能只達到權杖騎士的階段）、一個牡羊座的人或者
是一個因為缺乏自律而無法成功的人。

　　當有疑問時，許多分析師直接會在宮廷牌上再加一張牌，以幫助
他們進一步推敲其意義。

• 假如附加的這張牌是另一張宮廷牌，那麼就可以肯定第一張牌所指
　的是一個人。
• 假如附加這張牌是大阿爾克納牌，它可能是在暗示一種精神層次的
　課題。
• 假如附加的牌是小阿爾克納牌，它可以用來代表這個人的更多細
　節。

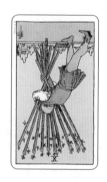

看看上面這兩張牌，倒立的權杖十出現在正立的權杖國王旁邊。這或許是在描述一個事情太多而倍感艱辛的人，或許是他擁有自己的事業，而現在這事業就要壓垮他了，或者是他對待他的工作就好像那是他自己的事業一樣。也或許他每個禮拜工作超過四十個小時，通常得工作到傍晚或者是連假日也要工作。

假如就像上面所看到的，倒立的寶劍侍衛出現在正立的權杖國王旁，這可能是在暗示有個多嘴的小孩在這個人身邊。另一種不同的思考訓練則是，這樣的牌形也有可能是在描述這個國王是個充滿各式各樣想法和概念的人，但他似乎並沒有辦法去落實它們。從這個角度來看事情，這個權杖國王被解釋為不切實際，是因為倒立的權杖侍衛之故。

而第三種可能則是，這個人在等一項遲遲未到的消息已經等得不耐煩了，這個侍衛代表消息，而倒立的侍衛可能代表所等待的消息已經延遲了。

作為分析師，對於某張特別的宮廷牌代表是一個人或是一種狀況，決定權在你。你可以這麼做：就是在進行分析時相信你的直覺，或者花一點點時間去感受那一種意義是最恰當的。不過有些分析師並不會這麼做，取而代之的是把桌面上的每張牌的所有可能意義都告訴問卜者。這會變成一個令人困惑的分析，因為問卜者得從你提供的所有資訊中，去揀選和這次分析有關的部分。作為分析師，你的目標是去釐清問卜者的狀況，所以減少桌面上每張牌的可能意義也是這個過程的一部分。

假如在大體上的分析之後，問卜者的第一個問題是圍繞在兩性關係，那麼分析師的工作就是要確認他們所問的問題，能夠在這個範圍盡可能加以釐清。當布魯克解釋她最近和蓋瑞分手了，也結束了和伯瑞特的短暫關係，很明顯的，她還在為這兩個男人而感到傷心。在給她關於未來可能伴侶的明確訊息前，一定要先請她回顧她的腳步，以及檢視在這兩段關係中曾經發生過的事情。

在分析的牌形中，蓋瑞是以倒立的五角星騎士出現。他是一個幾乎不曾卸下防備的人，維持著冷漠並試著想要掌控所有的狀況。布魯克被問到在那段關係要結束時，她是否有種窒息感？她同意她確實有，不過她還是會想念那種在蓋瑞身邊油然而生的安全感。五角星類型的人在規律當中最是如魚得水，當倒立時通常他們會緊守著規律不放，因為內心世界亂成一團。伯瑞特，她更近期交往的伴侶，則以倒立的權杖國王出現。他被形容為熱情、有衝勁、急性子並且抗拒承諾。倒立的權杖宮廷牌所描述的是，假如需要快速通關的話，他會是一直注意著「出口」標誌的人。布魯克應要求加了一張倒立的世界牌在權杖國王這裡，這使問題加速進展到伯瑞特是否在近期內有要到國外旅行的計畫。布魯克證實伯瑞特曾經在歐洲住了六年，而他正打算要搬回澳洲定居。倒立的世界牌有可能在暗示某個人已經在環球旅行

的途中。

　　布魯克曾離開一個限制她、控制她的伴侶，而到一個沒有自我控制能力的人身邊。或許現在是布魯克找個介於她分析當中所呈現的這兩種極端特質的人的時候。挑個和前一個伴侶截然不同的伴，這是某些人在離開一段長期的兩性關係之後常常會做的事。假如她並不想找那種特質介於伯瑞特和蓋瑞之間的伴侶，那麼她就必須要找到一位正立的五角星騎士或正立的權杖國王。

　　當在描述一個由正立的宮廷牌所代表的人，有時候這會有助於把某些倒立牌的特質也含括進去，而讓整個描述的輪廓更清晰。近期在幫某個女人描述一個聖杯國王時，提到當事情沒有照著他的方式去做時，他會生悶氣。她笑了並且點頭，立刻承認那就是她的丈夫。「他喜怒無常的性格就像個藝術家，但是到頭來卻沒有任何作品出現。」

宮廷牌所代表的問卜者面向

一如每張宮廷牌都可以代表一個人，而不論宮廷牌所描述的到底是否為你的顧客，它同樣可以代表問卜者的一種面向。當五角星騎士出現在一位五十一歲的聖杯皇后的牌形中，你需要決定騎士是否代表一個人（譬如一個年輕人或一個不成熟的人）、一個魔羯座的人（男性或女性）或者是指問卜者的某種面向。在做分析的時候，那種意義適用於宮廷牌，就取決於分析師。「從宮廷牌看問卜者的面向」（詳見本書彩色圖表的部分）已經幫你整理出了宮廷牌所代表的問卜者面向。

PART III
大阿爾克納牌
以及對人生的意義

THE MAJOR ARCANA AND THE MEANING OF OUR LIVES

THE MAJOR ARCANA
大阿爾克納牌

0 愚人 | The Fool

大體上的意義

有一個背對著陽光的人，站在懸崖邊。他的左手拿一朵白玫瑰，右手持棍棒，凝視著天空想像著人生的各種可能，而無視於腳畔的白色小狗。棍棒上挑著一個小背包，裡面裝的是他的私人物品。紅色羽毛象徵著熱情，黃色的背景代表知識，而白玫瑰則暗示著純潔的動機，黃色的靴子意味著他是從理論當中瞭解人生，但還沒有在現實生活中嘗試過那些理論。

這是一張以單純的態度去觀看人生各種可能性的牌。當正立的愚人牌出現在展開的牌形中，它可能是在暗示你本能地知道這個時候你的機會將在那裡。它也可能是在暗示你在毫無經驗的情況下，立刻去著手進行某些新事情。

倒立的意義

倒立的愚人牌代表和直覺失去連結。這可能會導致你在做任何事之前，都要去徵求別人的建議，並且會因為他們無邊無際的建議而變得困惑不已。在某些案例中，倒立的愚人牌可能意指，雖然你尋求從責任和義務中得到解脫，但還是有義務要去完成你已經起頭的事物。現在還不是忽略責任去追求自由的時候。這張倒立牌也可能是在描述，為了達到目標而長久堅持某個特定的方向，或者是在遭遇一些小障礙之後改變了原先的方向。

財務上的意義

在財務的牌形中，愚人牌是在描述，因為信心而立刻投入，並依你的靈感而行事。這股動力可能會用在展開一項新事業上，而讓你原先的工作沒有辦法再繼續，或者是在沒有經驗的情形下投資一個新的冒險領域。你的內心感覺到這是投資一項成功、冒險事業的正確時機。

倒立的意義

倒立的愚人牌凸顯了你目前計畫的愚昧。衝動、未經計畫的行動可能會在這個時候導致財物的損失。倒立的愚人牌也代表你需要和你自己的某些部分重新建立起連結，那些部分可以給你關於人生課題最好的建議。也有可能是因為你的人生受到阻礙而令你衝動行事。

健康上的意義

在健康的分析上出現正立的愚人牌具有正面的意義。你的能量充沛，目前對人生充滿熱心與熱情，並且相信在追求人生的過程中，將會得到支援。或許你現在覺得忙碌不堪，不過當這張牌出現時，通常代表你處於均衡的健康狀態。

倒立的意義

倒立的愚人牌可能是在暗示，罔顧正常的行為而導致身體產生併發症。克里斯多夫嚴重的糖尿病並沒有阻止他每天晚餐喝掉一瓶酒的習慣，他這種人格特質被倒立的愚人牌給顯現出來了。「反正我總會因為某種原因而死的」他宣稱，因此不顧其他人的關心，依然故我。由於他的健康急速惡化，克里斯多夫必須放棄工作和戶外活動，到後來甚至是一整天都必須臥床。他那種「反正都會因為某種原因而死」的想法，導致如今這種欠缺品質的生活，這便是他無視於飲食控制所帶來的結果。

精神層面的意義

愚人牌代表具有透視機會，以及冥冥之中支持著你的能力，有時候要邁開朝向快樂之路的腳步，是需要有如孩童般天真的信任。在展開你的生命旅程時，行囊裡記得要裝上比實際計畫還要多的信心！

I 魔術師 | The Magician

大體上的意義

亮黃色的背景和主角的深紅罩袍及白色束腰上衣成對比。他右手握著魔術師的權杖指向天空，左手則將接收到的能量引導到土地上。魔術師牌代表採納某個念頭或靈感，並將它轉化、落實在實際的事物上。一如音樂家和藝術家將他們的創意落實於作品中，我們每個人也可以運用我們的能量、靈感和哲思來塑造我們的人生。

在魔術師的創造過程中，他擁有權杖、聖杯、寶劍和五角星，這四種東西代表熱情、靈感、計畫和實際應用的結合，他利用它們來實現他的想法。魔術師頭頂上無限的符號（∞）代表他之前就已經這樣做過，他只需去記住過程而無須再重新學習了。

倒立的意義

倒立的魔術師牌可能在暗示你並不腳踏實地，或者你並沒有持續的去實現目標。當它代表你身邊的某個人時，這個人有可能是任性的、控制欲強，而且常會出人意表，有可能會成為可怕的敵人。而在大多數的情形下，倒立的魔術師牌是暗示你應該透過走路、運動、專注於思考，以及留意現實的世界，讓你在真實世界中變得更腳踏實地。

錢財上的意義

對於財務上的成功而言，這是一張強而有力的牌，因為它結合了正確的機會、動機、熱情和應用，而使看似不可能的目標也能成功。當魔

術師牌以正立出現時，代表由於你周詳的專注於財務上的目標，而使計畫實現了。

倒立的意義

財務上的成功似乎尚未露出曙光，除非你能設定、並維持穩定的步調逐漸邁向你所要追求的目標。當魔術師牌倒立，就彷彿是在馬拉松比賽中，一開始就用盡力氣奮力向前衝，但其實有計畫的調整步調是比較有利的。也或許是你正在追求一個不切實際的目標。現在已經到了在設定和追求目標時，要看清各種限制和現實的時候了。

健康上的意義

均衡的健康會藉由正立的魔術師牌來表示。由於身體健康，因而能量能輕鬆地流動於精神、心靈、情感和身體等各個層面。這可能是由於你知道健康的身體需要的是什麼，包括懂得節制飲食、運動和令人愉悅的生活環境。

倒立的意義

倒立的魔術師可能是在暗示，由於不均衡的生活導致能量層次的波動。心理層面的問題如沮喪、情緒起伏，甚至所有的精神疾病都有可能是這張牌倒立時所意指的。不過通常倒立的魔術師牌只是在暗示，需要有更多的運動來促進並維持身體的健康。

精神層面的意義

魔術師牌是在描述你已經認識到，如何盡可能利用才華和技能，以便當機會出現時能牢牢抓住它。現在行動就有可能讓這些可能性成真。你認知到光有念頭是毫無價值的，成功是來自實踐，及讓想法落實。

II 女教皇 | The High Priestess

THE HIGH PRIESTESS.

大體上的意義

一個女人平靜的坐著，身穿藍色長袍，手持卷軸（摩西五書）。她身後立著兩根柱子，中間懸掛著色彩繽紛的布幔。背景處依稀可以看到水，而一枚弦月則躺在她的腳邊。弦月意味著現在是思考並釐清計畫的時候。女教皇的坐姿暗示著她是被動的，不過在精神上仍保持警戒。

在精神和性靈發展方面，這是一張正面的牌。以日常生活而論，它暗示著在等待種子萌芽過程中深思的時間。一如月亮從新月到滿月的圓滿過程，現在正是播種的適當時機，展開新計畫並將計畫付諸行動吧。女教皇描述的是一個從生活中抽離的機會，這麼一來你就可以釐清你的目標了。例如透過冥想，我們有可能發現那些所追求的事物當中，內在還沒有被滿足的部分。花時間反省或許能找到可行的選擇。

倒立的意義

這張牌倒立代表需要將你的計畫付諸行動。它提供一個重新返回正立的魔術師牌的機會，將你的焦點集中在目標上，並且帶著信念去追尋那些目標。倒立的女教皇可能象徵著在經過一段離群索居且深思熟慮的階段後，重新回到有社交活動的生活。它也可以表示在歷經社交停滯階段後的新的社交圈。

如果和意指雙魚座的牌一起出現，那麼這張倒立的女教皇另一個可能的意義，就是透過你的聰明才智去解決問題。對於所渴望的目標，經

過考量後，你已經做好準備，要讓目標實現了。這可能會需要你周遭的人的協助，並伴隨著精確的、務實的方法（重新返回正立的魔術師牌）。

錢財上的意義

該問問自己：在這個時間點上，追求財富和你的精神目的是否有所衝突。女教皇提供了一個機會，透過思考你整個生命更宏觀的圖像來連結，並以此超越你的精神和財務目標。在財務問題上，這張牌可能在暗示，你已經在腦海裡播下財務目標的種子，而這些種子是需要花時間才能產生具體結果的。女教皇也可能在暗示，利用你的直覺來賺取收入，或許是當一名分析師，或者是藉由冥想或夢境而來的靈感來進行投資。

倒立的意義

女教皇倒立可能意指需要投入新的社交圈，這是為了實現目前的財務目標。它也可能是描述在一段孤立期後新認識的人們。或許你正換了工作，並透過你的新職務而認識了一群新的朋友（和財務的機會）。它也可以暗示，透過你的社交網絡而增加了許多好的機會。

健康上的意義

女教皇牌在健康上意指，冥想或沉思是有利於身體健康的。透過讓意識平靜，或許你有機會藉由夢境（女教皇腳邊的月亮）或直覺通達潛意識層面。潛意識是由黑色柱子（肉眼所看不見的東西）和她後面的那一潭水所代表。腳和身體的各腺體也是由這張牌來表示。

倒立的意義

倒立的女教皇代表在休息了一個時期，或是在生病之後重新回歸正常的生活。現在你有充分的能量可以去追尋你的目標了。重新返回正立的魔術師的課題，提供了讓你在現實生活中更能腳踏實地的機會，並且讓你更注意你的身體健康。也或許你最近才經歷過腳或者是腺體方面的問題。

精神層面的意義

女教皇提供了一個得以進入內在去滋養情感和精神的機會。在平靜的睡眠或冥想中，你會有機會聽見靈魂的召喚。如果你現在有這個需求，你將會體驗到歡愉。如果你感覺到精神層面匱乏，定期的進行冥想或許能讓你的心思平靜，並讓你的精神得以和意識層面進行溝通。

Ⅲ 女皇 | The Empress

大體上的意義

在明亮的天空下，這名王權在握的女子，坐在幾個以自然的方式鋪設的座墊上。她腳邊成熟的麥穗象徵豐收。她頭戴鑲著十二顆珠寶的三層皇冠，在她的下方有著象徵維納斯（♀）的標誌，而附近的溪流則平穩的流動著。女皇可能代表懷孕、展開人生的計畫或為自己建立了一個和諧的家庭。它也可能是形容一個土氣的、官能型的女人，有著豐滿的體態並且對人生抱持著務實的態度。這個女人深知，即便是現在正受著傷，或者是處於悲傷中，還是得吃東西，所以當她在聆聽朋友們訴苦的時候，她還是會準備一場小小的盛宴，因為她知道如果胃被填飽了，在陪伴上就不會那麼令人感到沮喪了。

倒立的意義

女皇倒立描述的是家庭狀態不和諧。這通常表示家庭正在修復當中，或是暗示你沒有一個永久的家，或是住在一個不適合的環境中。倒立的女皇可能在暗示，你的計畫並沒有進展，或是描述艱難的懷孕過程。它也可能意指你需要重新返回正立的女教皇的課題，這是為了重新檢視你的精神層次或者是發現內在的平靜，好對抗混亂的家庭環境。

錢財上的意義

在有關財務的牌形上，女皇通常描述著某個在家工作的人。而財務問題中出現女皇牌也可能是指你的計畫有所進展。這張牌也暗示財務和

家庭的連結，譬如房屋貸款、或者是為了另一個財務目標而進行的二胎房貸。在有關財務的牌形中，正立的女皇牌暗示著財務上的進步。

倒立的意義

倒立的女皇牌可能意味著，有家卻沒有家的感覺，因為裡頭鋪滿了紙張、文件夾和辦公室設備。有時候它可能在暗示你的居家環境正在吞噬著你所有可用的資金。這也可能發生在擴張整修的期間。或許這段居家混亂時間還會影響你的工作或財務機會。

健康上的意義

女皇牌代表星象學中的天秤座，而和天秤座相關的部位是腎臟。有時候出現這張牌可能是在暗示，你吃完東西以後肚子就鼓脹起來，你的身體用這種方式來暗示它對你的飲食習慣無法苟同，這通常得在幾個小時後才會舒緩下來。大體上來說，正立的女皇牌暗示著身體健康。

倒立的意義

女皇牌倒立可能在暗示腎臟出了問題。它也可能意指你目前的居家環境正在殘害你的健康。崔西最近感到壓力重重，這個狀況已經影響到她的健康了。女皇牌以倒立的姿態出現，指出她的居家環境正是禍首。崔西說她在家裡總感到綁手綁腳的，而且她常和母親產生爭執，崔西二十八歲，或許她現在應該找個屬於自己的家了。

精神層面的意義

女皇代表現在應該要感激生命所帶來的富足，尤其是身體上的富足。從一個溫暖的擁抱到一頓豐盛的宴席，生命用各種方式支持著我們。現在也是和其他人分享你的富足的時候，特別是家裡的人。

IV 皇帝 | The Emperor

THE EMPEROR.

大體上的意義

一位表情嚴肅的成熟男人坐在石製王座上，左手握著寶球、右手則有一根象徵王室的權杖。這王室權杖被塑造成古埃及十字架的形狀，這是古埃及在肉身死亡後靈魂的象徵。它代表統合了男性與女性的能量，是最有權力的埃及象徵之一。

出現在他的座位上方，和手下面的羊頭雕刻，代表了星象學中的牡羊座。牡羊座的人的課題是自律，而皇帝牌象徵著一個擁有這種特質的人。當問題出現時，通常他是務實、坦率並理性的，因此他能成為一個殷實的生意人、軍事指揮家或者是嚴格的父親。他會從做事中學習，並且對那些鉅細靡遺的理論沒什麼耐心。

皇帝牌意指透過自我控制而成功。這張牌的主要色系是紅色和橘色，象徵著對於生活的熱情與熱心。不論如何，皇帝同樣瞭解到自由是來自紀律，而社會上那些缺乏自律的人通常會受到他人的教訓。

倒立的意義

倒立的皇帝牌暗示著，由於缺乏自律導致計畫失敗。雖然計畫是以熱情和熱心開始的，但終究是動搖了，這是因為你對於較長期的目標不夠有信心。藉由重返正立女皇的課題，你可以讓別人來支援你。當你準備好了，根深柢固的渴望就會支援你，並且讓你發跡成名，而且這也會再度激勵你向前進，去精準掌握正立的皇帝牌的課題。而皇帝牌倒立可能在暗示，你沒有勇氣或自我控制的能力來做這樣的決定。

錢財上的意義

在有關財務問題的牌形中出現正立的皇帝牌，那麼成功是可以確定的。它暗示你有充分的紀律，在確立目標的時候就知道結果。當年輕人的牌形中出現這張牌，他或許已經，或者是即將從某人的手中接掌經營之責。它也可能意指是一位長輩正尋求向某個年輕人分享他的經驗，而對方是個熱情，以及決心要成功的人。

這張牌也可以描述你為了事業上的成長，在時間和財務上的紀律。或許你目前有一份全職的工作，但為了要增加職場的競爭力，而繼續學習。當皇帝牌出現，代表財務的穩定來自紀律以及有效的消費控管。

倒立的意義

在財務方面缺乏自我控制。倒立的皇帝牌是指，比較喜歡借一大筆錢去創建新事業，而不願等存夠了錢，由小規模開始做起。如果問卜者過的是一個倒立皇帝牌的財務生活，可以預期他們最後將宣布破產的命運。它描述的是以熱情展開財務計畫，但承諾卻很快的就消失得無影無蹤。

健康上的意義

如果在健康問題的分析上選到皇帝牌，那麼頭痛或者是意外造成的頭部問題都是這張牌要關注的。當正立時，這張牌描述的是一個人選擇了一種競爭性質的，或是具有懲罰性質的運動習慣，所以接下來他們就隨心所欲的大吃大喝。因此亞健康狀態通常會被輕忽，就是這張牌的暗示。

倒立的意義

缺乏自律可能會導致健康的問題。或許你已經回到正立的女皇狀態，

讓你的食慾耽溺於感官享樂或甜點中。倒立的皇帝牌暗示著，缺乏自律而引起的健康問題，這包括過度縱情於食物、毒品或酒精。

精神層面的意義

創意在被實現之前，需要一個務實的架構，而皇帝牌正是以紀律和承諾提供了這個架構。這是一個將精神層次的概念或創意的構想，以有規律、可測量的方法帶入現實生活的機會。

V 教皇 | The Hierophant

THE HIEROPHANT.

大體上的意義

教皇，或者稱為高位祭司，端坐著並將右手舉起指天，左手握著頂端有三重十字架的寶仗。他頭戴著一頂三層皇冠，有三個十字架符號垂墜於他的長袍上。地板上可以看見有四個以上的十字架被圓圈圈所包住，兩名信徒在教皇腳邊待命，他身後有一對灰色石柱，令他看起來變得比較矮小。教皇牌代表的是那些當權的人所下達的一種可被接受的行動指令。信徒們跟隨著教皇的指令以及他的示範。一般來說，這張牌意指，你符合他人的期待。這個渴望會讓你修正你的行為，以獲得接受與瞭解。教皇牌是第五張牌，而正立的五代表心胸狹隘，所以正立的教皇牌代表觀點是偏限的。

倒立的意義

倒立的教皇牌意指，雖然知道那條道路是最被接受的，不過卻比較喜歡鮮少有人會去走的路。那是在追尋人生問題的答案中，你可以真正作主的，而且有可能在主流觀念當中它是正確的。教皇牌倒立意味著，在追尋真相與理解的過程中，你似乎不怎麼在意別人的意見。它也可能是指，渴望擁有某種生活形態或一份非主流的事業。或許你會想自行創業或者兼差，那麼你就可以藉此追尋創意或精神目標了。

錢財上的意義

當正立的教皇牌出現在財務問題的分析上時，採取保守、穩健的方式

達到財務狀態穩定，是這張牌所顯示的意義。這張牌也帶有成功的跡象，但並不是一個突然的、出人意表的成功，而是以一種中庸的步調來實現目標。有時候正立的教皇牌有可能是描述在他人的壓力下，去追求可被接受的事業或財務方式。

倒立的意義

在財務議題上，假設你想要成功的話，你會需要更多的紀律。此時你需要重新返回正立的皇帝牌的課題，來確認你有足夠的紀律去完成財務計畫。通常自行創業會比到公司上班需要更多自律的功夫。在主流觀念當中，你可以購買電腦軟體、聘僱顧問，或參加學習課程等，讓事業得以茁壯的系統。而跳脫主流觀念之後，你在工作上需要更專注，因為你會發現必須要幫自己規劃一張自己的藍圖。

健康上的意義

這張牌不論是正立或倒立，所暗示的部位都一樣，包括脖子、喉嚨和肩膀。大致上來說，正立牌所指的是，中庸的生活方式所帶來的健康，正立的教皇牌比較是指慢性的健康問題，而非急性的症狀。這張牌顯示出一種保守的健康之道。如果你想知道什麼才是增進目前健康最好的方法，那麼正立的教皇牌就在暗示你，現代醫療比另類療法更好。

倒立的意義

倒立的教皇牌暗示，需要採取特殊的方法來達到身體均衡。這些方式可能包括催眠、藥草、能量療法或飲食控制。現在應該要多多正視精神課題對健康問題的重要性。肩頸僵硬的問題，也可以從這張牌看得出來。

精神層面的意義

在生命的旅程中需要一位有經驗，而且能實質發揮引導作用的精神導師。教皇就是一個被認可的導師。雖然人生的路途相異，但目的地卻是相同的。你可以選擇一條前人已走過的道路，或者是再開闢另一條新路。跟隨已存在的信仰或前人走過的精神道路，在旅途中會比較有安全感。而由自己獨立開闢出來的道路卻有另一種不同的視野，不過當面對排山倒海而來的障礙時，也有可能會令人沮喪卻步。

VI 戀人 | The Lovers

大體上的意義

一對男女裸身站在彼此面前,在他們上方出現了一位天使。男人滿足的望著女子,女子則為了精神上的滋養而仰望天使。這張牌上濃豔的色彩有代表智識上理解的黃色、同情的紫色、熱情的紅色和熱心的橘色。取代教皇牌當中兩根石柱的是兩人身後的大樹,立於男人後方的是生命之樹,而立於女人後方的則是知識之樹。這分別代表生命的兩種面向,而這便是雙子座的重要課題,也就是說,必要時要在兩種選擇當中做出明智的抉擇。

在這對戀人的後面有座山,山代表藉由走在正確的精神層次道路上,靈魂可以提升到神的境界。採取「正確的精神之道」,而所謂正確的方法對每個人來說都不同。當墜入愛河或者處於做愛的狂喜中,就是那種飄飄欲仙的境界,讓我們彷彿驚鴻一瞥山之頂峰。這張牌是在提醒,雖然每個人都必須獨自走完人生旅程,但我們的另一半(不論在肉體上或精神上)會協助我們完成這旅程。

人們常有的迷思是,會有個靈魂伴侶來分享我們整個旅程、撫慰我們的恐懼。尤其當我們必須面對迎面而來的各種挑戰,包括由力量牌代表的獅子、隱士牌當中的孤獨、還有正義牌當中代表我們過去的決定和行為所帶來的影響。接下來,我們還將會面對高塔牌和死亡牌當中的失落,以及在陽光灑落大地之前,月亮牌所代表的我們陰鬱的那一面。戀人牌同時也還會提醒我們,當我們透過眼光望向彼此時,各自都還擁有純真的部分。

戀人牌代表，在目前的環境和通往未來的道路之間作出選擇。在戀愛關係的分析中，它可象徵一段新戀情的開始，或者是舊戀情的另一個新階段。當戀人牌正立時，邁步向前迎接等待著你的新機會是明智的選擇。

倒立的意義

你似乎又回到正立五（教皇）的狀態了，或許你感覺到周遭的人都在給你壓力，限制你的選擇，希望你能做出更保守，或更符合他們期待的抉擇。你可能還沒有準備好要去追尋你的道路，那麼就停留在你原來的位置或許也能讓你滿足。

倒立的戀人牌意味著，兩性關係的議題支配著你目前的生活，並凌駕了其他生活層面，而且在你回復到內心世界的平靜之前，會要求你選擇。當戀人牌以倒立的姿態出現，暗示著雖然有著可嘗試的機會，不過維持原狀才是明智的。在有關戀愛關係的問題中，這張牌可能意指某段關係仍停留在初始、羅曼蒂克的階段，而且似乎還沒有到達穩定關係的跡象。

錢財上的意義

當戀人牌出現在財務問題的牌形時，表示財務上的決定。如果牌是正立的，便是你已經準備好要邁向另一個新的抉擇了。有時候在財務的牌形中出現戀人牌是在暗示，你的事業或財務發展可能和你的戀人有關。或許你正打算要和這個伴侶共同展開新事業。

倒立的意義

戀人牌倒立暗示著，停留在現況是比較好的，因為你可能還沒有為目前的機會做好適當的準備。重返正立的教皇牌，你可以享受目前某些

不變的財務慣例。對待財務的態度優柔寡斷也是倒立的戀人牌所暗示的，它還可能會演變成兩性關係的問題。

健康上的意義

戀人牌是一張代表雙子座的牌，所以你需要注意你的雙臂、雙手、雙肩和肺部。有時候精神能量耗竭也是這張牌所象徵的意義。

倒立的意義

目前你的猶豫不決可能就是導致你健康問題的根源。而倒立的戀人牌也凸顯出你目前的兩性關係問題影響到你的健康。在它耗盡你的健康之前，要盡快解決你與另一半的問題。重返正立的教皇牌所提供的穩定和規律狀態，或許能讓你的健康狀態穩定下來。

精神層面的意義

戀人牌代表作出追尋滿足機會的決定。生命已經顯示出一條通往幸福的路，不過在你決定要踏出第一步之前，它都只是個可能而已。現在是把自己交給你人生的下一個階段的時候了，而此時你仍然不缺伴侶相隨。這段戀愛關係或事業伙伴關係可能是一種創意連結的機會。這關係向認同你的人提供了揭露自己的機會，並且還能互相分享彼此的人生旅程。在現實生活當中，它也能讓你從孤單中暫時得到解脫。

VII 戰車 | The Chariot

大體上的意義

一個眼神堅定的人，站在綴滿星星的華蓋下。他的戰車臨河而停，而他的背後是一座城市。一對人面獅身像取代了女教皇牌中的石柱，代表生命的二元性，這是生命中相對立的兩股力量。他堅定的眼神掩飾了他正掙扎於思想和感覺之間。以邏輯來檢視，生命顯得既簡單又直接。不過當把情感因素也放進去，那麼要平衡你的觀點就變得既複雜又有挑戰性了。有翅膀的圓盤是在提醒，他的心智能超越他的情感，而讓生活更有目標。他的課題是結合他的思想和感情，以達到均衡的人生視野。

作為第七張牌，戰車暗示著，成功永遠等待著不放棄的人。你正在學習勇敢是承諾和懷疑的結合。假設勇敢只需要承諾，那麼就不會有失敗，但會變得沒有什麼挑戰性，人生就只剩下規律。但如果你只是一味的懷疑，那麼你恐怕也不會想要邁步向前去完成你的目標。戰車牌描述的是儘管有懷疑，還是要勇敢的去追尋。它就像是皇帝牌，但是也知道你自己的感覺，以及戀人牌中所發現的對其他人的感覺的重要性。

倒立的意義

當戰車牌倒立象徵著恐懼升高。承諾宛如風中殘燭，因為你一直在害怕勇氣不足，或者缺乏完成夢想的能力，而達不到所要追尋的目標。不要困守於這些自己過時的想法中。你未來的成功不必然要依賴你過

去的成果。

倒立的戰車也可能是意指對目前環境的挫折感越來越深了。或許該是找個適當的方式來發洩挫折或憤怒的時候了，那麼你就可以返回正立的第六張牌（戀人牌）來檢視你的選擇了。在你能夠確認你目前的環境和機會之前，或許你需要先把你的情感表達出來。當這張牌倒立的時候，牌裡面的水就變成在人的上方了，這代表此時你的情感正支配著你的思考。如果現在僵持在你的情緒當中，你的判斷就有可能被蒙蔽。

錢財上的意義

戰車牌出現在財務問題的牌形中暗示著，只要你的理智能夠控制你的感情，那麼財務的成功就操之在你了。成功靠的是在抵達終點時以及抵達之後，都要徹徹底底的清楚你的目標，千萬不要放棄。戰車牌描述的是，在前方漫長的道路上，你得調整步伐，才能在財務目標和情感需求之間保持均衡。它通常描述著某個已經成功的人。

倒立的意義

此刻你的情感已經蒙蔽了你的思考。倒立的戰車牌意指，尚待解決的感情和信念已經阻礙了財務上的成功。現在該要解放舊信念、舊習慣和舊感情，如此才能邁向你的財務目標。一旦把這些情感包袱和過時的信念清除乾淨，你就能重新回到正立的戀人牌狀態，並做出有效率的財務決定。

健康上的意義

這張牌是有癌症跡象的牌之一（另一張是月亮牌），戰車牌主要涵蓋的部位是胃部、淋巴系統以及胸腔的健康。持續的壓力可能會導致消化不良，或者是上消化系統的問題。這張牌正立通常代表健康狀態均衡。

倒立的意義

這有可能是指尚未解決的情緒問題，諸如尚未解決的悲傷、痛苦、生氣或憎恨，可能正重壓著你的健康狀態。「不要執著」就是倒立的七號牌的口號。釋放掉你沒有表達出來的情感，免得它們壓垮你的健康。當戰車牌倒立，所暗示的是到了該表達出你被壓抑的情緒的時候了，好將你要重返正立六（戀人牌）的道路清除乾淨，進而檢視你的人生的選擇。身體上要注意的部位和正立的戰車牌是一樣的。

精神層面的意義

目前生命的需求很強烈，意思是指你正在現實與情感之間拔河。你一面想要壓制住感情，好讓事情更有效率，但另一邊則企盼著某個特別的人（出現在戀人牌當中）溫柔的擁抱。戰車牌呼喚著情感和實際的慾望，同時也鼓勵人們不要放棄長期的計畫。這或許需要將你的需求先暫緩，靠著持續的努力不懈就會得到長期的報酬。

VIII 力量 | The Strength

大體上的意義

人生的二元性出現在女教皇牌（兩根石柱）、戀人牌（兩個人）及戰車牌（兩座人面獅身像）當中，繼之而來的力量牌同樣彰顯這層意義。它結合了心智上、情感上的勇氣。這個女人運用她心智上的勇敢去安撫這頭獅子，而獅子在情感上所展現的勇敢就是去相信她。一頭野獸會相信另一個具有掠奪性的物種，是相當罕見的。鮮橘色的獅子代表熱情和熱心，這是獅子座普遍的特質，而獅子座也是這張牌所代表的星座。在《塔羅牌》（*Thoth deck,* Aleister Crowley）這本書中，這張牌被命名為慾望，因為它代表一種挑戰，包括去征服對感官的享樂、對黃金、對名聲以及對認同的渴望，這些都是我們內在的野獸所渴望的。我們要知道，滿足這些渴望並無法滋養靈魂，假如想要登上頂峰的話，這些東西就必須要被拋棄。

這女人所穿的白色束腰外衣象徵著，在處理獅子的態度上，她的動機是純潔的。她雖然緊張，不過她相信如果在與野獸打交道時能表現出真誠，牠也會有良善的反應。她頭上的無限符號隱喻著她知道——獅子會相信她。背景的亮黃色就暗示了思想的力量。

這是一張代表獅子座的牌（另一張是太陽牌），它包含學習駕馭你的熱情，並運用你的心智將能量導引到有創意的目標。獅子的熱情通常是難以自制的，不過它每次都會在一個有創意的方向和創新的想法中安頓下來。

力量牌代表一個擁有勇氣去面對人生、並展現出自信的需求，以達成

所渴望的目標的人。它描述有充分的信念和價值，去建立你所渴望的人生，並且知道因為你的努力，所以有所回報。這是第八張牌，就像所有塔羅牌中的八號牌，它象徵著承諾和力量。

倒立的意義

當力量牌倒立，勇氣便逐漸減縮，取而代之的是恐懼或懷疑。這可能導因於你渴望控制環境，包括你身邊的每一個人。我們通常會想要控制我們所害怕的事物，而將內心的獅子拘禁起來。當熱情被壓抑得太久，萬一爆發開來，就會有失序與失控的風險。當這張牌倒立，獅子便位於女人之上，顯示出熱情支配著思想，而且獸慾將擊潰純潔的動機。

當雷雅娜來詢問有關她丈夫托馬斯的事情，從分析看來，她真的是遇上麻煩了。在牌形中，由倒立的魔術師牌象徵托馬斯，而結果的位置出現倒立的力量牌。雷雅娜解釋，長年以來托馬斯一直是個有著嚴謹宗教信仰的人，他輕視那些他認為奉獻得比他還要少的人，但每年總有一度，他會無預警的到遠地去旅行，雷雅娜發現在旅行中，他酗酒、賭博並且嫖妓。雷雅娜對這樣的行為感到既震驚又困惑，當他旅行回到家以後，托馬斯不但沒有回答她的問題，還用「上帝都已經原諒我了。」這樣的話來激怒她。不久之後，他又會回復極度虔誠的狀態，直到下一次心底的那頭獅子又從獸籠中脫逃。

錢財上的意義

力量牌顯示了在財務信心上的勇氣和力量，這通常會帶來一段時期的財務榮景。在財務分析上，這張牌意味著你充分瞭解你的財務價值，並且有信心去追求財務計畫來確保財務上的成功。大致上說來，力量牌可能是描述一段財務成長及成功的階段。

大阿爾克納牌

倒立的意義

在財務分析上出現倒立的力量牌，暗示著情緒起伏不定，並且對目前的財務狀況有所懷疑。現在該重新回到正立的戰車牌的課題，好穩住你的情緒並著手去完成目前最迫切的工作，也就是決定出一條財務豐收的道路。也或許是本能的慾望（追求名聲、財富或榮耀）使得目前的你陷入貧困。

健康上的意義

力量牌是代表獅子座的牌，當他出現在健康的分析時，意味著心臟和脊椎是身體上比較脆弱的部位。大致上來說，正立的力量牌代表身體健康狀態穩固，並且比較能心平氣和的去面對任何的健康問題。

倒立的意義

力量牌倒立暗示著要多加留意心臟和脊椎的問題。它也可能是在描述，這個時候缺乏建立和維持健康身體所必須的勇氣和內在力量。也意指你因為無法設下強而有力的健康停損點而導致心力交瘁，這有可能是你同時做太多事情的結果。當這張牌倒立，變成是由獅子控制著女人（熱情和渴望支配智識），這時就該是收斂你的熱情或熱心的時候了，好將這能量引導到有價值的方向。

精神層面的意義

儘管內心有所質疑，勇氣仍需要承諾。當你人生的際遇大起大落，而且沒有人可以支援，這時候就需要內在的力量和信心。有時候你會被要求要帶給他人勇氣，即使自己的儲備都已經降到低水位了。現在，你需要依靠內在的力量來面對人生的阻撓，而現在的環境就能夠給你機會證明你自己。

IX 隱士 | The Hermit

IX

THE HERMIT.

大體上的意義

有些問卜者把隱士牌視為一段孤獨的時期，不過，事實上這張牌上的人是處於一種平和的狀態。安靜的反省對於我們深入瞭解人生是有必要的。花時間獨處是有價值的，因為它會提供我們機會去過濾過去的行為和決定，並能夠從經驗中學習。隱士牌代表一個深思熟慮的階段，不過是透過冥想、向心理諮商師尋求諮商、投身大自然好好散個步，或者是寫日記等方式，沒有經過深思熟慮的行動是無法深化我們的理解的。不論是出於自己選擇或者是環境因素所造成，這張牌是代表離開，並進行省思的一段時間。這是形容一段你在思索人生境遇的獨處時間，而非寂寞。

倒立的意義

隱士牌倒立可能是在強調一種對於獨處或者孤獨的基本恐懼，當這種情形發生時，你會以加重自身的工作量來掩飾。你太忙於工作而沒有時間反省你的人生。不斷的給承諾可讓你免去應付內在的飢餓或精神上的空虛。有時候瞭解我們是孤單的，而且不過是這個世界的過客，會讓人宛如墜入無底深淵，但專注於短期的目標和回饋可以暫時減輕這種不安全感。

現在該是回到正立的力量牌，去找到面對人生的勇氣的時候了。多花些時間去深思，需要做什麼改變才能使人生更圓滿。藉由讓自己置身於熟悉和舒適的環境，內在的力量就會回來，然後才能逐漸的面對自

己的孤獨。

錢財上的意義

反省過去的財務決策和行為是這張牌正立時所顯示的意義。現在是藉由檢視過去的財務模式，來想清楚在財務方面你要的是什麼的時候。花點時間這麼做，能幫助你改變負面的模式，如此一來，才能將你的財務引導到一個更有所值的未來。

倒立的意義

或許你太忙於目前的承諾和義務，而沒有時間去思考未來的財務方向。雖然經營著自己的事業，艾莉斯每天都要去探訪她年邁的母親好幾次，去幫她洗衣、穿衣和餵飯。當我開始要描述倒立的隱士牌時，艾莉斯突然哭著問：「我怎麼會有時間去深思呢？我連幫自己抓癢的時間都沒有。」塔羅牌暗示艾莉斯的負擔是暫時的，但倒立的隱士牌特別強調要去深思，才能瞭解造成今日結果的原因。透過深思熟慮，艾莉斯便能夠瞭解她母親需要專業的協助。這會讓她有時間搶救她那瀕臨崩解的事業，並確保她自己和她母親在財務上能擁有安全的未來。

健康上的意義

一段反省、平靜和冥想的時間對於身體健康是有需要的，不過在奮力於工作、賺錢和消費時，這似乎是被遺忘的。隱士牌在描述，反問自己一些簡單卻強而有力的問題，例如：「我快樂嗎？我喜歡目前所走的人生道路嗎？」以及「這個方案／工作／動作將會帶給我更大的滿足嗎？」

大致上，在健康分析方面，隱士牌代表的是胰腺。作為有關健康問題的答案，它暗示著冥想、諮商，或好好反省一下，這將有助於促進健康。利用週末到鄉村度個假，有時候就足以釋放壓力及反省目前的狀況。

倒立的意義

當隱士牌以倒立的姿態出現在分析當中，它意指你可能是太忙了，以致無法好好反省你的人生道路，寧願置身體上的症狀於不顧，也不願去找出健康失調的原因。如果長期忽略深層的需求，那麼內在的飢渴一旦甦醒，可能會導致慢性的沮喪。

現在是回到正立的力量牌的時候，去匯聚做改變所需要的充分勇氣，如此將帶給你圓滿的人生。這個過程可能是令人恐懼的，但害怕會讓你保持敏銳並提醒你——你還活著。如果長久以來我們一直逃避我們所害怕的事物，這通常不會令我們更加安全，反而會因此而發現許多新的並也讓我們煩惱的小事情。

精神層面的意義

過去的勇氣和承諾讓你能夠攀抵一座小山峰，你現在應該要好好深思當初為何會有那般的勇氣與承諾，並且從過去的經驗中學習，好幫助你加速前進。仔細的深思過去的行為，它能幫助你避免重蹈覆轍。深思反省的方式可能是冥想、記錄夢想日誌，或者找心理諮商師進行諮商，以此來釐清你的行為和動機。

X 命運之輪 | The Wheel of Fortune

WHEEL of FORTUNE.

大體上的意義

正立的命運之輪意指，在一些機會之後環境獲得改善。這張牌角落的四種動物代表小阿爾克納牌當中的四種道路（權杖、聖杯、寶劍、五角星）。牠們是以黃色來表現，雖然那四種道路已經被智識所理解，但還沒被應用在人生中。

命運之輪代表觀察你正處於生命季節中的那個位置，當春天來臨時便播下種子，並期待著夏天的成功結果。它描述的是冬天已遠離，因為春天快靠近了，並建議你撢一撢計畫上的灰塵，以及為你想要得到的回報做好準備的功課。你目前之所以處於這個位置，就是先前的決定和行動的結果，而你將來會往那裡去，則有賴於現在的決定及所採取的行動。

倒立的意義

當命運之輪倒立，宣告著冬天接近，以及重返戰車牌的課題。這讓你有機會從只關注表象的世界撤退，重新點燃更富裕、更有價值的內在生命之火。切記，倒立的命運之輪只出現在那些不瞭解四季更迭，而持續被侷限住的人。至於那些牢記過去盛夏的機會以及冬天蕭條的人，他們都知道命運之輪會轉動，一如季節更迭。倒立的命運之輪意味著，機會已經越來越渺茫，或許去尋找替代方案會比較恰當。現在應該是聚積能量的時候。當命運之輪出現倒立，建議您暫緩擴張計畫。

錢財上的意義

在財務分析牌形上出現正立的命運之輪，代表改善財務環境有望。機會是越來越多了，在未來幾個月內會有幾個正面的財務機會。做好準備並且專注於你特定的財務目標，可預防你因為其他的機會給分心了。

倒立的意義

目前錢財上的機會變少了，所以做好捱過財務冬天的準備才是明智之舉。倒立的命運之輪意指，假如你在未來幾個月想要在財務上安穩舒適，做準備是有需要的。目前的環境並不利於大肆投資或者給有風險的新事業承諾。

健康上的意義

在健康分析的牌形上，這張牌代表健康情形有所改善，你能夠去平衡你內在的火（權杖）、水（聖杯）、空氣（寶劍）和土（五角星）這四大元素，因而有著健康的身體。缺乏健康能量和活力的時期已經過了，而眼前的是更積極正向的時光。

倒立的意義

意指逐漸衰退的健康狀態，這有可能是指能量在逐漸的減弱中。現在有需要回到正立的戰車，深思你肉體上的、情緒上的、心智上的以及精神上的健康狀態，以保有真正的身心健康。不過在大多數的健康分析上，倒立的命運之輪是暗示一個個人的、暫時性的冬天，現在是慎用你能量的時候，因為預計在不久的將來，你肉體上和情緒上的能量可能會降到低水位。

精神層面的意義

在你的人生旅途中找出最具優勢的部分，你便能觀察到生命的四季及
輪迴。就如有些地帶總是籠罩著雲霧，而其他部分則可以享受到更多
的陽光。由於理解人生變化一如四季，你就會預作想法和計畫的準
備，當環境有利時就能增加你成功的機會。假如你人生的一個部分縮
小了，那麼就去尋找那些正在擴大的區域吧。

XI 正義 | Justice

大體上的意義

正義牌是第二張代表天秤座的牌，它意指做出決定性的行動並瞭解結果。劍尖朝上的正立寶劍有著兩面劍鋒，凸顯出人生的二元性：一面代表決定和行動，另一面則代表結果。白色的鞋意味著純潔的動機，而紅色的長袍則代表熱情。在王冠中間的藍色方形物則象徵精神上的清澈，也就是說，明白你的決定在精神層面所產生的結果。而天平則暗示著試圖要做到公平。這些象徵了均衡的決定需要結合同情、理解、智慧和務實。

正義牌可代表簽署法律合約或文件，譬如房屋買賣時、工作契約協議時、公佈遺囑時。正義牌意指這個文書作業的過程順利，而且對於結果似乎也頗為滿意。

正義牌也是一張為自己擔負起責任的牌，你知道你目前的境遇是你過去的決定和行動的結果，這使你在做決定時會更加小心，因為你知道目前的一切將決定你的未來。

倒立的意義

當正義牌倒立意味著做決定或採取行動都沒有考慮到後果。缺乏對事實的全面性瞭解，你已經衝動地做下某個決定，而現在後悔了。倒立的正義牌也意指文書作業延遲，或者是協議過程拖拖拉拉。這張牌通常會在法律案件延宕並毫無結果時，以倒立的姿態出現。

倒立的正義牌也暗喻你不願為你的行動負起責任。它可能是描述當你的行為導致動亂或失誤，你會歸咎於他人。這是重返正立的命運之輪

的時候，以確認個人的四季是如何影響你的機會。與其因失敗而責備他人，不如去瞭解是否是過去的選擇或行動並沒有選在正確的時機，因此才無法成功。也許是你在財務困窘時借了錢去大舉投資，所以現在才會負債累累。

錢財上的意義

當財務問題的牌形上出現正義牌，暗示著財務方面的法律合約或文件。或許你現在正處於貸款的過程、進行一樁重大的交易，或者是簽署一份新工作的契約書。當這張牌以正立出現，過程將會平順。你正為你的行動負起你個人的責任，因為你認知到目前是進行財務計畫的最適當時機。

倒立的意義

正義牌倒立可能在暗示文件的延遲、財務協議的進展緩慢，或者是和財務有關的法律問題。在艾倫的分析中出現倒立的正義牌，確認了在多災多難的那一年後，他失去他的事業並宣告破產，那一年當中，他的飯店兩度因非季節性的暴風雨而遭洪水淹沒。

這張牌倒立是暗示，由於法律延伸出的問題及不恰當的證明，而造成購屋計畫及事業發展延宕。特別是當倒立的寶劍國王也出現在牌形中，這種情形更為顯著。

健康上的意義

當健康問題分析中出現正義牌，要注意的身體部位是腎臟和消化系統。這張牌代表你飽受腹脹之苦，這是身體給你的警訊。這種不舒服是暫時性的，而且對你也有幫助，因為它可以警告你那些食物要避免、要少吃，或者是不要和什麼食物混著吃。

正義牌可能暗示你已經準備好要為你的健康負起責任，因為你已意識到目前的健康問題可能就是過去的決定和行動的結果。當正義牌出現在健康問題的分析時，一種新的飲食習慣或規律的運動會改善健康情形。有時候正立的正義牌可意味著，某種精神上的方法可以改善健康問題，這是認知到精神失衡，假如這不正確，最後還是會表現在身體上。它也可能是描述有關健康的法律程序。

倒立的意義

在健康問題分析上，倒立的正義牌意指你將個人的健康問題怪罪於他人，而不肯為自己的健康負起改善和維持的責任。它也可能暗示環繞著健康問題的冗長法律程序。重返正立的命運之輪課題，或許有助於均衡內在的四大要素（火、水、空氣和土），並找到一個達到均衡健康的方法。

精神層面的意義

過一種榮耀的生活，意味著要為自己的行動負起責任。正義牌提供了一個機會，讓你認知到你現在的生活是過去行動和決定的結果。你可以運用你目前生活當中的經驗來提醒自己，什麼行為可以帶來榮耀，並以自身的種種成就為嚮導，來指引你擁有更美滿的明天。

XII 懸吊者 | The Hanged Man

大體上的意義

一個人被倒吊在柱子上，他平靜的觀察四周，散發出一種內在的平和與冷靜。他頭部周圍的黃色光環，暗示著智識讓他看見更遠大的未來，所以並不擔心目前環境給予他的限制。他利用這個機會來反省他的人生，機會指的是，他目前倒吊的狀況讓他有特殊的觀點。藍色束腰短上衣代表精神上的知覺，紅色緊身褲暗示著在需要的時候可以展現的熱情和體能。他的周遭是灰色的天空，不過他並不在意，他仍可從真實的世界望向精神領域。

懸吊者牌意指你可以選擇努力的追求物質，或者是接受目前的環境，或者是隱藏在真實狀況下的機會。這也是反省生命意義的另一個契機，和教皇牌以及戰車牌比較起來，懸吊者牌是一種更深刻的反省，因為在朝懸吊者牌邁進的過程中，你對於人生已經有了更寬廣的認知。

倒立的意義

懸吊者倒立意味著與生命的潮汐搏鬥著。這是一種漫無目標的掙扎，如果你持續的掙扎，只會筋疲力竭，等到你獲得解放時便沒有力氣再追求等待著你的機會。因此你很可能會錯失一個深度理解人生的良機。

這張牌倒立是一個重新返回正立的正義牌的機會，好讓你能夠清晰的判斷過去的行為和決定，是如何導致現今的狀況，然後帶著這份理解上路，你有可能會找到另一條更有價值的道路。

錢財上的意義

耐心，就是這張牌在財務問題上所要傳達的訊息。如今你的財務狀況可能受限，然而它們將會因為你的改變而改變。抓住這個機會，檢視你在財務方面獲得了什麼，並且想想是否值得繼續努力，再想想未來你的財務計畫是否值得你投入時間和努力去追尋。

倒立的意義

懸吊者倒立是在提醒該是投降的時候了。對現在的你來說，失去任何東西都不算什麼了。倒立的懸吊者牌提供一個重返正立的正義牌課題的機會，也就是強調個人的責任。要深刻的反省，是什麼樣的行為導致你目前的景況，並坦然的接受。

如果是回答財務計畫或投資，倒立的懸吊者牌暗示這是一個利潤微乎其微的蹩腳投資。如果你仍頑固的追求，那麼可以預期你將會被套牢或者搞到財務枯竭。

亞卓安娜在進行分析時抱怨她別無財務上的選擇。當懸吊者牌出現在她的分析上時，她承認她被她的兄弟說服，而投下所有的積蓄在一項成衣事業上，因而放棄了她原先較好的投資判斷。她除了接受這加諸於她身上的嚴峻考驗外，別無選擇，因為她已沒有辦法脫身。

重返正立的正義牌課題，讓她有機會體悟匆促或者不智的決定所帶來的結果是多麼教人難以忍受。在等待改變時機到來時，更須認清，要做重大的決策時，多留心自己的直覺是很重要的事。

健康上的意義

當健康問題的牌形出現懸吊者牌，代表體能不佳。現在要多花時間去閱讀、冥思還有休息。讓自己的身體太勞累可能會導致受傷或者崩潰。花點時間深思，會有助於儲備均衡的體力。

倒立的意義

懸吊者牌倒立意指，你有可能正和過去的行為所造成的健康結果共存。此時該回到正立的正義牌，好為你的健康和身心均衡負起責任，否則傷害有可能越來越大，甚至導致生病。在葛林的健康分析中，倒立的懸吊者牌出現，他長久以來都默默的接受多年來因飲酒過量以及飲食失調所帶來的健康問題。倒立的正義牌出現也凸顯出他的腎臟出了問題，經由他的證實，這問題始於他的童年時期。他承認他知道酒精對他的腎臟不好。「酒精喜歡我，我也沒辦法啊。」他防衛地辯解著。

葛林拒絕做出任何能改善情況的決定，他只能眼睜睜的看著自己的身體衰退，直到再也無法修復為止。

精神層面的意義

當你在追求精神道路時，知道何時該對生命舉白旗投降是很重要的。內在的成長就如同外在所獲取的戰利品一樣重要。懸吊者牌讓你看到別人以及自己不一樣觀點的人生，那麼你就可以突破侷限，解放自己。現在是確認你的精神目標是否仍存在的好機會，而這精神目標是帶著力量和責任的。

XIII 死亡 | Death

大體上的意義

這是整組塔羅牌當中最令人感到害怕的牌，因為大多數的問卜者都認為這張牌的意義是肉體的死亡。儘管它通常意味的是屈服，不過問卜者對這張牌的恐懼總是揮之不去。屈服於生命、屈服於崇高的力量，或者是屈服於精神的道路，可能是最困難的決定之一，因為屈服通常需要信心。但願我們能從星星牌那裡借到一些信心，但我們還沒辦法，除非我們接受了死亡牌的課題並且屈服。當牌形中出現死亡牌，我們或許會不得不指望自己，希望自己還有得救的機會，並且相信生命現在從我們這邊取走的，終究會公平的還給我們。

這張牌最顯著的顏色是白色（純潔的動機）和黃色（澄澈的思想），這兩種特質會讓我們在進行變革的過程中更為溫和。背景處的河流是在提醒我們，我們終將會走完這一生，一如所有的人和所有的機遇走過我們的生命。

這是一張代表天蠍座的牌，死亡牌教導我們如何溫和地屈服於改變。當你選到這張牌，有可能是你完成了生命中的某個章節或循環，因而改變是可以預期和有必要的。生命有可能以某些更適當的東西加以取代。

倒立的意義

死亡牌倒立，看起來你似乎仍在抗拒改變，傾所有可能只為防止那無可避免的事發生。要記住，舊的不去新的不來，而且新的通常會是更

有價值的機會。或許你一直身陷於過去無法自拔，因為失落而心煩意亂導致你無法好好思考。通常結束之後隨之而來的就是開始，你要相信有時候生命比你知道的更多，因為你只知道你自己有什麼，而它知道什麼對你是好的。

錢財上的意義

在財務問題分析中選到死亡牌，那就代表某種狀況或者某些事情的死亡。假如你問的是某個特定的投資是否值得長期進行，而這張牌出現的結果，很清楚的就是「否定」。這張牌出現是要建議你結束某個舊的理財思維，並展開新的扉頁。

倒立的意義

死亡牌倒立描述的是，你抵制改變，而這改變可能會帶來新機會。現在就屈服吧，並且讓生命帶領你前往你需要去的地方。當你還沒有瞥見等待著你的曙光時，要釋放掉所有舊的事物，這時你需要的是信心。

健康上的意義

死亡牌出現在健康的分析上，意指可能需要注意的部位包括腹部、膀胱、腸和生殖器官。而鼻子也是死亡牌所暗示的另一個身體部位。假如死亡牌伴隨著以下至少三張牌出現，那它就有可能是暗示肉身死亡：寶劍十、寶劍六、寶劍三、寶劍四、世界牌、審判牌、高塔或空白牌。

倒立的意義

當死亡牌倒立，它所暗示的健康部位和正立時是一樣的，另外還附加了沮喪。因為你奉獻了太多的能量去維繫一連串的生活細節，但卻仍然無濟於事。抗拒改變會導致停滯不前，因為除非舊的狀況解除，否則新的機會是不會到達的。

精神層面的意義

當死亡牌出現時，便該讓某人或某種狀況從你的生命中溫柔的釋放掉。內心的平靜來自於理解生命將提供你另一種滿足，雖然它和正要離你而去的那種滿足是不同的。儘管你的心是有空間可以同時容納新與舊，不過此刻你要試著去認知生命更大的企圖，而這或許能帶給你信心，把那舊的從你的生命中釋放掉。

XIV 節制 | Temperance

大體上的意義

一個人臨水站立，冷靜的把水從一個聖杯倒入另一個聖杯中。他一隻腳站在陸地上，而另一隻腳則浸在那潭水裡面。這池水和女教皇牌布幔後面的那池水是一樣的，這個人頭部四周的光圈是在提醒，要記取對生命更宏觀的看法。這對翅膀顯示出肉身和靈體的混合。要知道肉身和靈體有著不同的需求，而恰如其分的迎合這些不同的需求，會使得人生更加均衡。

這張牌代表放下個人的驕傲，在逐漸瞭解更大的面向之後就會明白，在這麼多事物的組合中我們是多麼的渺小。當我們喪失了精神上清晰的觀點時，將會過度依附生命中的有形物質。

節制牌可能暗示著旅行、教學、學習以及採取一種中庸的人生之道。

和權杖騎士一樣，這是一張象徵射手座的牌。這張牌裡通往太陽的道路，代表在旅行和探索這世界時，就是一種學習。它代表心裡面一直有著長遠的目標，因而無視於短期的障礙。

倒立的意義

你望向眼前道路的視線被許多瑣碎的事物給遮蔽了。或許現在是回到正立的死亡牌的時候，好釋放掉那些阻擋你人生道路的人、事、物。假如你不把通往目的地的路給清除乾淨，在追求人生目的時，你就得要冒著為一些比較不具意義的事物而分心的風險。

有時候倒立的節制牌可能意指，為了短期的報酬而放棄深遠的目標。

當倒立時，節制牌揭開了射手座性格所代表的陰暗面，負面的射手在責任出現時會像個過客般逃之夭夭。他們可能會以他們有新的目標為由，而企圖取信他人，但事實上他們之所以從目標分心，是因為他們沒耐性。

你可能因為個人的偏好而忽略了精神或者是肉體。延誤滿足精神上的需求可能讓人生了無趣味，而忽略肉體需求則可能會帶來病痛或死亡的結果。倒立的節制牌暗示，我們是一個存在於肉身當中的靈體，在我們的有生之年，肉身對我們是很重要的，但是只有靈體能在死亡之後持續我們的旅程。「你只能活一次！」這是當節制牌倒立時所顯現的態度。正因為這樣，短暫的回饋和慾望的滿足，比起精神面的成長似乎是更有吸引力了。

教學、學習和旅行也可能是倒立的節制牌所暗示的。不妨再參考一下牌形周遭所出現的牌，來確認當天所適用的意義。

錢財上的意義

牢記終極的財務目標，這能夠讓你在遭受短暫的犧牲時，不感受到被剝奪。與其要為眼前的這些盈頭小利而努力，不如放棄，以取得一個更大的成就。不過除非你的心靈有足夠的滋養，否則你很難這麼做。因為當心靈處於一種飽滿的狀態時，要放棄物質或者是肉體上的誘惑會比較容易。

當有關財務的牌形中出現節制牌，很明顯的是指財務狀態均衡、穩健。你的行動中帶有遠見，所採取的步驟都能成功且持久。有個很重要的意義，就是目前的犧牲和選擇對於長期目標的達成都是有幫助的。

倒立的意義

節制牌倒立可能在暗示財務上的輕率而為，因此導致負債、身陷投資

風險中。不腳踏實地，一心只想要中樂透、做生意發大財或是投資獲利，好應付那些上門來的債主。它也可能是意味著同時著手太多事物，使財務水位急降，或者是以做生意為名行賭博之實。如此一來你的財務危機可能會讓你捲入相當大的風險中，並且整日坐立難安。

健康上的意義

和節制牌（以及射手座）相對應的身體部位，包括臀部、大腿和坐骨神經。由於技術不良或從事運動賽事而導致意外，也可能藉由這張牌表現出來。在健康分析上出現這張正立牌，暗示著在維繫身心健康上有均衡的方式，並且有能力滿足雙方面的需求。

倒立的意義

在健康分析上出現倒立的節制牌，可能是在暗示著不節制。你縱情於口腹之慾、嗑藥或酗酒，不斷的追尋感官之樂以及立即性的滿足，因此你要為這無休止的尋歡或慾望而負起責任。如果沒有認知到人生的精神目標，你所滿足的也只是感官而已。

精神層面的意義

節制牌提醒著你，在你的人生當中需要同時照顧到肉體和精神上的需求。一個健康的人生會同時滋養肉體和靈魂，而且在追求此生的精神目標時，也能激勵你讓兩者都達到和諧的境界。擁有正面的精神目標和務實的計畫才能增加你對人生的熱情，並且對於完成你的目標會更具有信心。節制牌會讓你看見人生的遠大前景，並加深你對人生目的的認知。這張牌道路盡頭的太陽就是個希望，前方有著美好的願景在等著你，而這也能讓你對人生的熱情甦醒過來。

XV 魔鬼 | The Devil

THE DEVIL.

大體上的意義

橘色和紅色是這張牌當中最為顯眼的顏色，凸顯出你追求物質目標的熱情與熱心。牌中這對被鍊在一起的男女，因為他們的恐懼和慾望而頹喪。恐懼失去、恐懼貧窮、也恐懼住在髒亂的環境中，加上又渴望有個舒適的生活，將他們侷限在一條狹隘的人生道路上。

從魔鬼牌一直到高塔牌的過程中，你好像已經忘了節制牌當中所學習到的課題，你正在追尋物質上的舒適，而忽視了精神層面的需求。其實鍊住這對男女的鎖鍊很鬆，可以自由解套，他們已經得到自由了，但魔鬼卻現身，這代表你除了接受生命目前的現況外，別無選擇，而且你的生活只由你看得見、可衡量和有保障的事物所組成。

這是第一次有五角星星以倒立的姿態出現在正立的牌中，它暗示著感官支配著精神。

這張牌意味著你在目前的情況下看不見任何可行的方法。通常你會利用塔羅牌來進行占卜，就是想知道目前有什麼選擇，因為塔羅牌所提供的每一種可能性都是經過詳細分析的。因此，這張牌的出現會讓你覺得沒有被「幫到忙」，而感到失望。

在尚恩的分析牌形中選到了魔鬼牌，而他的問題是賣掉他的房子是否明智。那時候，他被告知那是不明智的，尚恩羅列他想要賣掉房子的原因，而這張牌顯示出一種多麼不可思議的先見之明啊，竟說出假如他賣掉房子並搬離那裡的話，他所擔心的事就會消失。尚恩緊張的

表情和不斷皺起的眉頭暗示著有個他最擔心的人，而且搬了家也不能改變那種情形。但是尚恩似乎沒有辦法為他的境遇負起責任，他看不到可行的辦法。

克服貪婪是這張牌的課題，因為魔鬼就是用對貧窮的恐懼來填滿我們的。不透過精神上的滋養來追尋快樂的我們，總是不斷的追尋著越來越多的物質層面的舒適。在生命旅程中，我們會因為那些曾帶給我們短暫歡樂的身外之物而沮喪，當我們在追求這種滿足和輕鬆時，我們正冒著遺忘這趟旅程的風險。

倒立的意義

對魔鬼牌來說，倒立反而顯示出比較正面的意義。它預告著重返正立的節制牌，並且認知到生命是一趟精神和肉體並重的旅程。當你瞭解自古而今人們所擁有的微不足道的目標其實大同小異，那麼你就會比較容易把緊握住的財富、地位和權力放開了。當這張牌倒立，那麼五角星星就正立了，暗示著你的心智已經掌控了你的物質渴望了。

當魔鬼牌倒立，我們認清了好走的路讓我們偏離了精神層面的發展。這張牌黑暗的背景讓我們注意到這對男女的身體。當我們厭倦了肉身帶來的短暫歡愉，周遭的黑暗適時的提供一個往內心探尋的機會，並且記取深層的精神目的。然後當我們重新開始追求心靈的甦醒，就可以拋掉那些財富和物質享樂。重新回到節制牌的課題，這會喚起我們精神層面的需求，一如我們有肉體上的需要一樣。但我們卻只願接受那些物質上的財物，以為那將有助我們的旅程。

錢財上的意義

魔鬼牌可能是財務成功的強而有力的牌。這張牌會讓你變得專注，意思是你不會因為其他的財務目標而分心。為了現實的財務目標而活的

人們，和大多數想要實現它們的人並沒有什麼不同，但不論如何，這張牌可能是在暗示你不會因為得到成就而滿足。或許你相信財務成功並不完全來自努力，因此，你可能會堅持自己掌控事業或慎選財務上的伙伴。

倒立的意義

魔鬼牌倒立意指確認了其他可行的財務目標，以及可以達成目標的方式。你的方法是比較不帶偏見的，你願意接受周遭的人提供的協助和建議。重返正立的節制牌是必要的，以便捨棄那些無關緊要的身外之物和財務上的義務。一旦你捨棄了財務上的包袱，那麼你前方的旅程就少了很多負擔。節制牌讓我們認知到人生的旅程需要輕裝簡行，以便迎接那些展現在你眼前的機會。

健康上的意義

作為象徵魔羯座的牌，魔鬼牌在健康的分析上暗示著，或許你正面臨膝蓋、牙齒或骨骼方面的痛楚。有時候魔鬼牌也反映出皮膚過敏的毛病，譬如：乾燥、脫皮。它也可能在暗示著痔的問題。正立的魔鬼牌可能在暗示事業或財務的壓力此時正在影響你的健康。

或許現在是該去找一些對你目前的健康有益的方法的時候了，好讓身體重新回復平衡狀態。不要執著於一種矯正的方法，其他的辦法也可能一樣有效。當魔鬼牌出現在羅絲瑪麗的分析牌形中，可以確認她選擇進行脊椎手術來治療她的痛苦，儘管或許還有其他的選擇。有位朋友曾提過，有一種結合脊椎按摩療法和瑜伽的課程，成功的治癒了類似的症狀，並且建議她先暫緩手術六個月，來嘗試這個比較溫和的另類療法。但她一想到要做運動，以及有個陌生人在她的背上動手腳，就讓她裹足不前，因為她對自己的體重很沒自信，使得這條路對羅絲

瑪麗來說似乎是不可能了。歷經三次手術後,她仍在與脊椎退化與慢性背痛抗戰,而且未來還考慮要動更多的手術。

倒立的意義

魔鬼牌倒立描述著,尋找幾種可行的方式來建立並維持你的健康。你會用比較開放的態度來選擇維持健康的方法,不過你需要注意的健康部位和正立時是一樣的。重返正立的節制牌課題或許能讓你看見人生的願景,讓你願意釋放掉那些壓垮你健康的負擔和責任。在重返節制牌課題的過程中,你有可能發現你的精神、心智和情緒是如何影響你的肉體健康。

精神層面的意義

有時候人類的快樂是建立在收集有形的財物上。一棟漂亮的房子、河岸寧靜的度假小屋、一個很有魅力的伴侶、收集有價值的茶壺或者是一部拉風的跑車,這些可能能夠在人生過程中帶給你短暫的歡樂。而魔鬼牌是在提醒我們不要太耽溺於這些有形的財物,否則它們就會佔領我們,並從我們所選擇的道路來引誘我們。魔鬼牌象徵著一段長長的精神寒冬期,這期間內你或許會覺得被上帝拋棄了,而且失去了精神方向,但你卻可以因此而發現,物質上的滿足只不過是過眼雲煙。掌握了這個課題的結果,就是瞭解金錢是沒有辦法買到快樂,它只能減輕勞苦。

XVI 高塔 | The Tower

THE TOWER.

大體上的意義

兩個人從被雷打中而燃燒起來的高塔中墜落。一頂王冠從高塔的屋頂處坍倒而下，而往下掉的其中一人卻仍然戴著王冠。高塔牌代表你眼前的人生有著突發而且不可預期的改變。這個改變來得太急，以致於你無法仔細的做出評估以及找出最佳的因應之道。這個改變或許並不壞，而且有可能是以一種出乎意料的形式發生，像是中樂透、工作量意外的減少，或者是就在你已經放棄愛情時，就墜入愛河了。

世人最近對於高塔的記憶，最鮮明、也是最大規模的意象便是發生在二○○一年，美國紐約世貿中心雙子星大樓遭到恐怖攻擊。事情發生的太快了，讓許多當時身在其中的人來不及仔細評估他們的選擇，在這種情況下，你所應該做的就是「活下來」。這個巨大的事件震撼了全世界。

若在高塔牌上再加一張牌，你或許就能釐清這個突然的改變將帶來什麼。如果加的是寶劍七意味著偷竊，戰車牌代表一場車禍，五角星王牌或正立的五角星六是賺到錢，倒立的五角星六意味著收入緊縮或失去收入，正義牌表示有一場出乎意料的官司，倒立的女皇是意外流產或家裡突然大亂，倒立的權杖八點出旅途中的意外。

當高塔牌被放在結果或是答案的位置，再加上另一張牌，往好處想是讓你能為占卜做出結論。風暴不會永遠持續著，而你必須知道風暴之後你能期待什麼。高塔牌是生命幫助我們的方法，讓我們在追尋意義非凡的精神道路上，從那些牽制著我們的人們、財物和行為模式中解

放出來。

倒立的意義

高塔牌倒立意指，突然的改變橫掃你的家庭或工作，不過你依然屹立不搖。或許你在一片裁員聲中躲過一劫，或者你因病待在家裡的那天，辦公室剛好發生大火。然而作為改變下的生存者卻並非總是好受的。當倒立的高塔牌出現在傑森的分析中，他解釋他大部分的朋友都是愛滋病病毒帶原者，其中有幾個已經死於愛滋病了。雖然愛滋病的病毒沒有直接找上他，但是對三十五歲的傑森來說，他知道往後的這幾年，或許他得埋葬掉他大部分的朋友。或許這就是他此生特殊的目的了。

倒立的高塔牌讓你重返正立的魔鬼牌課題，以有形的財物或安全的慣例來支撐你，直到你的精神層面也需要滋養為止。逐步的釋放物慾就能步上追求精神目標之路。如果物質慾望沒有釋放，當你日後經歷高塔牌時，你就得冒這個風險了。

錢財上的意義

在詢問有關投資理財的問題上，高塔牌暗示著這是一個不明智的追求。環境的驟變可能會讓你的投資血流成河。這張牌有時候會在股票市場即將崩盤前的分析當中出現，在一九八〇年代末期，當時世界經濟進入衰退，這張牌就經常被選中。

倒立的意義

高塔牌倒立暗指，當環境改變時，由於你的行動敏捷、決策果斷，而能免於財物損失或毀滅。除非在投資過程的壓力之下，你還能夠自信、冷靜，否則你可能不會想冒險從事財務投機買賣。

健康上的意義

在健康問題分析上出現高塔牌意指，突然生病了。可以再加一張牌，或者觀看牌形中的其他牌，或許能讓你對於該關注的健康部位有其他想法。通常這個健康問題來得太突然而無法避免。

倒立的意義

透過有意識的行動或者只是下意識的決定，而避免了突然病倒或無預警的健康問題。那些沒有搭上鐵達尼號的乘客，就是在無預警的意外發生之前，改變他們自身遭遇的例子，而讓他們免於成為悲劇的主角。因為倒立的高塔牌意味著重新返回正立的魔鬼牌，或許你會經歷到這張牌所代表的健康問題，譬如膝蓋、牙齒、皮膚或痔的問題。

精神層面的意義

高塔牌是一個令人震驚的提醒，它告訴世人再多的財富都無法預防人生的驟變。高塔牌介於魔鬼牌的安逸和星星牌的滿足之間，這是個赤裸裸的選擇，你必須在拒絕靈魂的召喚、或面對令人不適的改變而與深層的自我溝通兩者間作出抉擇。高塔牌提醒你，任憑腰纏萬貫也無法補償你靈魂深處的不快樂。不論如何，內在的平和是可以讓生活的慾望降低的。

XVII 星星 | The Star

大體上的意義

歷經了唯物主義的魔鬼牌和無預警變遷的高塔牌，現在已經進入單純、穩定、寧靜的星星牌。清朗的天空和自然的環境讓人與土地有了連結，並且能欣賞所有的元素。星星牌可以代表一個假期，或從日常生活壓力當中跳脫出來的一段時光，或者就只是單純的和你的創意有強力的連結。

這張牌代表星象學中的水瓶座，所以當星星牌以及（或者）寶劍國王出現在牌形中，可能在暗示某位水瓶座的人。水瓶座的課題包括越過意識與潛意識之間的屏障，接著便能將存在於真實與傳統間的狹隘思想一舉擊破。那個在女教皇牌中，將女教皇與後方的水隔開的屏障已經不存在了，於是看見了這潭清澈的水池。在這池水中，她能看見靈感、直覺和生命的清晰意象。把水倒在陸地上的動作，以及水又流回池中，意味著意識與潛意識之間能量的交換。她現在保持在中間的位置，這麼一來就不會像節制牌那樣找不到通往太陽的路。有這張牌，在重要的時刻總是快樂的。

倒立的意義

倒立的星星牌暗示著，你對於生命會在你努力之時支持你，並不具信心。這是該回到高塔牌的時候，好將可能會阻礙你視野的障礙物移除。當你有充分的信心相信生命會支持你，你就可以自由的回到正立的星星牌，去探索拋開財物和重複的結構所給你的自由。

你現在正在和你的潛意識接觸中，而且有可能會感覺到和你的創意、直覺及靈感失去連結，你會覺得彷彿失去了目標。但千萬要記住並且去追求這個目標，你最先需要的就是星星牌給你的信心。在有關事業或者旅行的問題中，倒立的星星牌可能暗示和工作有關的旅行，因此在旅程中你沒辦法休息和放鬆。倒立的星星牌所顯示的就是在腦袋裡面有著具體目的的旅行。

錢財上的意義

在有關錢財的牌形中，星星牌代表對於生活的種種可能深具信心，而且這信心可能是來自你的創意所帶來的收入，或者是在財務議題上有創意的結果。星星牌可能暗示著你的需求並不多，而且生命以一種並不複雜的方式在支持著你。它可能代表一個假期，或者一段休閒時光，而且暗示著你現在消費得起。星星牌暗示你對於將來的財務穩定具有信心。

倒立的意義

你目前對於財務缺乏信心，而且想要控制財務狀況。這張牌暗示著在休年假時，卻被辦公室裡打來的緊急電話給佔據了時間。也有可能是你人在海灘，但心情上卻像是雨天，因為你輕鬆不起來，沒辦法好好享受花錢得來的假期。

倒立的星星牌是一個訊息，假如你的工作是一場馬拉松競賽，那麼你的假期就是沿路的休憩站。也許你沒有辦法獲得喘息的機會，因為你目前已經被財務承諾給壓垮了。

健康上的意義

星星牌代表星象學中的水瓶座，以及水瓶座所顯示的健康部位，包括

踝關節、小腿以及全身的神經系統。而這張牌也涵蓋了視網膜，所以假設它和視網膜有關的話，那它有可能和白內障或眼科手術（包括雷射手術）相關。

大致而論，星星牌在有關健康的分析中是張正面的牌，暗示著你對於生命有著健康且正面的觀點。它也可能在暗示，現在放個假期或短暫的休息有助於保持你的健康。

倒立的意義

倒立的星星牌意指，你對於健康問題將會穩定或改善沒有信心，這暗示著你該重返高塔牌的課題，並掌握高塔所提供的改變。當譚雅從她所關心的財務問題及充滿壓力的工作生活當中放個小假之後，她的過敏症狀很明顯的一掃而空，她是個大忙人，直到她翻到倒立的星星牌，才讓她把惱人的皮膚問題和她的工作壓力聯想在一起。當你最需要信心的時候，其實也是你最需要尋求控制的時候。

你對於生命將會支持你非常的沒有信心，而且當你被工作的責任給壓垮時，你會變得愚昧，變得無精打采以及深感挫折。解藥就是去放個能充分休息的假期。

精神層面的意義

星星讓你在通往精神高峰途中有個休息的機會，並且讓你在清澈如水晶般的池水中補充精神能量，得以在通達目標的過程中恢復信心。一旦你甦醒了，你就會感到與周遭的豐盛生命產生連結，歡樂、幸福和創意將圍繞著你，在快達終點時，你反而會放慢腳步，不想急著抵達。你有信心在適當的時機會獲得你今生所要完成的一切。

XVIII 月亮 | The Moon

大體上的意義

月亮牌呈現出恐懼的氛圍，因為它給整個環境增添了一種詭異的光線。動物們聚在水邊，有些還從牠們躲藏的洞穴中跑出來。左右兩座高塔無言佇立，一如月亮悄然滑過天空。

月亮牌暗示，雖然現在情感上的動機更為顯著，不過它們似乎被隱藏起來了，而且雖然你能確認出這些被隱藏的事項，不過你周遭的那些人可能並不希望公開的承認它們。月亮牌對於作家、藝術家和那些以具體的形式傳達出他們感情的人來說，算是一張條件不錯的好牌。它能使有創意的作家或畫家在造訪心智的幽深晦暗處之後，反芻出自然的感情，並且能夠透過一個故事、一個電影劇本或者是一幅畫作來表現這些感情。

月亮牌可能意指，夜裡的強烈夢境干擾了睡眠，或夜裡無法成眠，並且透過夢境和你的潛意識有著強力的連結。有時候當你正經歷預兆式的夢境，或者夢到目前問題的可行結果時，在分析牌形中就會選到月亮牌。如果月亮牌和戰車牌一起出現，可能代表一個巨蟹座的人或者是巨蟹座的課題，那就是克服你的恐懼，好讓創意的想法轉換為可實現的形式。當月亮牌正立，可能是指一個理智駕馭著感情的人。

倒立的意義

月亮牌倒立可能暗示，你目前被夜裡的強烈夢境給壓得喘不過氣來，不過你有可能從這趟夢境之旅中獲益。對於黑暗的恐懼會干擾你潛意

識裡的驚懼和渴望，而驅使你回到正立的星星牌來享受心智當中較輕盈的、少威脅性的面向。倒立的月亮牌可能暗示著你需要從日常生活當中暫時休息一下，好甩掉任何逗留不去的恐懼或者對生命的懷疑。這是一個透過休息、放鬆和玩耍來重新創造自己的時候。

欺騙、缺乏明確的溝通、以及害怕面對自己的恐懼，都是倒立的月亮牌所象徵的意涵。在有關事業的牌形中，它可能在暗示，和你一起工作的人，為了維持表面的和平，只好避免與你做真實的溝通。表面上，水是靜止不動的，但底下卻是波濤洶湧。

錢財上的意義

月亮牌可能暗示著，你藉著有創意的方法而賺到錢。現在或許是去分析並承認工作當中有暗流的時候，因為表象有可能會遮蔽真實的情形。在事業問題中，月亮牌有時候會出現在，當管理階層在進行一項重整計畫，不過卻還沒對公司同仁公佈時。其實或許工作同仁都知道改變正在進行，但是恐懼讓他們不願意去面對這險惡的現實問題。當月亮牌出現在事業或財務問題牌形中，夜間工作也可能是它所暗示的意義。

倒立的意義

倒立的月亮牌指處於抗拒所有和財務有關的狀態。害怕直接面對財務問題，迫使你像鴕鳥一樣的把頭埋起來。當某位問卜者正準備要投資一家財務公司，倒立的月亮牌暗示他們要更謹慎的評估該公司的穩定性，或許這些資金會以不該被花掉的方式用掉。

自我欺騙或者是欺騙他人也是倒立的月亮牌所暗示的。如果你耽溺於自欺當中，就會想要冒著財務投資的風險來解決債臺高築的情況。當倒立的月亮牌出現在答案或者是結果的位置，那麼進行有風險的財務

投資是失策的。

健康上的意義

由於月亮是一張代表巨蟹座的牌，它所指的健康部位都和巨蟹座相關。在健康牌形中選中這張牌並不表示健康有問題，而是要特別注意胃部、胸腔、淋巴系統和睡眠方式。任何一個經歷過失眠的人都知道，失眠對於你的專注力、活力、幽默感和情緒是多麼大的傷害。我有一位顧客被醫師建議進行胸腔檢查，而在健康分析時出現月亮牌時，她簡直嚇壞了。兩個月之後她打電話告訴我，醫師在她的左胸腔發現一個小腫塊，雖然還未威脅到生命，不過對她而言仍是個震撼。

倒立的意義

月亮牌倒立意味著，在經歷了一段睡眠品質不佳的時期後，再度重返均衡的健康（重返正立的星星牌）。這可能會發生在一個新生兒母親的身上，當小寶寶長大之後，這個母親又可以一覺到天亮了。它有時候是在形容忽視持續性的健康問題，例如在健康上反覆的出現相同的問題，但卻期望它能自動消失。擔心和壓力所造成的睡眠問題，可能就是這張牌要提醒你的。重返星星牌，放個假或休息一下吧！

精神層面的意義

在夜裡的夢境中，深層的恐懼和不安都浮現了，就像一條狗在夜裡狂吠，吵得你不得安寧。恐懼、希望、渴望和綺思縈繞在你的潛意識當中，希望能夠透過夢境或有創意的書寫來尋求宣洩。這個通往世界牌的最後一個試煉，讓你有機會看到自己的疑惑及缺乏安全感的部分。偉大的旅程有時候會遭遇到精神上或情感上的阻礙，但這並不會阻止你繼續邁向你的人生目標。

XIX 太陽 | The Sun

THE SUN.

大體上的意義

你在夢境中已經面對了最黑暗的恐懼，在太陽牌中創意會以一種新的形式展現。太陽牌代表一段愛嬉戲的時光，一個無憂的夏日並且到處充滿著機會。在這張牌中，一個裸身的孩子騎著一匹溫馴的馬，他拿著一面亮橘色的旗幟（力量牌中的橘色獅子）還戴著紅色羽毛（愚人牌的提醒），這個孩子無所畏懼。這是大阿爾克納牌中第二張代表獅子座的牌，而力量牌中的野獸在這張牌中則變身為旗幟。如今理智引導著熱情（橘色），可由這張牌中以黃色為優勢的色彩看出端倪。

太陽牌揭示了一段你對目標的創意性、趣味性以及瞭解的時光。太陽花喚起了權杖皇后（第三張代表獅子座的牌）的熱心，以及圍牆和馬兒所帶來的保護和穩定性。太陽牌代表著一段內在平和、有著豐富的創意以及生命歡愉的時光。你深知生命的美好，並且會留神四季的變化，明白雖然挑戰還是會來試煉著你，但你還是選擇繼續快樂下去。

倒立的意義

當太陽牌倒立，表示競爭對手對你所渴望的目標是不友善的。一種有創意的生活方式讓你努力的去完成你的夢想。周遭的人可能會嫉妒你的生活方式，卻不知道要維持這樣的生活形態是需要努力不懈的。倒立的太陽牌意味著這段時間內，你的成就會讓眾人都注意你，並拿那些成功者或者是在你的領域內比你更有經驗的人來和你相提並論。這

張倒立的太陽牌就好比一位歌手已經擠進前十大熱門歌曲排行榜，卻得時時注意緊追在後的競爭者。

重返正立的月亮牌來克服你的恐懼是有必要的，或許你的創意已經遇上阻礙，或者你現在對競爭的感受比對機會的感受更多。所以你會更專注於透過競爭得到機會，而這需要持續的創意，但卻忘了去享受創意帶來的歡愉。

如果沒有黑夜，人們怎麼會如此衷心讚嘆白日的光明。重返月亮牌並面對你深層的恐懼，你將會獲得自由，然後再重新回到正立的太陽牌讓純真的經驗產生出智慧。或許這也是重新返回另一張代表獅子座的力量牌課題的時候，靠近你內在的力量，你就能朝向世界牌邁進。

錢財上的意義

在財務問題的牌形中選到太陽牌，你就宛如置身於財務的夏天中。對現在的你來說，錢財來得快、去得也快。創意的方案提供了穩定的收入，而新的機會也唾手可得。太陽牌代表你負擔得起你想去做的事。

倒立的意義

你現在正被更大的目標催促著，為了自己，再度投入資金和能量去建立起更大的機會。倒立的太陽牌代表回到不被承認的恐懼的月亮牌，而這些底層的恐懼促使你在追尋機會時更強勢。害怕貧窮，迫使你在整個光輝的盛夏都在工作，結果讓你錯失了享受應得的回報。

這張牌倒立通常代表問卜者從事著銷售的工作。它顯示出一種強烈的競爭本能，而這就是獅子座的陰暗面，有一種天生的想要獨占鰲頭的渴望，而且對於競爭總是興致勃勃。這張牌即便是在倒立時，都可能意指在銷售領域的成功。雖然倒立的太陽牌通常能確認是財務上的成功，但它暗示著你可能不會享受這個成就，因為你還要持續的努力來

維持或擴張這份收入來源。現在應該重新回到月亮牌的課題，來反省是什麼原因激勵你如此的努力，以便確認或認可人生的其他方向。

健康上的意義

當進行健康分析時出現太陽牌，那麼你該注意的身體部位是心臟和脊椎。這可能包括心絞痛、心雜音，或者是脊椎需要透過按摩師或整骨醫師加以調整。這張牌也可能暗示活力或發燒。大致而言，正立的太陽牌暗示的是身體健康並且有活力。

倒立的意義

太陽牌倒立可能暗示著，為了改善你的身體健康，你的生活需要多些時間玩耍，少些競爭。不過這個忠告就像是馬耳東風，因為有競爭性的人即便是在遊戲當中，他們還是喜歡競爭。

當倒立的太陽牌出現，是該對身體多些關心的時候了。關於心臟或脊椎方面可能需要一個專業人士來多加關照。而釋放掉壓力或許可以讓身心和諧。某些創意（而非競爭）被證實對身心健康是有益的，譬如繪畫、玩樂器、寫作、瑜伽或從事園藝工作。

精神層面的意義

你的精神旅程充滿著創意和驚奇的感受。生命既光輝且豐盛，而你感覺自己像是個宇宙間的孩子。當你帶著一種歡樂、自然不做作且嬉戲的感覺在過你的生活時，那麼創意將源源不絕。就像孩子一樣，你很容易就適應環境，而且充分運用每一天。太陽牌給你一段時間去探索你的創意機會，並且向其他人分享你對生命的理解。

XX 審判 | Judgement

JUDGEMENT.

大體上的意義

審判牌意味著，這是檢視你人生道路及步驟的好機會，以此判斷你的行動是否明智，或者在追尋目標的過程中是否迷失了。在這張牌中，一位天使叫醒死者來接受最後的審判。有著清澈靈魂的天使能夠檢視他們的生命，並判斷他們是否不枉此生。當牌形中出現正立的審判牌，代表這是一個清晰的判斷。它可能在暗示內心以一種深層的精神象徵向生命呼喚，至於是否留意到這個呼喚，是取決於你的。

審判牌的出現，暗喻著精神力量正在運作。我們需要穩定的心思和可靠的判斷，來決定那一種象徵貼近我們的生活，以及那些事件表露了它們的內在。

審判牌也是一個收割的時期。只有在收成時你才能確認你的方法是否正確，或者根本是白忙一場，而且也只有在你已經抵達終點時，你才知道這趟旅程真正的目的。好的判斷立基於觀點，蜜蜂採集花蜜是為了生存，不過在這個過程中，更大的功能是在傳授花粉給花兒們，以確保植物能持續繁衍下去。把整個事件拉遠來看，我們才能觀察到採集花蜜背後更大的目的。

倒立的意義

審判牌倒立暗示著判斷能力被遮蔽了。你可能在不顧更遠大的目標和行動的結果下，魯莽行事。「匆匆行事，慢慢後悔」說的就是這種情形。

當審判牌倒立，就是該重返正立的太陽牌的時候了。我們在月亮牌階段所經歷的潛意識的渴望、恐懼和希望，大部分都已經在太陽牌表現出來了，這讓我們有能力去檢討、解決，有時候甚至還能釋放掉更深層的問題。重返太陽牌的課題讓我們在重新檢視行動之前，有休憩的機會。

錢財上的意義

正立的審判牌通常是意味著和問題有關的清晰的判斷。有時候它可能在暗示，以合理的判斷來思考行動的環節。假設環繞著它的牌也都是正面的，那麼它給了「如果我投資……是否明智？」這樣的問題一個很明確的「是」的答案。

審判牌也可能是在描述，賺錢的方式是否正當，對人的精神層面影響很大。用道德的方式賺到錢，不止夜裡很好入眠，而且會帶來一種財務穩固的意識，因為這是長期投資所帶來的成功。審判牌出現表示，瞭解建立事業的聲望很慢，但要毀掉它很容易。

倒立的意義

現在的判斷力很薄弱，或許你並不瞭解全貌、也不清楚那遠大的前景，或者這就是你的作為所帶來的結果。在倪傑爾的財務分析中，寶劍七的旁邊出現了倒立的審判牌，確認了他忽視了自己的直覺，或者是其他更好的判斷。他不顧自己的直覺，投資了一位朋友的妻子康瑞德所創立的事業，而且他和康瑞德長期以來一直有染。當他坐下來檢視他在感情上和財務上的荒唐時，倪傑爾瞭解到，他的行為根本就沒有經過清晰的判斷，而且也違背了自己的直覺。

倒立的審判牌暗示著一項不智的事業投資，或者是如果把錢投資在別處會有更好的出路。偶爾你的判斷就是會這麼混沌不清，以致於你會

把剩餘可用來分析的時間用在爭辯這項投資的好處上。

健康上的意義

就如它自己的意義，審判牌在健康分析上是一個正面的象徵。它可能在暗示你身體健康是過去均衡生活的結果。它也可能是在暗示精神上恢復健康，對於現在的你很有助益。但當它與以下的其中三張牌一起出現的話，可能是在暗示肉身的死亡：世界牌、空白牌、死亡牌和高塔牌、寶劍十、寶劍六、寶劍四或寶劍三。

審判牌出現在健康上多半代表著，你過去對自己身體的所作所為造就了今日的結果，假如你多年來因為酗酒過度或者不善待自己的身體，那麼健康狀態每下愈況是可以預期的。如果你長期以來都維持著良好的健康狀態，那麼正立的審判牌就意味著你這樣的狀態會繼續保持下去。

倒立的意義

審判牌倒立意味著，此刻的任何疾病都有可能是精神上不均衡所導致的。去追求更富於精神意義的生活才有可能導正此一狀態。冥想、閱讀能提昇精神層次的書籍，或者利用你的才華和技術來幫助別人，都有可能帶來健康上的回饋。

在回答類似「如果我去追求……來改善我的健康是否明智？」這樣的問題上，倒立的審判牌給的就是一個明確的「否定」的答案。假如坐在你對面的是個罹患癌症的問卜者，你可能很難對著她說出「不」字，但是把實情說出來總是好過讓他們用有限的時間和金錢去進行徒勞無功的探索。也請記住，問卜者有自由意志去決定要接受或拒絕所有預測的結果。

精神層面的意義

當你確認你必須透過肉身去經歷生命的機會時，你對生命夠超然，便能夠看見在你之前與之後的精神道路。作為一個有著靈魂的肉身，你知道在維持身體和現實生活的同時，也要記住真正的精神目的。現在該是反省你的生活的時候，好檢視如何豐富你的靈魂，在你的一生中，學習以及透過教導他人都不失為一種方式。承認我們都在通往深層精神理解的路途中，這會讓你對身邊的伙伴在他們掙扎或者是迷失了人生方向時更具有包容力。簡單來說，審判牌意味著目前的你謹記著你人生的目的。

XXI 世界 | The World

大體上的意義

世界牌是集大成的牌。這女子披著一塊紫色的布（正義），手握兩根權杖（魔術師和戰車），並且被一個 0（愚人）的環形花環所圍繞。有一對用紅色的布繞成無限的符號分別位在她的上方和下方（魔術師和力量），而這張牌四個角落的四種動物（命運之輪）都被塗上顏色。上述這些牌的課題皆已被精通並掌握，而帶來持續的成功。

這張牌代表成功、環遊世界，或者是理解了你為自己所設定的主要目標。當世界牌出現在牌形中，它可能代表已到達你所熱切盼望的頂峰，你感受到生命以及你周遭的人對你的支持。在兩性關係的問題中它意味著一段持久的、滿足的戀愛關係，而且有時候暗喻著伴侶是來自世界的另一端。它也可能在暗示，在世界的另一個角落的初次相遇。當一段關係是從網際網路上的相遇開始，在分析中也會出現這張牌。因為儘管兩人都待在家，可是他們卻是越過世界而相遇的。

倒立的意義

雖然你登上了頂峰，但你的登頂也讓你看見了另一座更高的山。一山還有一山高，這意味著雖然你已經完成階段性的目標，但還是會再設一個更高的目標去達成。目前這個成功既非你最後一個，也不會是最偉大的一個。

倒立的世界牌也代表，這是重新返回正立的審判牌的時候，好去釐清

你的判斷。或許你在追尋比較小的標的，而沒有考慮到比較長遠的、精神層次的目標。只是尋求短暫回報，而忽略了最終的精神目標，會讓人長期的處於不滿足的狀態中。

錢財上的意義

在財務問題的牌形中出現正立的世界牌，是財務可持久且成功的預兆。由於已經平衡了小阿爾克納牌的四大牌組，你已經擁有熱情（權杖）、動機（聖杯）、清晰的思慮（寶劍），以及完成計畫的務實方法（五角星），而能確保財務的榮景。如果世界牌是有關投資問題的答案，那麼這投資有可能是結實累累的，不過還是要參考一下周遭所出現的牌來下結論。

倒立的意義

在財務的牌形中出現倒立的世界牌，暗示著暫時性的財務成功，而且可能有更大的成功尾隨而至。世界牌倒立也可能在暗示，雖然是短暫的成功，但仍是有價值的，特別是如果你的錢已經存放到大家合股用來做生意的帳戶裡，在追尋一個長遠的目標前，先尋求增加你的儲蓄吧。

世界牌也可能暗示你的生財之道就在世界的另一端，在回答有關事業投資或事業前途的問題上，或許追求這條道路是有需要的，這是為你自己更廣闊的財務旅程作準備。這個消息對五角星類型的人來說可能會感到不舒服，他們比較喜歡固守一種方法，而權杖類型的人就比較能夠從第二種機會中找到額外的好處。

健康上的意義

在健康問題的牌形上出現世界牌意指，健康情形良好。若在有關手術結果或醫療程序的問題上，當周遭的牌也都是正面時，它意指成功。

倒立的意義

在健康問題的牌形中出現倒立的世界牌，暗示著健康情形良好，不過精神體力可就沒有過去的好。在未來健康上可能偶爾會有小考驗，不過在健康分析上這仍是一張正面的牌。

精神層面的意義

當你站在頂峰上，視線越過那些在你腳下的山峰和山谷，你就會明白自己的成就。你瞭解這只是你要挑戰的眾多山峰的一座，而且征服過後會充滿歡樂與滿足。或許在別人看起來你是幸運的，不過你知道，你成功的背後是付出了多少的努力與堅持。當牌形中出現世界牌，表示你目前正享受著成功的果實。

CHARTS FOR THE MAJOR ARCANA
大阿爾克納牌圖表

簡易參考圖表

二十年來我一直抗拒設計圖表來簡化塔羅牌，免得學生太依賴圖表而無法在進行分析時去探索每張牌的更深層意義。而在二〇〇六年初，我設計了一系列的彩色圖表，並且用快速印刷印製了 A3 尺寸海報給我的學生們。

在第一次入門的塔羅牌課程中，學生們買了所有現有的圖表，接下來有兩名學生要求比較小尺寸（A4）的版本，好帶著它們從事海外飛行，讓他們能夠在三萬三千英尺的高空上研究塔羅牌。顯而易見的，與其擔心過分簡化塔羅牌，倒不如說圖表以一種更簡單的方式鼓勵人們去瞭解塔羅牌的意義。

在接下來的塔羅課程中，我注意到學生特別喜歡小阿爾克納牌彩色圖表，因為他們可以一手在握，做為課堂上實際分析時的參考工具。彩色圖表有助於學生在他們早期的實際分析中，讓過程更有效

率，並強化他們的信心，而且免去要從書中參考所有牌的意義時的麻煩。這些圖表並不是要來取代羅列於書中的牌的完整意義，而是要去觸動你對於每張牌基本意義的記憶。

大阿爾克納牌所代表的男性

除了小阿爾克納牌的國王牌之外，有四張大阿爾克納牌代表男性，他們的描述列於書中標題為「大阿爾克納牌所代表的男性」的彩色部分。塔羅牌形中當描述代表男人的人格特質時，這些牌有助於提高正確性。

大阿爾克納牌所代表的女性

除了小阿爾克納牌的皇后牌之外，還有四張大阿爾克納牌代表女性，而有關她們的描述就列在標題為「大阿爾克納牌所代表的女性」的彩色部分。塔羅牌形中當描述代表女人的人格特質時，這些牌有助於提高正確性。

HEALTH MEANINGS FOR THE MAJOR ARCANA
大阿爾克納牌所代表的健康意義

除非你受過專業醫療訓練，或者你本身是個合格的自然療法治療師，否則當你為別人進行占卜時，請不要診斷其健康問題。因為人體是一組複雜的系統，即使是經驗老到的醫師也有可能診斷錯誤。當問卜者問到有關健康問題時，你最好是給他們一般性的資訊。如果你懷疑他們在健康問題上需要協助，請建議他們尋求醫師或合格的另類健康療法的專業人員。健康問題有的可能無害，譬如：「我未來的健康情形看起來怎麼樣？」或者他們的問題有可能錯綜複雜，譬如：「我得了癌症嗎？」像這類問題就需要醫生來回答。現代醫療可以進行檢驗，來確認或消彌諸如此類的恐懼。

當四十八歲的蒂娜來詢問有關她的健康問題，五角星四和教皇牌暗示著她的頸部和喉嚨四周肌肉比較緊，而戰車牌代表胃部和胸部，我建議她去進行胸部掃瞄，而她解釋說她最近才從她的左胸切除了一個良性腫瘤。

作為一位分析師，我們不應該告訴某人他得了致命的疾病，但假設生病之事確認屬實，我們則應該強烈的催促問卜者去進行徹底的醫學檢查。假設問卜者還是堅持他有健康方面的問題，那就建議他們問比較一般性的問題，諸如：「我未來的健康情形將會如何？」

一般而言，不同的大阿爾克納牌可以代表身體不同的部位，以及應該要多加關注的健康範圍。在提到問卜者的健康問題時，用語要小心，你可以說「目前可能壓力比較大」或者「背部可能會痠痛」，這樣比較不會嚇到他們，特別是假如他們已經付了錢，目前正進行一系列的整骨治療或矯正性質的按摩。琳達從亞洲打電話來進行電話占卜，在健康分析上出現了權杖皇后和太陽牌，這兩張牌都是象徵獅子座的牌，這個星座通常擁有富彈性的脊骨，不過還是要注意得規律的加以調整。琳達也確認了她最近有下背痛的毛病。

在健康的分析中，大阿爾克納牌可以依照問卜者所選中的牌來揭露他們身體上的、情緒上的、心智上的和精神層面的健康狀態。以下所列是某些大阿爾克納牌所確認的特殊健康部位。

記住每張牌對應的身體部位是很重要的，這會加強所有牌在牌形中的意義（包括大阿爾克納牌在內）。各牌簡單的健康意義列表如下：

牌	健康部位
愚人	**正立**─並沒有特殊的部位和愚人牌相關。這張牌暗示健康情形良好並充滿活力。 **倒立**─暗示你只是莽莽撞撞，並沒有為自己的健康負起責任。
魔術師	**正立**─身體健康狀態良好，在身體、情緒、心智和精神層面都達到均衡狀態。 **倒立**─變得不堅實、混淆，在極端的案例中為罹患精神疾病。
女教皇	**正立**─代表雙腳以及身體的腺體，若再加上聖杯侍衛則很確認為此部位。它也可能暗示透過冥想或一段獨自

沉思的時間能讓你重獲均衡。

倒立－雙腳和各腺體。但有時候它也在暗示該是認識新朋友的時候，因為他們會帶領你以新的方式去維繫健康。

女皇　**正立**－腎臟和消化系統。這張牌可以確認的是在攝取某些食物後馬上脹氣，且持續好幾個鐘頭。如果牌形中也出現正義牌，那腎臟就是要特別關注的部位。

倒立－更強化了這張牌正立時的意義，暗示著慢性的消化不良或腎臟的健康不穩定。

皇帝　**正立**－若和權杖國王一起出現在牌形中則可確認是頭痛的問題。

倒立－過度操勞導致能量渙散。在倒立時也可證實為頭痛以及頭部撞傷。

教皇　**正立**－頸部和喉嚨部位處於緊繃狀態，而假如同時出現五角星國王或五角星四的其中之一，更可被確認。

倒立－與正立牌相似，而這張牌倒立也可表示因為缺錢或失去金錢導致的壓力。

戀人　**正立**－肺部和雙臂，以及神經系統。若牌形中也出現寶劍騎士的話，這些部位更可被證實。

倒立－其意義與牌正立時相同，如果缺乏規律作息又處於高壓生活中，精神耗竭的可能性將大增。

戰車　**正立**－胃部、胸腔、關節炎、水腫和睡眠狀態受到干擾。這些意義在出現月亮牌以及（或者）聖杯皇后時會被加強。而睡眠受到干擾則是由寶劍九來證實。

倒立—由於壓力造成胃部的緊張，且問卜者正經歷著相對的需求。或許大聲喊叫十分鐘就可舒緩某些緊張情緒，不過為了健康著想還是需要長期的壓力管理。

力量

正立—心臟和脊椎。這可由牌形中也出現權杖皇后以及（或者）太陽牌來加以確認。通常正立的力量牌暗示著身體處於健康狀態。

倒立—持續的壓力正逐漸影響到心臟或脊椎。這可能顯示出心絞痛、心臟疾病或背部疼痛。

隱士

正立—胰腺，會影響血醣值。血醣過低或糖尿病可能透過這張牌來表示。如果再加上寶劍皇后則可更加確認這些部位。

倒立—需要安靜的沉思。此時需要獨自到鄉間度個假、每天花上一個鐘頭寫日記，或者找個諮商心理師進行諮詢。倒立的隱士牌也暗示著未經深思熟慮的行動。

命運之輪

正立—在你努力挽救惡化的健康後，健康正在改善中。

倒立—現在要好好保持健康，因為前面還有更麻煩的健康問題在等著你。調整你的步調有助於你去面對未來，扭轉能量流失的劣勢。

正義

正立—為你的健康擔起應負的責任。你今天為健康種的因，未來將會得到健康回敬的果。它也可暗示腎臟方面的不適，以及在攝取某些食物後因過敏導致腹脹，尤其如果牌形中也出現女皇，這情形就更為顯著。

倒立—將目前的健康問題歸咎於他人。它暗示著拒絕為個

人的健康擔負起責任。它也暗示法律事件，譬如拙劣的醫療過程及不當的治療所引起的法律訴訟案件。它亦可暗示腎臟以及食物過敏所導致的腹脹。

懸吊者　正立—沮喪、缺乏活力，這或許是慢性疲勞症候群所導致的。在大多數的案例中，除非有意義相對立的牌，不然這就是答案。

倒立—能量已耗盡，問卜者忽略了身體發出的警訊，這張牌出現是暗示需要慢下來並且休息，好讓身體得以復原。現在該是注意身體警訊並且多休息的時候了。

死亡　正立—消化系統機能不良、腹部、腸子和生殖器官。尾椎也是由這張牌來代表。死亡牌可能會在一個足球員尾骨脫臼，或者是問卜者受慢性便秘之苦時出現。在更嚴重的案例中它可能代表子宮切除或者有前列腺的困擾。要更確定這意義的話，需要出現聖杯國王牌。它也可能代表鼻子，例如撞斷鼻梁以及鼻科手術。

倒立—和正立牌的意義相類似，有可能症狀比較輕微或被忽略。這張牌只有在至少同時出現下列三張正立或倒立的牌時才代表肉體的死亡：寶劍十、寶劍六、寶劍三、寶劍四、世界牌、空白牌、高塔牌或審判牌。

節制　正立—臀部和大腿，可藉由權杖騎士出現在牌形中來加以確認。

倒立—與正立牌的意義相同，另外再加上輕率魯莽，或者意外導致行動不便。另外對於飲食或酒精不節制也

可從這張牌看出，這有可能會影響體重和健康，或導致痛風。

魔鬼　　**正立**—通常代表膝蓋、牙齒或骨骼的問題。有時候這張牌也和皮膚過敏有關。若出現五角星騎士，這些意義更可被證實。而這張牌也可代表痔的問題。

　　　　　倒立—和正立的時候意義是一樣的，還有一種可能就是問卜者有發現到穩定他們健康的新選擇。

高塔　　**正立**—需要立刻關注這突然發生的問題。問卜者似乎還沒有做好準備要面對這個健康問題，因為高塔牌描述的是突然的改變。

　　　　　倒立—健康即將要發生大問題的警告。假如有留意到這個警告，那麼健康的問題就有可能會過關。

星星　　**正立**—關於健康方面的正面態度。它也代表視網膜、腳踝以及神經系統。這些意義是藉由寶劍國王的出現來加以證實的。

　　　　　倒立—對健康失去希望，並且需要暫歇喘口氣。或許需要一個比較長的假期來和自我的創意連結。它同樣也代表視網膜、腳踝以及神經系統。

月亮　　**正立**—睡眠受到干擾。這層意義可由牌形中同時出現寶劍九來加以確認。其他需要關注的健康部位包括胸腔、胃部（有些案例是潰瘍）、關節炎以及由於水腫導致淋巴系統功能不良。這些意義則藉由戰車牌以及（或者）聖杯皇后的出現來確認。

　　　　　倒立—意義與正立時相同，而且也可表示因恐懼或情緒問題的影響導致睡眠受到干擾。

太陽	**正立**—由於身體健康狀態良好所帶來的積極樂觀與嬉戲。它也可暗示心臟和脊椎方面的健康問題，特別是牌形中伴隨著權杖皇后或力量牌。
	倒立—心臟是需要特別關注的部位。它可能在暗示心絞痛，如果伴隨著寶劍三則可能是心臟病發作，若伴隨寶劍十就暗示著背部的問題。如果太陽牌倒立就是建議該停止競爭，要開始玩樂了。
審判	**正立**—目前對於健康方面有著清晰的判斷。它也可能代表重要的健康決策，而且影響頗為深遠。
	倒立—沒有考慮到生活方式對健康的影響。或許是這個時候接受了一項醫療行為或者一個和健康有關的不良建議。
世界	**正立**—由於持續的保持身體上、情緒上、心智上以及精神層面的均衡，而帶來身心的健康。
	倒立—目前健康狀態尚稱良好，不過未來仍需要注意某些健康方面的問題。

通常問卜者會詢問即將要進行的醫療行為上的特殊問題，這些問題比起一般性的健康問題還要容易回答，因為你可以幫助他們用言語清楚的表達出問題。討論問題以及醫療程序在某些案例裡是重要的，因為這會幫助你和問卜者有系統的闡述正確的問題，或者是透過問題提供給問卜者他所需要的資訊。

綺拉即將要動鼻子的手術，好將彎曲的鼻隔膜拉直，她想要詢問手術是否會成功，但顯然這個過程成功的可能性有分幾個層次，在稍做討論之後，綺拉問了下列的問題：

- 手術之後，我的鼻子會不會變得比較直？
- 在這個過程之後，我的呼吸會不會比較順暢？
- 在這個手術之後，我對我的臉部外觀會不會滿意？

從一般性的健康問題到特殊的議題，一定要提醒問卜者你並沒有資格作診斷，至於是否要尋求合格的醫療從業人員，決定權在問卜者。其他詳情請參考本書彩色部分各張牌所代表的健康意義。

A GLIMPSE OF
THE MAJOR ARCANA
窺見大阿爾克納牌的人生旅程

下面這個故事描繪出人生的不同階段,而大阿爾克納牌則代表了那些階段。我們在生活當中透過事業、戀愛、建立家庭、旅遊,來不斷的經歷這些階段。設計這個故事是為了幫助你認知塔羅牌如何代表生命的議題和事件。

在塔羅牌的課程中,有時候學生會提供一個生活上的事件,然後我會要求他們說出是那張牌,或者是那張牌最能描述該事件。在說故事當兒,學生要說出故事各個部分的牌。或許下面這個故事將描繪出你目前在生命中的位置。

茱莉亞出生不久後就回到那個有著哥哥和姐姐(愚人牌)的家。因為沒有錢買兒童搖床,所以她被小心翼翼的放置在一個打開的手提旅行箱裡面,這裡就被布置成她的新床了。

受到她姐姐凡妮莎的啟發,茱利雅開始試著不用別人幫助就能自己走路(魔術師牌)。到了夜晚凡妮莎通常會依偎在這位小妹妹身邊,共同分享睡前的床邊故事(女教皇牌)。

茱莉亞的媽媽忙著兩份工作及家庭,所以照料茱莉亞的任務就落到十一歲的大姐姐雷芮的身上。每天雷芮從學校匆匆忙忙趕回家並體貼照顧著她的小寶寶,而每當茱莉亞看見這個姐姐,臉就亮了起來,

因為這是她的愛以及溫柔照料的來源（女皇牌）。

當茱莉亞長大了，她爸爸鼓勵她從事園藝工作，和爸爸一起種植香草和蔬菜，並幫它們澆水。她很喜歡這樣做，因為這給她跟爸爸獨處的時光（皇帝牌），他們一起耐心的栽種植物還有設計花園，這也有助於改善家裡的經濟情況。

茱莉亞在學校很活躍，她喜歡學校的活動，並且因為她的努力而得過很多獎賞。在她就讀小學期間，放學後她會教小朋友閱讀，就好像她姐姐雷芮曾經教過她一樣（教皇牌）。

就在十三歲那年，她和陳特墜入愛河。他是個善良，不過卻挺嚴肅的年輕人，年紀約莫是十四～十五歲（戀人牌）。做為單親家庭裡唯一的孩子，陳特認為自己是家裡的男人，總壓抑著他童稚的急躁個性，就是想要減輕他媽媽的負擔（戰車牌）。

茱莉亞付不起大學的學費，但很幸運的拿到研讀心理學的獎學金。她感覺到透過發現她的人生道路，她已經找到了她的熱情（力量牌）。學習期間每位學生都被要求找一位合格的心理諮商師進行諮商課程。茱莉亞利用這些課程來療癒她童年時有關金錢的議題，以及成長過程中缺錢之苦（隱士牌）。

茱莉亞完成學業後，便開業成為一位臨床心理醫師。她的工作相當成功（命運之輪牌）。她日益豐厚的收入意味著她能在財務方面支持逐漸年邁的雙親，以此來報答她的父母。她不斷的透過她的決定和行動來型塑她的生活，包括在快要三十歲的時候嫁給了戴門。這是她在深思熟慮後，她覺得她已經確認了這可能是她最好的生活（正義牌）。

就在茱莉亞三十三歲那年他父親生病了。一想起每個寒冷的早晨他們一起在花園挖土、除草和澆水，她覺得和父親在一起的時間，爸爸教會了她在完成自己目標上辛勤工作的價值。在那段時間，她的財務顯得比較艱難，因為她必須減少門診的時數，不過她也知道這或許是她和父親相處的最後機會了（懸吊者牌）。

儘管明白父親的離去是無可避免的，不過當父親過世時她仍悲不

可抑並陷入深層的絕望中。面對自己有限的生命，她知道她的人生絕對不會是一樣的。當悲傷消退之後，茱莉亞新的人生就要展開了（死亡牌）。

茱莉亞學習了東方哲學以及冥想，以此尋求滋養自身靈魂的方法，結果這讓她感受到被解放的自由。她在執業過程中融入了這項新的理解，使她的業務變得更有效率，因為她對顧客的精神層面以及情緒的問題更加的瞭解（節制牌）。

當她的長子丹尼爾誕生，茱莉亞發現自己每天奔波於家庭、托兒所以及辦公室之間，就因為她很努力的想要均衡家庭與工作上的需求。她的冥想課程漸漸的就停止了，因為每天的壓力讓她漸漸的累了。不知不覺間，茱莉亞走上了她媽媽的路，媽媽是個因為工作關係忙到錯失了孩子童年的女人，除了增加她的工作量之外，她看不見別的選擇（魔鬼牌）。

她媽媽在隔年去世，對她而言是一個完全的震撼。茱莉亞感到快被壓垮了，但是她沒辦法從工作當中停下來好好面對悲傷。從戴門到她自己，她避開一切，茱莉亞瘋狂的步調隱藏起她的悲傷，並試圖不讓恐懼影響到她。某個傍晚茱莉亞由於操勞過度而在工作當中崩潰了，並且住進了醫院（高塔牌）。

就在她短暫停留在醫院的期間內，茱莉亞承認她已經遺忘了那些滋養過她精神層面的訓練了，包括她的冥想，以及她需要在花園當中消磨時間好與大自然重新連結。她遠離工作和家庭，花了一個禮拜的時間到鄉間度了一個美妙的假期。她每天坐在迴廊，望著鋪蓋著斑斕色彩的田野，上面有著金與緋紅交錯的秋葉。漸漸的，她緊繃的身體放鬆了，而情緒上的信心也終於回來了（星星牌）。

茱莉亞長期壓抑住的悲傷開始浮上檯面，她發現她夜裡的夢境越來越強烈，彷彿她的潛意識在要求被傾聽以及被承認。茱莉亞開始記錄她的夢境日記，來和她的諮商督導分享。在她逐漸處理完夜裡的夢境所引導出來的問題之後，她的睡眠就變得更寧靜了（月亮牌）。

當她邁入知天命之年的早期，也是她女兒就讀大學時，茱莉亞決

定要寫一本書，來談有關精神以及情緒上滋養的一些方法。以做為她心理諮商師的背景，在書出版前，她帶領某些團體工作坊來驗證她書中的每個章節。透過這個方式，她得以觀察人們對於她所教導的不同技巧，有那些不同的反應（太陽牌）。

茱莉亞以六十出頭的年紀從她的工作退休，搬到鄉間和她丈夫一起住。她把童年時的花園重現，開闢了栽種自家食用的果菜園，另外還幫雜誌寫文章。她也繼續她的冥想，而這些演練確實滋養了她，她考慮要經營一個有價值的人生（審判牌）。

當她姐姐雷芮被診斷出罹患絕症，茱莉亞帶著她遊歷歐洲六個月（世界牌），當雷芮解釋她對這趟旅程的花費有罪惡感時，茱莉亞堅持要她一起來，這對於雷芮在她還是個小寶寶時，全心全意的照顧僅是個小小的報答而已。

「我這麼做真的是為了自私的理由，我想要有個我信任的人，在輪到我該過去時，能夠在世界的另一邊照顧我，而假設你已經在那邊了，我就可以很安心的去找你。」

「我將會為妳保留好手提旅行箱。」雷芮如此回答。

PART IV
獲得經驗

GAINING EXPERIENCE

UNDERSTANDING A LAYOUT/ CARDS IN COMBINATION
理解整體牌形及所有牌的意義

分析倒立的牌

當問卜者在占卜之前洗牌，至少要切三次牌，把牌插入其中，然後把一些牌倒過來放。有些牌在上次占卜的時後就已經倒立了，而在這個洗牌／插牌的過程中，有些牌有可能又會變成正立。在每一次占卜者要開始進行占卜之前，這個洗牌和倒放牌的過程只可以有一次。

分析倒立的牌是塔羅牌占卜過程中不可或缺的一個環節。假如整副牌組的所有牌都是正立的，那麼當你在給問卜者建議時，正確性會打折扣。是／否的問題需要清晰毫不含糊的答案，特別是當問卜者將以你所提供的資訊作為基礎來進行人生重要的決定，而這就是在洗牌的時候，我們會要求問卜者把一些牌倒過來放的原因。而且要記住，並非所有正立的牌都具有正面的意義。

問卜者有自由意志可決定要接受或摒棄所得到的資訊，然而作為塔羅分析師的目標就是要在進行任何分析時，都能夠竭盡所能的提供最清晰的資訊。而同時分析牌組中的正立與倒立的牌有助於你達到此一目標。當你也分析了倒立的牌，那麼在答案及結果的牌為具有正面意義的正立牌時，你知道在某種程度上你更能確定問題的答案是「肯

定的」。

　　當然，並非所有正立的牌都是正面的意思。在以七張牌的牌形來占卜時，答案是在第四張牌，若下面列出的牌出現在這個位置，就暗示著問題的答案是「否定的」：權杖五，教皇，聖杯、權杖和五角星的十、九，以及寶劍四，高塔，魔鬼（在某些案例中）。

　　由此可見，這些在正立的時候具有負面意義的牌，反而是在倒立時比較正面。以上這些牌倒立時都具有正面的意義。另外還有兩張牌：教皇和寶劍八，也是在倒立時較為正面。

　　當坦妮雅詢問有關她的健康，寶劍十出現在過去事件的位置，描述著她先前的身體健康狀態不佳。她承認兩年前她曾經心臟病發。而她的問題：「在未來兩年我的身體會健康嗎？」她的答案是正立的高塔牌。雖然技術上來說，這張正立的牌是一個「是」的答案，不過這張牌本身則暗示著問卜者可能將會面臨嚴重的健康問題。坦妮雅在高塔牌上又加了力量牌和太陽牌。雖然它們都是正面的牌，不過兩張牌都是代表獅子座的牌，而獅子座該關注的健康部位有心臟和脊椎，所以答案便是坦妮雅可能會碰到健康上的麻煩，她需要進一步去確認她心臟的問題，並採取適當的預防措施來確保她心臟維持在健康狀態。

　　有些學生因忌憚於倒立的牌為較負面的意義，因此避而不談，但其實並不是這麼一回事。從上面所列出的牌顯示，超過一半以上的寶劍牌組反而是在倒立的時候，其意義顯得更為正面，類似的情形還包括所有的第五號牌、教皇牌、魔鬼牌和高塔牌。當高塔牌以倒立姿態出現，它所宣告的突然改變通常比較傾向於影響到問卜者周遭的人或環境，而非問卜者本身。雖然許多權杖牌組裡面的牌在倒立時都暗示著延遲，但這並非總是不利的。假設你因遲到而沒有搭上墜毀的班機，你應該不會認為這是不幸吧！

　　有時候分析師們會因為要傳達第一個負面的消息給問卜者而感到侷促不安，但是告訴問卜者「不」這個字，便是身為分析師的任務之一。你怎麼能斬釘截鐵的確認你今天所傳達的壞消息，從長遠的眼光看來不會是個好消息？

最好的方法是在你已經描述完所有牌形上的牌之後，再告訴問卜者他們問題的答案。這是因為問卜者通常在聽到問題的答案後便會忽略掉後來的內容了。當問卜者聽到「不，貝瑞不會再回到妳的身邊了……」可能會變得沮喪，而錯失了更重要的訊息：「因為他是同志，而且他已經私奔到墨西哥和他的新愛人同志阿佛列住在一起了。但我看見另外一個男人正在靠近你，而且和他在一起你似乎非常幸福，因為你們是一對渾然天成的佳偶。」

倒立的權杖七暗示著問卜者需要去檢討正立的權杖六的課題，這就好像他們已經重返一個比較簡單的課題，進而去精通、掌握，並從那裡得到所需要的信心，好去處理倒立的牌。本書彩色的部分有關小阿爾克納牌的圖表，或許能協助你去學習每張牌所提供的課題的順序。要注意，當王牌倒立時，問卜者需要去掌握的是同一牌組的第十號牌的課題，而當愚人牌倒立時，那就要回復到正立的世界牌的課題。

倒立的宮廷牌
- 能代表該牌的晦暗面或負面的特質。
- 倒立的國王牌可描述成熟的騎士。
- 倒立的皇后牌可能暗示著成熟的侍衛。
- 倒立的騎士牌可能暗示著成熟的侍衛。
- 倒立的侍衛牌可能暗示著不成熟、不切實際的計畫，或延遲的消息。

為了清晰的描繪出倒立牌的意義，就好像一個孩子在海裡面學習游泳，當他感覺到腳底下竟然沒有沙地時，他可能會驚慌失措。

為了消彌這些逐漸翻湧上來的痛苦感覺，他可能會重新回到岸邊，再度去感受腳下的沙。倒立的牌就類似這種情形，當在某個課題或挑戰當中感到不知所措時，我們很自然的就會返回那些我們已經精通且掌握的課題去找到安全感。

將牌連結在一起

要讓分析進行流暢，通常要看分析師如何將所有個別的牌串連起來，形成一個正確的綜觀圖像。分析師在向問卜者解釋之前必須能清楚的看透這幅圖像。為了確定你有此功力，就請多花點時間去研究桌上的塔羅牌吧。

假設你要求要多花點時間，顧客通常是會樂意給你時間的，不過若是免費的占卜（譬如從你開始進行占卜的時段開始算），顧客似乎會比較沒耐心，因為他們不像付費的顧客，必須投資時間、努力或金錢來得到結果。別讓顧客的不耐煩使你分心，因為從這個初始學習的階段你就要開始建立起好的分析的習慣。假如你喪失了正確性，那麼快速就沒有意義了。

花點時間掃瞄一下牌形，能幫助你決定對問卜者來說什麼才是正確的進行方式，它將幫助你知道從那裡開始、並且確認相對立的牌，好讓你決定每張牌將採用那些意義來進行分析。當我掃瞄桌面，看到我面前的正立的牌，我會一併探討如下的資訊：

- 有超過一半以上的大阿爾克納牌嗎？假如是的話，在每張大阿爾克納牌上各加一張牌，來決定在實際層面上發生了什麼事。有太多大阿爾克納牌是用來進行深層的精神面分析的，不見得可以提供問卜者關於生活上所發生事件的資訊。
- 有任何一個號碼的牌重複出現三次或三次以上嗎？假如你有三張第五號牌或四張第九號牌，那麼這就是一個加強的訊號。請參閱小阿爾克納牌在本書彩色的部分，那裡有基本的牌號的意義。
- 是否有兩張或兩張以上代表星座的牌？假設牌形中有月亮牌和戰車牌，那麼有可能問卜者所提的問題中有牽涉到某個巨蟹座的人；而皇帝牌和權杖國王一起出現，有可能是一個牡羊座的人。
- 所有的牌都是倒立的嗎？假設如此，那麼問卜者在追尋他們的目標上正面臨著比平常更為艱難的障礙，但例外的情況則包括：所有的

第五號牌、大多數的寶劍牌、以及魔鬼牌，這些都是在倒立的時候擁有較正面意義的牌。

- 有任何牌組的牌出現的比較多嗎？假如你面前的七張牌有五張是五角星牌，那麼很有可能這個問題就是和財務相關。假如你的顧客是在詢問她目前的兩性關係，而大部分的牌是五角星，那麼她所詢問的應該比較傾向財務安全。或許是這段戀愛關係對她而言代表著財務安全。假如在一個有關事業的問題中出現的大部分是聖杯牌，那麼問卜者可能是在從事創意相關的工作，或者是她需要一個急迫的兩性關係的答案。

- 在提供任何解釋之前，要求問卜者選擇附加的牌來澄清意義。這可防止解釋得過分複雜，應讓回答保持著清晰和簡潔。

有了經驗之後，你就會開始瞭解，如果戰車牌上附加了五角星六，可能意味著購買一部新車；而戰車牌上附加了高塔牌則可能意味著車禍；戰車牌附加了寶劍七可能的意義是汽車竊案，或者在購買或保有一部車上面的欺瞞行為。在一個不尋常的分析中，倒立的女皇牌出現在戰車牌旁邊，代表這位問卜者就住在他的車子裡面。倒立的女皇牌代表一個不舒適的居家環境，而戰車牌則代表一部車。這兩張牌的組合也可能意味著小寶寶出生在車子裡面（或許是在往醫院的途中），假如問卜者懷孕的話。

　　為了有效的將牌的意義連結在一起，你必須完完全全的理解牌形當中每張牌的意義。雖然一開始這似乎會令人卻步，不過練習以後就會變得容易多了。

　　當你知道顧客的問題所在，你就可以找出每張牌可能的意義範圍。在有關兩性關係的問題中出現國王牌，它暗示這是一個人的可能性就比透過自律而成功（權杖國王）、透過有創意的紀律而成功（聖杯國王）、透過清晰規劃的行動而成功（寶劍國王），或者透過不屈不撓以及辛勤工作而成功（五角星國王）的可能性要來得高。

　　同樣這些國王牌出現在有關健康的問題中，則代表身體部位的可

能性會比較大。

　你也可能因為牌的位置以及牌的組合而排除掉其他許多牌的可能意義。當然，這也會有例外的情形。

　雖然分析師開始分析，是從第一張牌（通常這是代表過去）開始解釋，然後依序進行到最後一張，不過也沒有理由要分析師一定要照著這個程序走，假如它有助於澄清顧客的分析的話。假如你發現你自己沒有特別好的理由，卻跳著分析，順序一下子往前，一下子又跳到後面，那你肯定是養成壞習慣了。

　塔羅分析師的任務是讓每位不同的顧客，瞭解他們所處的現況是有意義的。有時候顧客並不想要這樣，他們比較喜歡直接預測命運。但假如你為了滿足這些顧客而這麼做的話，你恐怕得擔待成為表演者的風險，而非塔羅分析師了。

　雖然顧客通常是帶著一長串的題目或問題而來，但大多數的問卜者其實都有一個主要的議題，假如你能夠在每次的分析中及早確認這個議題，那麼你就能夠在這個議題上幫助你的顧客。記住，你每次只會花半個鐘頭到一個半鐘頭和你的顧客在一起，而扭轉人生的變化通常需要幾個星期、數個月或是好幾年，而不會是這幾十分鐘。

闡釋限制

人們把某些不尋常的意義歸屬於特殊的塔羅牌，那麼有人對塔羅牌戒慎恐懼也就不足為奇了。學生們偶然間問起我有關「許願牌」的事情，這是某些人對聖杯九的稱呼。這張牌正立時可能會是一張代表滿足的牌，不過願望和滿足畢竟是不相同的。假如你練習畫水彩畫，直到你很熟練，那麼當你在畫畫時你會感覺到滿足的機會是蠻強烈的，而這份滿足是來自工作，而非許願。有些塔羅分析師放任人們去相信，假如你許的願望夠殷勤或者是夠久，那麼你所有的願望都會成真，其實這是冒險的事。許願或者是確認你的人生目標，那都只是達成它們本身的第一步而已。

283

找到正確的闡釋

幫一張牌貼上一個固定的標籤是一種懶惰的工作方式。它會侷限你對牌的理解，而且有可能讓你無法窺見各張牌在牌形組合中的深層意義。要有自覺不要走上另一個極端，以及去找並不屬於它們的意義。留心我們提供給顧客的警訊是很重要的，忽略疾病的症狀有可能導致要住院治療。要在過度闡釋警訊和忽略警示兩者間找正確的平衡，需要時間和練習。

Chapter

I8

TAROT LAYOUTS
塔羅牌牌形

問卜者首度接觸塔羅牌

問卜者洗牌、切牌，並且不定時的把某些牌上下倒過來放，通常三次
就夠了，這是要確認有某些牌是倒置的。因為這位問卜者有可能在前
一個問卜者之後直接拿到這副牌，某些牌就已經倒立了，在這情形
下，我們把某些牌上下反轉，可以讓這些牌變回正立的狀態。然後問
卜者把牌放到桌上，一次一張，分成三疊放在桌上，如下圖所示。

這意味著將有三疊牌，每一疊有二十六張牌，或是兩堆二十六張加一
堆二十七張牌，假如你的牌組裡有空白牌的話。這麼做的目的是要確
定沒有任何兩張牌還維持在上一次占卜時連在一起的狀態，而且問卜
者也觸摸到了牌組當中的每張牌。這個方法會讓問卜者留下他們能量

的痕跡，好讓分析師能夠更輕易的與問卜者形成一種心靈上的連結。

接著分析師就把這三堆牌集中起來形成一副牌，而且把牌滑過桌面成一直線。假如問卜者習慣以右手寫字，滑牌時就由右往左，假設問卜者是左撇子，就由左而右將牌滑過桌面。請問卜者閉上雙眼，然後用他們不習慣寫字的那隻手，依照牌形來選出所需要的牌數，假如是一個大體上的分析，他們選牌時的意念是清晰的，對寶劍類型的人來說，要有清晰的意念是蠻困難的，建議他們想著牌的數目，換句話說，假如選擇七張牌的牌形，那就是一到七。

假如問卜者是要詢問問題，當他們要選牌的時候必須要專注於問題上，假如他們的注意力偏離了或是分心了，那麼最好就不要再繼續選任何的牌，直到他們能夠重新將注意力放回到問題上。假如你需要再加牌來澄清分析，問卜者也是要閉上雙眼，專注於問題，並且以他們不用來寫字的那隻手來選牌。當牌形已經結束，那麼分析師在下一個問題之前，要進行一下快速的洗牌（要注意不要倒立任何的牌）。

七張牌的牌形

七張牌的牌形（請參閱本書彩色圖表中七張牌牌形表）不論是進行大體上的分析或者特定的問題，都是有效率的一種牌形。在一節一小時的分析中，你可能可以用到這種牌形五到六次，首先就是進行大體上的分析，接下來就可以回答問卜者所提的特定問題。有些分析師比較喜歡複雜的牌形，在一個牌組中涵蓋到三十六張牌。這麼做可能會讓問卜者印象深刻，但它也有可能會使問卜者混淆，而且也不見得更能夠澄清問卜者的問題。它需要理解力、經驗和專注才能使這個過程看似簡單，又能夠讓問卜者帶著明徹的思想離開。

單張牌的算法

切一張牌的算法對於簡單、清楚的問題，以及基本的是／否的問題很

好用，但它們所提供的資訊就會有限，因為所給的答案有時候是被過分簡化的。假如問卜者有一個很重要的問題，那通常會需要一個更深入的牌形，譬如七張牌的牌形。

步驟 1 一面想著問題，一面洗牌，盡量讓問題簡單。

步驟 2 把這副牌正面朝下放在桌上。

步驟 3 問卜者開始切牌，用他們不習慣寫字的手把上面這一半的牌放到旁邊，而且不要去干擾或者倒立上面的牌，把他們正面朝上放下。

步驟 4 花點時間研究上面的牌，這就是問卜者的問題的答案。

牌形的含意

假如問卜者想要知道某個特定的人物或狀況在他們人生中扮演什麼樣的意義，這個牌形是很有用的。

步驟 1 確認問卜者的問題，例如，「哈利在我的人生當中是什麼意義？」請問卜者開始洗牌。

步驟 2 請問卜者閉上雙眼，集中心思於問題上，以他們不習慣寫字的那隻手從這副正面朝下的牌組中選出四張牌。

步驟 3 這四張牌請依如下所示的位置來放置，每張牌的含意就如同它所代表的面向。

牌 1	牌 2	牌 3	牌 4
現實層面	情緒層面	心智層面	精神層面

當珍納特問她的丈夫李維斯在她人生中扮演何種含意，她選到的牌如下：

牌 1
權杖七倒立

牌 2
權杖侍衛

牌 3
寶劍五倒立

牌 4
權杖二倒立

♣ 牌形釋義

第一張牌（現實層面的含意）暗示著李維斯對珍納特的計畫來說，實際上就是個障礙，也或許是對她所渴望的人生的障礙。為了精通掌握倒立權杖七的課題，珍納特必須返回正立的權杖六，她需要先離開李維斯，並聚焦於那些她喜歡從事、之前也曾大獲成功的活動，然後她的自信心就有可能再回來，這會讓她足以去追求她的計畫，儘管李維斯是反對的。

第二張牌（情緒層面的含意）暗示著李維斯可能會鼓勵珍納特去追求她自己的計畫，或者是說她的影響力使她熱中於實現自己的想法，這暗示著一種正面的情緒上的影響，有可能是李維斯和珍納特分享著一種共同的情感目標，而這對伙伴在追求該目標上都感到生澀、缺乏經驗（侍衛）。

第三張牌（心智層面的含意）意指由於彼此對生活的想法和態度對立，導致一直以來彼此在理性層面無法同意對方。為了讓這段關係有更順暢流通的能量，協調是有需要的。注意到，這四張牌裡有三張是來自權杖牌組，這暗示著伴侶其中一個人可能是權杖類型的人，或者這兩個人都擁有權杖類型那種不顧另一人感受的表達方式。

第四張牌（精神層面的含意）意指或許李維斯讓珍納特在下一個可能會影響到她人生精神方向的決定上有所猶豫，有可能是其中一個人想離開這段關係或者實現（居家或工作）的環境，倒立的權杖二暗示著猶豫不決、遲疑，以及需要返回正立的權杖王牌，去依照自己獨立的、清晰的、迫切的渴望行事。

結論：在這段關係當中，最沒有被封鎖的部分就是情感上的能量，所以珍納特可以運用這個力量來補救其他部分。

當選擇一張牌來回答一個清楚的、簡單的是或否的問題，這種只切一張牌的方式會受限於他們所提供的資訊。假如你的顧客是在問一個重要的問題，請提供他們應該注意的訊息，並要求顧客選一系列的牌來鋪陳深入的牌形。選出七張牌來進行七張牌的牌形分析，對於重要的問題來說是比較恰當的。

　　假如你的顧客有四或五個選項可以做選擇，而你讓他／她針對每個選項選出一張牌，那麼假設若干正立的牌給了「是」的答案，這恐怕會造成困擾。當肯恩要從四所大學中決定就讀那一所，而其中三張牌給了「是」的答案，因此我還得從這三張牌中選出那張是比較重要的。

　　肯恩問到四所大學的每一所是否都會提供住宿，他各選一張牌代表一所大學，所選的牌顯示如下：

| **科羅拉多**
五角星二 | **洛杉磯**
審判 | **華盛頓**
五角星八 | **紐約**
星星 |

第一張牌 五角星二暗示著肯恩會有落腳處，但是它的重要性還不及正立的五角星八。因為這張五角星二是倒立的，暗示著肯恩可能會因為財務上的理由婉拒科羅拉多大學所提供的獎學金。後來他證實這所大學只提供一半的獎學金，而華盛頓和紐約的大學則提供他全額的獎學金。

第二張牌 倒立的審判牌，是一個肯定的「不」的答案，暗喻上洛杉磯的大學，對肯恩來說似乎並不是有價值的事。

第三張牌 五角星八，是一張具有正面意義的牌，它同時也意味著對學習的承諾。這是一個肯定的「是」的答案，暗示著華盛頓這所大學所提供的住宿應該是比較值得追求的。

第四張牌 正立的星星牌，對於紐約的大學也是一個肯定的「是」的答案，作為這個牌形當中唯一一張大阿爾克納牌，其重要性超過其他牌。綜觀這個牌形，暗示著應該有三所大學會提供住宿給肯恩，而條件最好的應該是位於紐約的大學，其次則是華盛頓的大學。

有五個選項的牌形

這個牌形對於有若干選項可以選擇的問卜者來說是很有用的，譬如可能有四或五種職業的選擇、幾種課程的選擇，或者是適當的居住地點的選擇。那麼問卜者還可以在這個牌形的最佳選項之後，再問一個比較特別的問題。

步驟1 列出四或五個選項。假如問卜者只有四個可能的選項，那第五張牌就可以代表「其他」（作為一個未知的選項）。

步驟2 問卜者洗好牌之後，於桌面把牌攤開，讓問卜者能夠選

出五張牌。

步驟 3　當問卜者在選每一張牌的時候，要想著那個所代表的選項，像是「搬到倫敦去生活是明智的嗎？搬到巴黎去生活是明智的嗎？」

步驟 4　選出牌後，將每張牌依序置放如下。

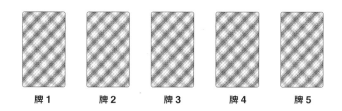

牌 1　　　牌 2　　　牌 3　　　牌 4　　　牌 5

步驟 5　依照每張牌所代表的選項來解釋各張牌。

你可以請問卜者在任何一個選項上再附加一張牌，假如你或者問卜者希望含意能夠再明確一些的話。

當在每一個（最多到五個）可能的方式或選擇上加選一張牌，很重要的是要記住這和切一張牌是類似的，這並不是最準確的分析。在有關從事輔助醫療事業的問題中，假如問卜者在一或兩個選項上得到「是」的答案，或許你可以建議他們接下來再進行一個七張牌的牌形分析，那麼他們就可以直接問：「我去從事草藥醫學的工作是否明智？」這將給你更多可作為線索的資訊，並釐清當問卜者追尋這條道路時能期待什麼。

行為結果的牌形

假如你想要知道可能的決定或某個行為的結果，這個牌形是有幫助的。

步驟 1　確認問卜者的問題。

步驟 2　請問卜者洗牌。

步驟 3　請問卜者閉上雙眼，專注於問題身上，以他不習慣寫字的手從正面朝下的牌組中選出六張牌，並把它們擺置成 V 字形，如下圖所示。

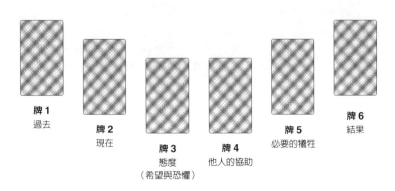

牌 1
過去

牌 2
現在

牌 3
態度
（希望與恐懼）

牌 4
他人的協助

牌 5
必要的犧牲

牌 6
結果

步驟 4　為問卜者解釋牌的意義，然後為牌形做總論。

當史黛拉前來進行占卜，她一直在深思是否要與丈夫結束二十二年的婚姻。由於他們有共同的醫療事業，所以情況變得更為複雜。「我打算要結束這段關係，那麼可能的結果會是什麼？」這是她的問題。

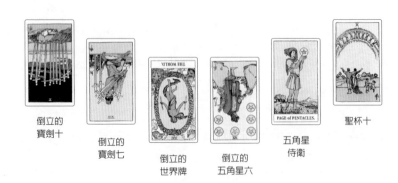

倒立的
寶劍十

倒立的
寶劍七

倒立的
世界牌

倒立的
五角星六

五角星
侍衛

聖杯十

♣ 牌形釋義

第一張牌（過去）在史黛拉的案例中，寶劍十倒立暗示著在這以前，整個情況就已經降到冰點了，結果情形一直沒有好轉。先把過去的輪廓給描繪出來是很重要的，因為目前的情況通常就是過去的決定和行為的結果。

第二張牌（現在）暗示著史黛拉不願意面對事實，並嘗試以新的方法來解決目前的狀況。倒立的寶劍七也可能是在暗示某個人有躲躲藏藏的行為，或許是現在有了一段新戀情。

第三張牌（態度）史黛拉期待著假如她離開她丈夫的話，生活將有改善。倒立的世界牌暗示著此希望達成的可能性很高，然而有一個根本的恐懼，就是這並不是永久的成功，因為牌是倒立的，而她將必須獨自面對接踵而來的挑戰。

第四張牌（他人的協助）意味著史黛拉從別人那裡得到的協助都將付出代價，因為倒立的五角星六暗示著在尋求別人的協助或支援上所花費的金錢。這意味著史黛拉或許需要聘僱一名律師、心理諮商師，或者甚至是一名搬家工人來展開她的計畫。

第五張牌（必要的犧牲）暗示著史黛拉所必須要做的犧牲是，她仍要保留她原來的目標並繼續進行她的計畫。五角星侍衛是一張代表對計畫的學習、承諾以及務實的方法的牌。

第六張牌（結果）意味著對史黛拉來說，長期的結果是正面的，因為她的身邊似乎會出現志同道合的朋友。聖杯十也暗示著另一段穩定的愛的關係就在眼前展開。

加強某個部分的牌形

當問卜者有個清楚的目標，但在追尋該目標上延遲或遭遇挫折，這個牌形可能會有明顯的助益。這個問題在七張牌的牌形中也可以問，不過這個牌形可提供更為深入的分析。

問題是：「為實現我的目標，我需要加強那個部分？」每個不同的目標都需要另一個牌形，因為要考慮到在追求一個目標上的強項有可能是追求另一個目標上的弱點。

步驟 1　洗牌之後，集中心思於問題上，請問卜者閉上雙眼，以他們不習慣寫字的那隻手從牌組當中選出九張牌。

步驟 2　分析師把牌放在如下的位置上，其意義如下圖所顯示。

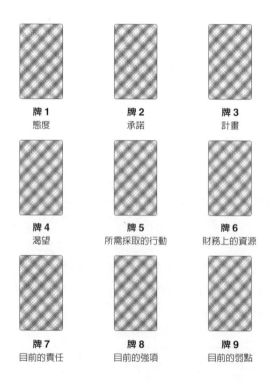

| 牌 1 | 牌 2 | 牌 3 |
| 態度 | 承諾 | 計畫 |

| 牌 4 | 牌 5 | 牌 6 |
| 渴望 | 所需採取的行動 | 財務上的資源 |

| 牌 7 | 牌 8 | 牌 9 |
| 目前的責任 | 目前的強項 | 目前的弱點 |

當布蘭登詢問，是否有機會出一張能在國際上大放異彩的音樂CD，
他所選到的牌如下：

牌1
戀人牌

牌2
聖杯四倒立

牌3
皇帝牌倒立

牌4
寶劍二

牌5
五角星九

牌6
五角星四倒立

牌7
空白牌

牌8
女皇牌倒立

牌9
五角星侍衛倒立

♣ 牌形釋義

第一張牌（態度）戀人牌確認了布蘭登已經下定決心要追求這個目
標，直到達成。他的態度是正面的，而且他對於這個計畫相當果斷。

第二張牌（承諾）倒立的聖杯四暗示著布蘭登不再對這個計畫充滿歡
樂感，或許現在這個時候他該多花點時間與那些喜愛他的工作，或者
志同道合的朋友相處。

第三張牌（計畫）皇帝牌倒立顯示出布蘭登的紀律渙散，或者是他還不瞭解這個產業及市場需求，而無法提出務實的、可達成的計畫。

第四張牌（渴望）寶劍二出現在這個位置表示，布蘭登對於這個方案要付出多少精神還沒有做出決定，或許也有可能是遊走在兩個計畫之間而感到疲累。

第五張牌（所需採取的行動）目前需要採取的行動是由五角星九來表示，代表布蘭登應該要賺取穩定的收入來支援他自己以及他的計畫，在唱片公司準備好要簽下他之前，他需要錢來作為該項計畫的資金。

第六張牌（財務上的資源）倒立的五角星四，代表現在錢正從布蘭登的指縫間流逝，他並沒有儲備足夠的金錢來籌備他的 CD，這或許會使他的進度緩慢。

第七張牌（目前的責任）空白牌出現在這個位置，有可能是布蘭登目前的責任可能很快就會有出乎預料的變化，他的注意力或許會轉移到另一個目標上。

第八張牌（目前的強項）倒立的女皇牌作為他最強的力量，暗示布蘭登可能重返正立的女教皇去深思他的目標，並且對於他所渴望的結果在他的心思中形成一個清晰的概念。倒立的女皇牌也可能是在暗示他那令人沮喪的家境，可能有助於布蘭登在追尋他的目標上更為積極。

第九張牌（目前的弱點）倒立的五角星侍衛暗示著對於整個過程缺乏承諾，這是布蘭登目前最大的弱點。這個倒立的侍衛描述著斷斷續續的承諾，以及對於目標不肯拿出一個穩固的、務實的態度。

結論：出現最多的牌組是五角星，暗示著布蘭登在追尋他的目標時，

關於財務問題要更加務實。九張牌裡總共有三張倒立的四號牌（包括
皇帝牌），暗示著他的計畫尚未穩固成形，或者是還沒有成為可行的
計畫。

信念的牌形

信念牌形的設計是用來幫助問卜者決定目前他們受到什麼信念（假設
有的話）的限制。當問卜者正感覺到受挫於生活、環境，或是察覺到
機會受限時，這個牌形會很有用。有時候，其實並不是缺少機會而是
缺乏對機會的知覺。這可運用在大體上或特定的問題上。請問卜者邊
想著問題邊選出六張牌。你，分析師，則把它們排成如下圖所示的一
列。每張牌代表一種信念。

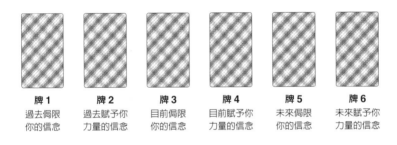

牌 1	牌 2	牌 3	牌 4	牌 5	牌 6
過去侷限 你的信念	過去賦予你 力量的信念	目前侷限 你的信念	目前賦予你 力量的信念	未來侷限 你的信念	未來賦予你 力量的信念

♣ 牌形釋義

卡洛斯問到有關財務方面，那一種信念對他的限制最大。他所選擇的
牌如下：

牌 1	牌 2	牌 3	牌 4	牌 5	牌 6
聖杯四倒立	權杖皇后	愚人牌倒立	皇帝牌	死亡牌	寶劍四倒立

第一張牌（過去侷限你的信念）聖杯四倒立暗示著，過去卡洛斯曾經想要從他賺取收入的方式上尋找更多的滿足。當他發現賺錢真是一椿苦差事，根本沒有樂趣可言時，他感到很失望。

第二張牌（過去賦予你力量的信念）權杖皇后意指卡洛斯的力量是他發現了一種表達他自己的方式。一個獨立的女人或許有助於他邁向財務穩定。

第三張牌（目前侷限你的信念）倒立的愚人牌暗示著卡洛斯目前的信念讓他對投資，或者採取邁向財務自由的步驟感到害怕，或者採取邁向財務自由行動上的信念令他感到畏懼，他似乎很害怕假如他踩錯一個腳步，便會付出慘痛的代價。

第四張牌（目前賦予你力量的信念）皇帝牌暗示著卡洛斯目前的力量是他的自律，他能夠努力工作朝向他的財務目標邁進，並保持著他為自己所設定的步調。跟他先前比較起來，在財務方面他顯的更加務實了（皇帝牌在目前的位置，而倒立的聖杯四在過去）。

第五張牌（未來侷限你的信念）死亡牌意指卡洛斯似乎害怕著未來的改變，因為害怕投資失利而使財務崩盤，因此阻止了他的投資。未來卡洛斯有關財務的信念有可能會大為改觀。

第六張牌（未來賦予你力量的信念）倒立的寶劍四暗示著卡洛斯未來的力量包括了能夠在適當的時間冒險，而且為了要贏得財富而做好失去某些東西的準備。

結論：顯然卡洛斯在財務方面變得比較務實，而且也比較不會為了縱情享樂而花錢了。

這個牌形也能用在回答有關戀愛關係、健康、事業、友誼和創意

的追尋上。雖然信念是看不見的，不過由你的信念所導出的結果，包括你的一言一行，卻是可以被看見的。檢視侷限你的信念或許可以讓你有能力去對付這些態度，並且讓你從這些過時的思考模式中解放。這個牌形似乎比較能夠吸引寶劍類型的人，因為他們喜歡檢視信念，希望藉此對於人生有深度的理解。

發展直覺的牌形

許多問卜者會問塔羅分析師如何去發展或改善他們的直覺。這個牌形就是獻給那些想要知道如何發展可靠直覺的問卜者，由於我們每個人都有獨特的天賦，發展這些天賦總比把努力用在那些沒天分的部分要好的多。

　　問卜者總共要選出六張牌，一次選一張，選的時候要想著不同的領域。建議作為分析師的你在問卜者每選一張牌以前，都要把每個問題敘述一遍。問題的敘述方式最好如下：

1. 我能夠以我的感覺為基礎來發展我的直覺嗎？（特別敏銳的感受能力）
2. 我能夠透過聽覺的方式來發展我的直覺嗎？（特別敏銳的聽覺）
3. 我能夠透過視覺來發展我的直覺嗎？（特別敏銳的洞察力）
4. 我能夠透過精神指引來發展我的直覺嗎？
5. 我能夠透過夜裡的夢境來發展我的直覺嗎？
6. 我能夠透過冥想來發展我的直覺嗎？

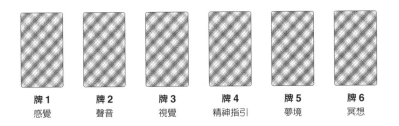

| 牌 1 | 牌 2 | 牌 3 | 牌 4 | 牌 5 | 牌 6 |
| 感覺 | 聲音 | 視覺 | 精神指引 | 夢境 | 冥想 |

牌形當中可能會出現若干具有正面意義的正立的牌，暗示著問卜者可以發展可靠又正確直覺的道路不只一條。而意義最正面的那張牌（正立的，具有正面意義的大阿爾克納牌的重要性高於小阿爾克納牌）便是指向發展直覺的最佳道路。

詳細說明每張牌，解釋各個區域之所以值得追尋或不值得努力的原因。在任何需要加以澄清的位置，都可以請問卜者在該處再加一張牌。但是盡量不要加超過三或四張牌，否則這六張牌的牌形，你恐怕得解釋完十五張牌才能結束。

在仙蒂的占卜中，正立的審判牌出現在第一張牌的位置，意指她透過感覺來發展她的直覺是可望成功的，其餘，唯一一張正立的、具有正面意義的牌是位於第三張牌位置的權杖八，仙蒂問，對她來說發展視覺技巧的最好方法會是什麼？於是在這張牌之後又再加了一張牌：

- 在每次占卜之後，花時間去「看」，藉此來發展她的視覺技巧。
- 每天晚上和一位女性朋友在電話中練習心靈感應。
- 想像的練習。

任何一個領域都有可能突然變成一個小主題，只要它們和所關注的領域相關。冥想的領域可能被打破，並區分為幾種特定的冥想類型，或者是當地所提供的特別的冥想課程。

CLARIFYING
THE QUESTIONS
闡明問題

在一次電話諮詢中，我無意間聽到一個問題：「作為一名分析師，你到底有多準確？」這是一個有根據的問題。我並沒有引述關於正確百分比的論調，不過我曾經看過不負責任的廣告宣稱，他們的塔羅分析師在電話服務上的準確度有百分之九十七～九十九。答案的正確性其實是繫於問題的精確程度。如果問題過於簡明扼要，其結果很可能就是一個模糊的答案。有時候一個很重要的議題會需要一系列的問題，才能找出最值得採取的行動。

蘇菲為了一個特定的議題來進行占卜——她和崔佛的戀愛關係。為了給她最正確的資訊，我建議蘇菲問以下這四個問題：

• 我和崔佛的戀愛關係將來會變得如何？
• 與崔佛的這段戀愛關係是否明智？
• 我要怎麼做才能改善這段關係？
• 大致看來，我未來的戀愛關係會如何？

假如第一個問題就給了問卜者他們所找尋的資訊，那就沒有必要再問其他問題了。這四個問題裡面有若干選項，而前一章所介紹的五張牌

的牌形是最好的方法。

通常關於某個議題，問卜者已經想了好幾天甚至好幾個禮拜，而簡化議題並小心的引導問卜者以最精確的用字來問問題，便是分析師的角色所應該做的事。作為塔羅分析師的目標之一就是闡明問卜者的選擇，直指牌所顯示出的最有價值的選項。那麼就算問卜者無視於你的分析，你也已經盡力了。

在某些案例中，問卜者在得到他們想要的訊息前會連續三年，每年都回來一次，在我年輕、技巧也比較不足的那些日子裡，我記得我曾要求一位顧客在來之前先重聽她先前分析時的錄音，好替她省下分析的費用。除非情況真的有發生變化，否則他們有可能是為了要能接受這結果，而需要再重複聽一次相同的資訊。

有時候問卜者並不瞭解他們是在問一些語意不清的問題，或者是一次問好幾個問題。艾德里安很想要知道他的投資結果，他問：「我所有的投資今年都會有好的獲利嗎？」我知道這麼廣泛的問題通常會得到一個「不」的結果，我也發現了他當時的投資實在是相當多元。艾德里安擁有兩個出租物業、有一份政府經管的投資組合股份，而且他白天還作股票。他的問題被拆開成幾個個別的、更為精確的問題。

- 在這個財政年度，我的資產投資會獲利嗎？
- 今年我的投資組合股份將會獲利嗎？
- 整體看來，在這個財政年度我的股票操作會順利嗎？
- 對我來說，保留住威斯雷街五十三號的產業是明智的嗎？

雖然釐清顧客的問題會佔用珍貴的分析時間，不過它對顧客來說通常意味著滿足與挫折之間的差異。顧客通常喜歡明確，這可幫助他們說出問題，而無須透過對話干擾到你的分析，因為顧客期待著你引導他們。是否有正確的導引正是初學者與有經驗的分析師之間的不同。假如你已有十年的功力，顧客可是老早就準備好要付你更多的酬勞了。你具備的功力應不只是知道每張牌的意義，還應該要延伸到：

- 你如何引導問卜者更精準的說出問題。
- 你如何把你需要給他們的資訊呈現出來。
- 你如何以一種正面的語氣，有效率的完成這次占卜的結束。

通常問卜者所帶來的問題事實上都是要旨。「我想要知道這個歌唱比賽的事。」萊絲麗在最近的一次占卜當中問到。萊絲麗受過歌手的訓練，她想要參加電視歌唱比賽，該節目首獎就是一份唱片合約。感覺那一天應該是類似權杖的吧，我告訴她忘記那些牌，並且奮力一搏。

　　令我驚訝的是關於萊絲麗的問題，答案竟是個「不」。該是幫助她提出更多的問題，好發現為什麼參加這個比賽是不智的事。我提供給萊絲麗的問題羅列如下：

- 對我來講，今年是不是應該專注於我的大學課業以及我聲音的訓練比較好？
- 如果我參加這個歌唱競賽，可能的結果會是什麼？
- 對我來說，今年有沒有更適合我的歌唱比賽可以參加？
- 在音樂產業中，除了歌唱以外，有沒有更適合我的部分？

雖然萊絲麗帶來的問題是有關歌唱競賽，但她其實還有若干有關她音樂職業生涯的問題。假如只給她一個簡單的「不」的回答，萊絲麗可能會黯然的離開。不過在將問題羅列並分析後，我們得到的結果是，在萊絲麗完成大學學業之後，她的音樂背景將使她的事業生涯更成功。

　　當妮柯拉來詢問有關她的健康，以及怎麼做可以改善她的背痛，我們運用了七張牌的牌形。結果證實她嚴重的背痛已經持續了六週，在這期間他已經諮詢過不下十二個的另類療法專業者，花費超過一千五百美金，卻都沒有成功。我建議她或許該是請教醫檢師或者醫療專家的時候了。

　　妮柯拉的問題是「我去請教醫檢師有關背痛的問題是否明智？」

得到的是一個徹底的「是」的答案。她照做了，而且在分析過後的兩個禮拜妮柯拉打電話來告訴我，她的醫生說她的脊椎部位長了骨癌。帶著這個新資訊，為了他長期的健康，妮柯拉有新的選擇要做決定。我並沒有診斷或做任何治療上的建議，因為我並不是受醫學或解剖學以及生理學方面訓練的人，妮柯拉已經諮詢過許多不同領域當中有經驗的從業人員，所以她能夠有效率的排除我們從塔羅的問題中披露的選項。在進行分析之前討論狀況，我們就能夠針對妮柯拉的特殊需求找出最好的問題。

TRUSTING
YOUR INTUITION
信任你的直覺

雖然你無須直覺就可以做出準確性相當高的塔羅分析，不過運用你的直覺卻可以讓你提供給問卜者更多的資訊。

假如以你要幫小孩選就讀的學校，你應該有辦法很本能的掃過這些學校的名字一眼之後，就能洞察它們。要不你也可以在選當地學校之前，運用五個選項的牌形，幫每一所學校切一張牌來分析看看。

你如何得到你的結論並不打緊，只要這個結論是正確的。假如這個問題對你意義重大，不建議你為自己進行占卜，而應該去尋找一位客觀的塔羅分析師。因為在為自己進行占卜時很難做到不偏不倚。

留意你的身體發出的訊息

你的身體在幫助你做決策上，可以成為很有價值的預測指標，假如你夠留意它的變化的話。為了達到這個目的，你需要讓心思靜下來，好傾聽身體的聲音。而精通掌握此技巧可能要花上好幾個月或好幾年的時間。冥想就是讓你的心思平靜的有效方式之一，透過使用導引式的冥想 CD 會是比較簡單的方法。在你體驗到結果之前可能需要把一張 CD 聽個十到二十遍。有些人透過習慣的養成讓他們的意識安頓下

來，藉此達到一種心靈平靜的狀態。

　　傾聽自己身體的好處之一就是，你比較不會被人們所欺騙。人們要能成功的欺騙你，得要你不接觸或忽略身體對你所發出的訊號。簡單來講，在別人欺騙你之前，你必須先欺騙你自己。

　　貪婪通常就是欺騙的一種手段，快速致富通常會讓你的身體送出一種不信任的訊息，但你的心思卻已經開始計畫著要如何花這筆錢。此時你就會體驗到你的心思所告訴你的、和你的身體所感覺到的，這兩者之間會使你混淆，然後你就會感覺到某些事不對勁而需要關閉注意力。這應該就是你對這些可能性感到緊張。

　　在實務中，這會轉化成對問卜者更有效率的占卜。當占卜開始，問卜者在洗牌時，觸動直覺的方法就是對自己說：「今天的主題是……」。這個句子的結尾通常是何時、何處、或是為何。然後檢視看看你能否從中收集到任何進一步的資訊，假如你後面接的是何處，那麼就在你心裡面一直複述它，直到你想出另一個句子：「我的職業生涯將往何處去？」

　　大多數的案例，在分析的初始幾分鐘內你心裡所界定出來的議題，通常會出現在大體上的分析中或者是第一個特定的問題。假如它不是的話，告訴顧客：「我困惑了，當你一坐下來，我就知道你並不確定你的職業生涯的方向，但這個問題到現在都還沒有出現在大體上的分析或者在你的問題中。」接下來問卜者不是承認就是否認你的直覺。在許多案例中，問卜者是會承認這議題的，但他們會解釋說他們想要先把比較不重要的議題先排除掉，但不論如何，因為以下這些理由，問卜者最好是在分析的一開始就先問最重要的問題。

- 一個議題可能會需要二或三個問題來加以釐清，才能讓問卜者滿意。
- 在問卜者問到他們最重要的問題之前，時間可能已經不夠用了。
- 假如最重要的問題已經提出來而還沒完全被答覆，那它將會不斷的重複出現在其他問題的牌形中。這是在暗示你需要重新返回主要的

議題／問題，並確認問卜者已經得到所有他所需要的資訊。

直覺發展要靠演練與自我規範，假如你是塔羅分析師，顧客就是付你錢又能讓你有效發展直覺的對象，所以好好把握機會吧。

在發展直覺當中，試著去找出你特殊的直覺力，看看你是否具有以下的天賦：

- 發現失物所在之處。
- 閃現精神層面目標的靈光。
- 能釐清重要的課題。
- 財務市場面的預測。
- 目測動物的身體健康情形。
- 說出未來最有可能的住址的門牌號碼。
- 確定藏錢的地點。
- 與往生者接觸以釐清其遺囑的意向。

我之前有一位學生她發現能夠調整自己去探測問卜者的身體，以做出正確的健康分析。儘管她發現她能準確並詳細闡述他們的症狀，但是這通常會有後遺症，有時候還會持續一整夜。但由於她並非正統醫療或另類療法的從業人員，這讓她因為非法的診斷而有惹上官司的危險。這裡並不建議分析師去承擔顧客的情感，因為這有可能讓你的情緒和心理感到筋疲力竭。

身體狀況變化的演練

這個簡單的練習可能有助於發展你的直覺。它比較傾向於心理發展的練習，這是一種冥想——一個把你的知覺帶回到你自身的機會。當下就是我們生存在這個世界上所有能量的所在，由於不斷的運用它，你可能會發現你自己無須特別的努力，就能夠越來越有能力，以及有效

率地瞭解到你所渴望的結果。這便是簡單的能量。一天問自己五次：對於這個，我的身體感覺如何？

　　至少花三分鐘來回答這個問題。一開始隨機的問你自己這個問題，然後試著在每一次做一個選擇。即便是小小的選擇，你的身體將會告訴你它的感覺如何。認知你的身體和你的情緒，是信賴你的身體向你傳達出訊息的第一步。

CONFLICTING CARDS
IN A READING
在占卜中互相矛盾的牌

有時候當我們運用七張牌的牌形來回答某個特殊問題時，答案（第四
張牌）和結果（第七張牌）是互相矛盾的，這會使得我們給很難給問
卜者一個肯定的「是」或「否」的答案。

有時候回答的牌和結果的牌會互相矛盾，是因為還沒有問出最適
當的問題。當貝妮塔問她是否能找到一份令她快樂的工作時，我們一
定要確認她想從工作當中得到什麼。這個主題比一個單一的問題還重
要。

亞歷珊卓在考慮是否要把她的作品集結出書，而出版商也有興趣
想和她合作。根據牌來看，可能有三家出版社有興趣，亞歷珊卓接著
問：如果她把這本書分別交給這三家出版社是否明智？

魔術師牌出現在回答的位置（七張牌牌形中的第四張牌），（答
案通常會保留到牌形都解釋完畢才公佈）魔術師牌暗示著亞歷珊卓是
一個務實，且做事有效率的人，而目前她確實有出書的機會，如果當
時忽略掉結果，那麼正立的魔術師牌出現在答案的位置，對於亞歷珊
卓的提問給的就是一個紮紮實實「是」的回答。

但倒立的五角星侍衛出現在結果的位置（第七張牌），暗示著亞
歷珊卓可能失去了某跨國出版公司要幫她出書的承諾，或者她並不打

算要接受對方的條件。五角星侍衛是一張代表承諾的牌，但是當它倒立，可能意味著缺乏承諾或放棄某個計畫。答案是正立牌，而結果是倒立牌，這令我們感到衝突。假如這兩張牌都是正立，而且是互相成立的，你或許可以很有自信的說，亞歷珊卓和出版社合作是明智的，而假設兩張牌都是倒立的，你也能確認此時想出書是不明智的。

　　但是當一張牌正立，另一張牌倒立時，有些分析師就會變得無法確定，然後就會加上更多的牌直到他們感到滿意，或者直到他們完全被混淆為止。由於作為答案的牌是正立的，而且是一張強有力的、具有正面意義的大阿爾克納牌，這就是在暗示，在這個階段尋求出版社出書是明智的。然而，由於結果牌是倒立的，它也可能在暗示亞歷珊卓可能決定不要在現階段出書。基本上答案是：是的，這是明智的，不過也不是，你目前似乎不想要和出版社合作。後來，亞歷珊卓選擇了自費出版她的書。

　　當答案和結果的牌產生衝突時，花點時間仔細的研究一下，告訴問卜者你需要一些時間來理解這個牌形。假如你的回答是錯誤的，那麼就算能快速的回答問卜者的問題也沒有意義。問卜者可能已經忘了你花多久時間在分析牌形，但久久都還記得你分析的正確性。假如答案牌是正立的、具有正面意義的牌，而結果牌（第七張牌）確是倒立的，那麼可能的意義如下：

- 是的，不過不是現在。
- 是的，不過會延遲。
- 是的，不過並不是以問卜者所期待的方式。
- 並不是，因為兩張牌都是負面的（不論是正立或倒立），而且由於……（依所顯示的牌來解釋）。

假如答案牌是一張負面意義的牌或者是倒立的牌，而結果牌是具有正面意義的正立牌，那麼答案可能是：

- 並不是，因為有另外的機會正在靠近中。
- 並不是，不是在這個階段。
- 並不是，因為……（視正立的結果牌的意義而定）。

假如牌形當中每一張牌都是倒立的，對分析師來說，答案就是一個徹徹底底的「不」。花些時間解釋每張牌的意義，因為這或許能幫助問卜者抓到為什麼他們所追尋的目標無法圓滿的原因。

假如所有的牌都是正立的，作為分析師的你也能肯定答案就是「是」。例外的情形是那些在以倒立姿態出現時意義比較正面的牌。

比起以通論的牌形來開始進行分析，聚焦於回答來弄清楚問題通常是比較容易辨明的方式。這是因為當問卜者問出一個清晰不含糊的問題時，所有桌面上的牌就都是與問題相關的牌。這可使分析師在分析牌時，減少許多刪減可能意義的選擇工作。

FATE AND FREE WILL
命運與自由意志

關於命運有三種基本的學派：

- 第一種：所有事物都是命定的，所以關於我們的遭遇，我們能以意志來自由選擇是相當有限的。
- 第二種：我們有自由可以決定我們的將來，而我們的將來就是我們現在所做的決定和所採取的行動的結果。
- 第三種：我們擁有自由意志，但是這個自由意志受限於我們過去的行動和決定。而目前的決定和行動將會進一步侷限或增強這自由意志。

你應對每位顧客的方式需要有彈性，既要能尊重他們的信仰，也無損於你自身的信念。

命定的人生

假如你的顧客很強烈的相信命運，請確認在沒有扭曲的分析下，很正面的說出他們的未來。否則恐怕你的顧客會緊抓住某個負面的句子，他們會因為這句話而在離開時感到心煩意亂。那些強烈相信命運的顧

客有將塔羅分析師尊為崇拜對象的傾向，而且對分析師所說的話言聽計從。

你越能夠給予正面的分析，這些顧客越願意耐心等待機會靠近，而且他們的勤奮通常會有所回報，因為當機會來臨時，他們通常已經做足了準備。當命定論的顧客感覺到負面時，他們通常會抗拒為他們過去的行為以及目前的處境負起責任。

對命定論的人來說，成功和幸運是同一回事，因此他們並不會很努力的去維持目前的成功，或為未來的人生做準備，因為他們認為在人生最低潮的時候，只是不幸，而在人生最高峰時，只是受到幸運之神的眷顧。

自由意志的人生

相信自由意志的顧客，當他們不喜歡所處的環境時，他們比較想要去改變它。他們通常會問塔羅分析師比較實際的問題，藉以尋求如何達成他們所想要的目標。另外，相信自由意志的顧客比較不傾向諮詢塔羅分析師，因為他們覺得務實的決定和行動就足以築起他們所想要的未來。

當一個自由意志取向的顧客真的來諮詢分析師了，在他們問那一種方法最可能滿足他們之前，他們可能在心裡已經仔細勾勒出幾種可能的方法了，這些顧客對分析師的認知就只是單純的一個顧問。他們承認分析師是唯一能夠從目前環境透視將來的人，而透過自由意志的運用，他們能夠改變任何關於將來的預測。

自由意志決定命運的人生

這第三種方式包括了那些既接受命運也相信自由意志的顧客。他們相信自由意志，但也承認目前的機會受限於過去的行為和決定。假如你把生命旅程比喻為開車，當你開車去上班，沿途的每一個決定都會讓

你更靠近或更遠離你原定的目標。有可能是因為你在高速公路上朝著相反的方向開，所以你是朝著錯誤的方向前進；也有可能是在最後一分鐘，你決定要休息一天。同樣地，在人生旅途中，你可以決定不完成預訂的旅程，取而代之的是為你自己設定一個新的目標。

假如你一出發就往與上班地點相反的方向走，並且一直朝著這個方向走下去，你準時上班的機會就會越來越渺茫。這是你之前的決定左右了你是否能準時上班。依自由意志來行動，將決定你所追求的目標能達到何種不同的結果。

有時候顧客心懷沮喪或挫折而來，因為他們似乎與所設定的目標背道而馳，他們的決定和行動似乎並沒有讓他們朝著所追求的目標前進，而作為分析師，你的任務或許應該讓他們知道他們的決定和行動的結果。那麼你才能讓這些顧客看見那些決定和行動，比較能讓他們達成他們所想要的目標。

那些同時相信命運和自由意志的人通常會同意，幸運就是做好準備等待機會來臨。當一名歌手勤奮的磨練歌藝長達十到十五年，然後突然間就被「發現」了，這能單純的歸因於幸運嗎？在相同的環境下，對某個沒有做好準備的人來說，比較不可能獲得如此的成功。一位很有創意的朋友堅信：要一夕成功至少得花上十年光陰加上許許多多的努力。

LEARNING THROUGH DIRECT EXPERIENCE
直接從經驗中學習

許多塔羅分析師對於牌組中的某些牌並沒有充分的理解，一旦這些牌出現在牌形中，就會要求問卜者在不理解的牌上附加另一張牌，雖然在分析過程中這麼做對問卜者是有幫助的，但是對作為分析師的你並沒有助益。有時候想要充分瞭解一張牌，唯一的方法就是直接去體驗。這有可能是意味著要從令你困惑或挫折的環境中發現自己。在每次切牌時便問，「在這種情況下，我的課題是什麼？」你便會從牌組中切到你所不瞭解的牌。

許多年前我發現自己因為失去一段戀情而感到失望，當時我每次都會問塔羅牌，對我來說失戀的課題是什麼？我感到心碎，而且因為失眠而精神不濟，然而我必須要站起來，並重新走進我的生命和我的工作中。

「我的內心如此脆弱，怎麼能幫顧客進行分析呢？」我自問。

後來我終於發現我能夠讓思緒和情緒分開，而且認清了思想和情感中的負面力量。在讓我的思想和情感能夠被傾聽之下，我很快的回到一種均衡的狀態。我的分析進步了，因為我對那些來諮詢我的顧客，我更能同情他們的心態了。我終於瞭解，這就是戰車牌的課題。

透過直接的體驗來學習每張牌，是精通、掌握塔羅牌最慢的方

式，然而一旦你掌握了，你就不容易忘記這張牌以及它所顯示的情境。當我第一次抱著我的兒子，當時他才出生幾分鐘而已，我腦海中自然湧現的牌就是聖杯三。

假如你密切的觀察你的朋友以及你的顧客，每張牌的意義將會浮現，特別是如果你能不斷的自問：「那張（或那些）牌可能象徵這種情況？」最近有位朋友形容她自己是一家沒有辦公室的大公司裡唯一的員工，她解釋說她老闆把她一個人孤伶伶的丟在那裡，而附近某條大街上就有三間空的辦公室。這種情況是倒立的聖杯十，形容一種離群索居的感覺。她覺得她被忽略了，而且到最後她的合夥人竟然以宛如臨時員工的方式來對待她，不顧她已經在公司裡已經待了四年了。

IDENTIFY
THE CARD EXERCISE
確認牌的練習

既然你對於塔羅牌已經有了更多的認識了，何不試試這個練習？你可以自行演練，或者最多可以和十個人一起玩這個遊戲。由一個人描述一種狀況，而其他人則說出能形容該狀況的牌。在回答以下問題時，這將有助於你記住牌的意義。

> 大阿爾克納牌，從〇到二十一號牌
> 權杖牌組，從王牌到國王
> 聖杯牌組，從王牌到國王
> 寶劍牌組，從王牌到國王
> 五角星牌組，從王牌到國王

把大阿爾克納牌橫向攤開於桌面上成兩排或三排。

列出一張（或一系列）最符合下列狀況的牌：
1. 你於工作上獲得晉升。
2. 有個孩子被火車撞了。
3. 你的房屋貸款已經批准了。

4. 你的訂婚戒指被某個家人偷走了。
5. 你短促的呼吸被診斷為哮喘。
6. 你去拜訪回到祖國定居的祖母。
7. 手術很成功。
8. 你以你的資遣費來展開自己的事業。
9. 你即將開始要度一個輕鬆的假期。
10. 你那放浪形骸的兒子被法院裁定出席法庭。
11. 你買了一部新車。
12. 由於經濟衰退，你的工作處於風雨飄搖中。
13. 一個孩子誕生了。
14. 由於參加某個課程，你的交友圈擴大了。
15. 在一度深深的失落後，你重新擁抱人生。

答案如下：

1. 權杖六（達成目標）以及（或者）五角星六（工作環境及獲得新的工作）。

2. 高塔牌（車禍）及戰車牌（一部車，卡車或火車）伴隨著代表小孩的某張侍衛牌。而聖杯五則描述著感情上的失落。

3. 五角星十（銀行或財務公司）和五角星六（從別人那邊拿到錢）。

4. 寶劍七（偷竊或欺騙），五角星六倒立（財務損失）以及聖杯六（家人，家庭或某個過去在你身邊的人）。

5. 寶劍國王或皇后（醫師）以及寶劍八（哮喘）。

6. 權杖王牌或權杖八（代表旅行的牌），寶劍侍衛（飛行）以及聖杯六（一個之前你曾經住過的地方），以及倒立的世界牌（完成一趟幾年前就已經開始的旅程）。

7. 寶劍國王或皇后（手術），寶劍王牌（手術刀）以及許多代表成功意涵的牌，包括：權杖六（勝利）、寶劍四（復原）、權杖四（回到穩定的狀態）以及五角星六（回到工作崗位）。

8. 五角星十倒立（一筆大生意緊縮中），五角星六倒立（離開你的

工作），五角星四（帶著一筆錢離開你的工作），五角星王牌（一份新工作或財務方向），權杖侍衛（追尋一個新目標）以及五角星八（對於事業目標的承諾）。

9. 權杖王牌，權杖三或權杖八（旅行），寶劍侍衛（搭飛機），戰車牌（藉由道路或鐵路）以及星星牌（一個放鬆休憩的時光）。

10. 倒立的權杖侍衛或倒立的權杖騎士，或者倒立的寶劍騎士（放浪形骸的兒子），皇帝牌（判定），倒立的五角星六（罰款），寶劍八（監禁），寶劍九（擔憂判決結果以及此事的後果）。

11. 五角星十（一家財務公司，假如有貸款的話），五角星六（購買），戰車牌（一部車）以及權杖騎士（你開著車子趴趴走），或者倒立的權杖騎士（你又急又魯莽地開著車子）。

12. 五角星十倒立（一家大公司搖搖欲墜或者經濟景氣衰退），以及五角星六倒立（離開一份工作）。

13. 女皇牌（懷孕），女皇牌倒立（懷孕過程結束），聖杯三（慶祝或家裡添加新成員），四張侍衛牌中的任何一張（描述孩子的天性），或聖杯六（對於家庭生活的滋養）。

14. 節制牌（學習），五角星三（學習），女教皇倒立（在一段孤獨期之後擴展你的朋友圈），聖杯三（享受群聚社交）或聖杯十（一群志同道合的人聚在一起）。

15. 寶劍三或寶劍十（失落），死亡牌（某種狀態的結束），高塔牌（某種狀態突然結束），寶劍五（某種狀態的爭辯結束），聖杯五倒立（在一段悲傷時期之後重返生活）。

小阿爾克納牌組一覽表

	權杖	聖杯	寶劍	五角星
王牌 開始	一個具體的開始	一個情感的開始	計畫著開始	一個財務上的開始
二 決定	一個有關位置的決定	一個分享情感的決定	一個理智上的決定	一個財務上的決定
三 進展	旅行，計畫上的進展	一種分享的慶祝	一個痛苦的理解	財務上的進展
四 鞏固	一個穩固的環境	情緒上的鞏固	深思及理解	存錢或儲存精力
五 改變	身體的改變和掙扎	情緒上的改變或失落	透過爭辯迫使態度改變	財務上的改變或失落
六 穩定	具體目標的成功	情緒上的穩定	回到心智穩定的狀態	財務上的穩定
七 別放棄	堅持目標就會成功	到了該追尋更深層情感目標的時候	尋找更多的可能性	有可能財務上的成長力道會更強
八 力量	享受人生如日中天的現在	離開不愉快的環境	力量存在於各種選擇當中	承諾所帶來的報酬
九 深思	到了該回顧過去事務的時候	深思你歡樂的來源	為了更好的結果檢視所有選擇	深思具體的努力和報酬
十 完成	透過託付減輕你的負擔	和他人分享快樂	你的信念正在壓垮你	確定擁有財務上的穩固成功

宮廷牌的人物

	權杖	聖杯	寶劍	五角星
侍衛	一個熱情、熱心又獨立的年輕人 PAGE of WANDS.	一個有創意、敏銳且多愁善感的年輕人 PAGE of CUPS.	一個好奇、多話且有社交能力的年輕人 PAGE of SWORDS.	一個嚴肅、保守又務實的年輕人 PAGE of PENTACLES.
騎士	一個熱心、充滿活力且獨立的年輕男人 KNIGHT of WANDS.	一個浪漫、善感又有創意的年輕男人 KNIGHT of CUPS.	一個知性、滔滔不絕且好奇的年輕男人 KNIGHT of SWORDS.	一個務實、保守且負責任的年輕男人 KNIGHT of PENTACLES.
皇后	一個熱情洋溢、直言坦率又熱心的女人 QUEEN of WANDS.	一個敏銳、有教養、慈悲，然而重視隱私的女人 QUEEN of CUPS.	一個愛說話、長袖善舞、精神穩定、思慮敏捷的女人 QUEEN of SWORDS.	一個務實、保守、堅定且負責任的女人 QUEEN of PENTACLES.
國王	一個有紀律、熱情又熱心的男人 KING of WANDS.	一個有創意、善感且有同情心的男人 KING of CUPS.	一個思慮清晰、思緒敏捷、有社交能力又愛說話的男人 KING of SWORDS.	一個務實、保守且信奉現實主義的男人 KING of PENTACLES.

四大牌組對應表

	權杖	聖杯	寶劍	五角星
權杖  ACE of WANDS.	相容性很高,因為他們有共同的人生觀。兩者可能都是熱心但卻沒耐性。	聖杯類型的人可能發現權杖類型的人太直接,而權杖有時候覺得聖杯太夢幻了。	天生一對,因為寶劍類型的人有很多想法,權杖類型的人會熱心的去行動。	權杖類型的人活在未來,而五角星類型的人比較喜歡活在當下。這對組合需有付出耐心的意識。
聖杯 ACE of CUPS.		完美的對應,因為兩方都視人生為創意和浪漫。兩者都是有耐心和善感的。	寶劍類型的人喜歡良好的對話,而聖杯類型則享受安靜的相伴。這樣的配對可能為聖杯帶來孤獨感,而寶劍類型則感到無聊。	很容易相處的伙伴關係,因為聖杯類型的人會提供內在的滋養,而五角星類型的人則追求財務的安全感。
寶劍 ACE of SWORDS.			容易交往的伙伴關係,因為雙方都有好奇心、交際手腕佳而且喜歡交談。	寶劍類型的人很容易會從這一個想法跳到下一個,而五角星類型的人則較喜歡一次堅守一種觀念達數年之久,這樣的配對需要忍耐的功夫。
五角星 ACE of PENTACLES.				一種和諧的伙伴關係,因為雙方都做好準備要以穩定的工作來達到實際的計畫。財務安全是很重要的,是相當優秀的事業伙伴。

從宮廷牌看問卜者的面向

	權杖	聖杯	寶劍	五角星
侍衛	以獨立和熱情展開計畫	幻想某個感情或精神層面的目標	著手計畫及討論某個渴望的目標	以學習作為某個長遠目標的準備
	PAGE of WANDS.	PAGE of CUPS.	PAGE of SWORDS.	PAGE of PENTACLES.
騎士	透過旅行和行動尋找各種機會	在實現目標上結合了靈感和熱情	搶在其他之前確認並抓緊機會	為長遠的成功計議最好的方法
	KNIGHT of WANDS.	KNIGHT of CUPS.	KNIGHT of SWORDS.	KNIGHT of PENTACLES.
皇后	因自信和內在的力量而成功	相信直覺並培植你的計畫而獲得成功	因周詳的計畫並且與他人協議而成功	不屈不撓並努力工作而達到成功
	QUEEN of WANDS.	QUEEN of CUPS.	QUEEN of SWORDS.	QUEEN of PENTACLES.
國王	因自律和聚焦於重要目標而成功	透過有創意的紀律而成功	透過精神層面的紀律而成功	因務實著手眼前的目標而成功
	KING of WANDS.	KING of CUPS.	KING of SWORDS.	KING of PENTACLES.

宮廷牌和四大元素的結合

	權杖—火	聖杯—水	寶劍—空氣	五角星—土
侍衛—空氣 他們擁有天生的好奇心，而這和空氣的象徵有關	空氣元素中的火。智識和熱情的結合 PAGE of WANDS.	空氣元素中的水。同情結合了智識 PAGE of CUPS.	空氣元素中的空氣。智識與好奇心的結合 PAGE of SWORDS.	空氣元素中的土。務實結合智識 PAGE of PENTACLES.
騎士—火 他們展現了豐沛的火的熱情	火元素中的火。熱情與熱心的結合 KNIGHT of WANDS.	火元素中的水。同情結合熱心 KNIGHT of CUPS.	火元素中的空氣。智識結合了熱心 KNIGHT of SWORDS.	火元素中的土。務實與熱心的結合 KNIGHT of PENTACLES.
皇后—水 他們善於接受，富於直覺，而且如水一般的適應環境	水元素中的火。同情結合熱心 QUEEN of WANDS.	水元素中的水。同情結合創意 QUEEN of CUPS.	水元素中的空氣。同情結合好奇心和智識 QUEEN of SWORDS.	水元素中的土。同情結合務實 QUEEN of PENTACLES.
國王—土 他們相當堅定且在人生旅途上是務實的	土元素中的火。務實與熱心的結合 KING of WANDS.	土元素中的水。同情結合著務實 KING of CUPS.	土元素中的空氣。智識結合著務實 KING of SWORDS.	土元素中的土。務實中又帶著保守的態度 KING of PENTACLES.

大阿爾克納牌所代表的男性

	魔術師	皇帝	教皇	戰車
正立	一個有效率、有影響力的男人,他對於目標非常專注。總是先做好計畫接著再去完成它們。	一個有紀律、成功且有時候會武斷的男人。他相信那些他看得到或者能被證明的事。	一個保守、有耐心的男人。他喜歡穩定以及傳統,而且相當堅忍不拔。	一個將想像力與精神上的紀律及堅韌結合的男人。他展現出天生的領導能力。
	![THE MAGICIAN](THE MAGICIAN.)	![THE EMPEROR](THE EMPEROR.)	![THE HIEROPHANT](THE HIEROPHANT.)	![THE CHARIOT](THE CHARIOT.)
倒立	一個不踏實、精神渙散的男人,也沒有固定的目標。他經常改變他的計畫、他的想法和他的目標。	一個缺乏紀律的男人,他需要一個有勇氣的伴侶來協助他成功。生活中難以抉擇的時候,他通常會退縮。	一個賢明且精神上不帶偏見的男人,他對於不同的人生道路抱持好奇心,他是個天生的導師,並喜歡靈性的學習。	一個優柔寡斷,被他的情緒或沒有解決的感情問題給擊敗的男人。他要不就是殘酷,要不就是太悲憫,而且太快放棄他的目標。

大阿爾克納牌所代表的女性

	女教皇	女皇	力量	星星
正立	一個愛獨處、富於直覺且有靈性的女人,她有著內斂的深度並且對他人有著深厚的同情。	一個官能型的務實女人,喜歡美食和簡單的生活。她是既有教養又慷慨大方的。	一個已經發現她的力量的女人,她已經準備好要安靜的以勇氣和自信展開她的人生。	一個和她的創意來源有著連結的女人。她能從生活中所扮演的角色看到真正的自我。
	THE HIGH PRIESTESS.	THE EMPRESS.	STRENGTH	THE STAR.
倒立	一個忙碌、活躍而沒有時間靜下來和反省生活的女人。在完成她的目標上有一種急迫感。	一個因精神上的飢餓而表現出熱愛美食且重視感官滿足的女人,她既不大方,內心世界又經常處於未滿足的狀態。	一個因為無法自我掌控而尋求去控制他人的女人。沒有安全感又充滿控制欲,她害怕自己的陰暗面。	一個對人生的各種可能失去信心而導致缺乏安全感,或憂心她的人生需要更多組織結構的女人。休閒活動或許能讓她從日常生活中得到休息並恢復信心。

和健康有關的牌

牡羊座—頭
皇帝牌・權杖國王

金牛座—喉嚨、頸部和肩膀
教皇牌・五角星國王・五角星四

雙子座—肺部和手臂
戀人牌・寶劍騎士

巨蟹座—胸腔、胃部和淋巴系統
戰車牌・月亮牌

獅子座—心臟和脊椎
力量牌・太陽牌・權杖皇后牌

處女座—胰腺和腸
隱士牌・寶劍皇后

天秤座—腎臟和消化系統
　　　（吃過東西後腹脹）
女皇牌・正義牌・五角星皇后

天蠍座—鼻子、膀胱、腸和生殖器官
死亡牌・聖杯國王

射手座—臀部和大腿
節制牌・權杖騎士

魔羯座—膝蓋、皮膚過敏（包括乾燥和脫皮）以及牙齒
魔鬼牌・五角星騎士

水瓶座—腳踝、小腿、視網膜、神經系統
星星牌・寶劍國王

雙魚座—雙腳和腺體
女教皇・聖杯侍衛

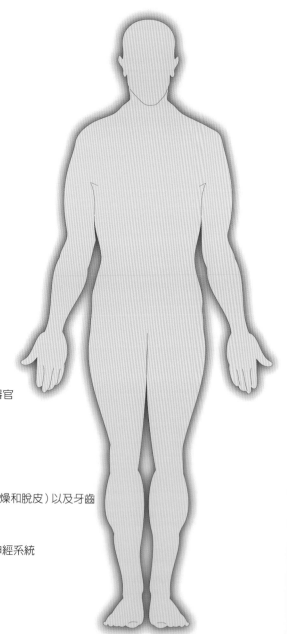

大阿爾克納牌從 I 到 X 簡易示意圖

I 魔術師

一項方案由效率發端並植基於現實。

II 女教皇

在知悉該狀況顯現與隱藏的各種面向中做出決定。

III 女皇

計畫的實現。包括懷孕與和諧的家庭環境。

IV 皇帝

這個男人在使想法和計畫穩固並可行這點上是很敏銳的。

V 教皇

一個檢視靈性的機會，這是理解人生的變化（初生，死亡或失落）的一種方法。

VI 戀人

兩性關係的決定，並達到穩定的狀態。

VII 戰車

當情緒上的問題威脅了你從戀人牌所得到的穩定，這張牌代表不要放棄。

VIII 力量

對你的能力、你的力量和你的弱點有所認知。

IX 隱士

這是沉思的時機，好重新評估你的方向和承諾。

X 命運之輪

這是一個從所處環境中回過頭，好注意到人生四季更迭的機會，這麼做，你將知道何時播種及什麼時候可以豐收。

因果循環的分析

這並不是一種預測性的分析。它揭示了你目前的優勢和缺點，並凸顯出若要重新平衡精神層面的話，你可以怎麼做。因果循環的分析可以洞察你的能量目前正朝向哪個方向。擁有這方面的知識，你就可以運用你的優勢來克服你的弱點。

1. 將大阿爾克納牌和小阿爾克納牌分開。

2. 把聖杯七從牌組中抽出——這張牌是整個分析牌型的中央牌。

3. 將小阿爾克納牌洗牌，在洗牌過程中把一些牌放顛倒。

4. 把牌放下去——一次一張——放成三疊擺在桌面上，好進行徹底的洗牌，並確認你已經觸摸到每一張牌。

5. 把這三疊的牌疊成一堆，正面（有圖的那一面）朝下，在桌面上將牌組推開成一直線。

6. 用你不習慣寫字的那隻手選出七張牌，要閉著眼睛，一次選一張。

7. 把每一張牌分別放在下面如圖所示的位置，而聖杯七就位於牌形的正中央。

快速的掃瞄過所選的這七張牌，並注意一下那些牌有顯示出簡單的能量流動，同時也留心那些牌有顯示出阻礙或停滯的能量，並且要記住你能夠運用你的優勢來克服你較弱的部分。你可以利用這個牌形每一年幫自己分析一次，好衡量你人生當中的精神成長。

第 1 張牌

這張牌和聖杯七當中的臉有關。它描述的是你向這個世界所展現的面容，包括你的角色以及其他人眼中的你。

第 7 張牌

這張牌相當於穿著壽衣的人，它揭示了你目前的精神狀態。而壽衣底下的人則顯示精神層面的我們究竟是誰。

第 6 張牌

相當於裝著蛇的聖杯，它顯露了你在性以及創造力方面的能量，或者是尚未被解決的性方面的問題。如果是宮廷牌，是指你目前的性伴侶。

第 2 張牌

這是和城堡的聖杯有關的牌，它描述的是你對家庭的態度，而這態度通常建立於孩提時期，而且幾乎沒有被回顧或更新過。

第 3 張牌

這相當於盛著珠寶的聖杯，指的是你的物質能量。這是你吸引或拒絕物質的能力。

第 4 張牌

相當於有花圈的聖杯，它描述的是你個人的力量。它揭露了你目前決定人生方向的能力。

第 5 張牌

這張牌相當於裝著惡魔的聖杯，它描述的是目前你和你的潛意識的連結。夢境、直覺以及你深層的需求和渴望都顯示在這裡。

發展直覺的牌形

許多顧客會問塔羅分析師如何發展或改善他們的直覺，可見那些將直覺運用於日常工作中的人，大多數應該是知道如何發展以及強化它的。

這個牌形是針對那些想要知道如何發展直覺的顧客，因為我們每個人天生都有一兩種特別的能力，所以去發展這些領域，好過集中努力於那些不擅長的領域。

請顧客選牌，一次選一張，每抽一張牌就想著一種領域，總共抽出六張牌。建議作為塔羅分析師的你在顧客選出每一張牌之前，先把每個問題描述出來。問題最好是以下列的方式來陳述：

1. 我能靠我的感覺有效的發展出我的直覺嗎（特別敏銳的知覺能力）？

2. 我能透過聽覺的方式有效的發展出我的直覺嗎（特別敏銳的聽力）？

3. 我能從視覺上有效的發展出我的直覺嗎（超乎常人的洞察力）？

4. 我能透過接觸精神導師有效的發展出我的直覺嗎？

5. 我能透過夜裡的夢境有效的發展出我的直覺嗎？

6. 我能透過冥想有效的發展出我的直覺嗎？牌形當中或許會有幾張正面意義的牌以正立的姿態出現，這意味著顧客有不止一條可以發展可靠且正確直覺的道路。最正面的那張牌（正立的、具有正面意義的大阿爾克納牌的重要性高於小阿爾克納牌）所指的便是發展直覺的最佳康莊大道。

第 1 張牌	第 2 張牌	第 3 張牌	第 4 張牌	第 5 張牌	第 6 張牌
感情	聲音	視覺	精神導師	夢境	冥想

詳述每張牌,並解釋每個區塊之所以值得追尋或者不值得努力的原因。或許你也可以在任何需要更清楚詮釋的位置請顧客再加一張牌。盡量試著不要加超過三或四張牌,否則你就要冒著一個六張牌的牌形,在結束的時候卻有十五張牌的風險。

在仙蒂的分析中,正立的審判牌出現在第一張牌的位置,意指她已經成功地藉由感覺發展出直覺。其他唯一的一張正立牌是位於第三張牌的權杖八。仙蒂問到她該如何讓她的視覺技巧作最好的發展?
我讓她在下列每一種情況都各加一張牌:

A. 藉由講話的時候去「透視」每一個塔羅分析的結束,以此發展她的視覺技巧。

B. 每個晚上和一位女性朋友利用電話練習心靈感應。

C. 進行形象化練習。

正立的權杖皇后出現在 A 狀況的位置,這暗示仙蒂需要花些時間去「透視」到每一次塔羅分析的尾聲。這包括請顧客再多給你幾分鐘,看看你是否抓到了任何關於他或她的進一步訊息。

你可以打破任何一個區塊,並進入其他主題,只要它們是被關注的區塊。所以冥想區可以被破壞,局部提供特定的冥想種類或特殊的冥想課程。

基本問題

下列這些問題或許能幫你依當時的情況問出最適當的問題。

這些不只是你可以用來問的問題，它們也可能幫助你釐清爭議。

個人人際關係

一般來講，我在將來能夠擁有怎樣的個人人際關係？

我目前的人際關係會讓我將來擁有什麼？

在改善我們之間的關係上，我能做些什麼？

追求這個關係對我會是明智之舉嗎？

我去追求和某某人的關係，會是明智的嗎？

對我來講，在這段關係中，我最重要的課題是什麼？

在這段關係中，我的收穫是什麼？

財務

我未來的財務狀況會是如何？

我如何能確定我個人的財務是成功的？

要預防我的財務瀕臨危機，目前我可以怎麼做？

如果我在 X 個月內賣掉我的股份，會是明智的嗎？

我去投資 XXX，會是明智的嗎？

如果要確保我個人的財務狀況穩定，請問我需要改變那些行為模式？

事業

大致上來說，我的事業會讓我的將來擁有什麼？

我目前的事業會讓我將來擁有什麼？

對我來說，繼續這份特別的工作是否明智？

在 X 月之內，我還會繼續待在這個工作崗位嗎？

我適合從事某某工作（或某某職位）嗎？

目前的事業對我來說，最重要的課題是什麼？

家庭

我的母親 / 父親的將來會如何？

我的兄弟 / 姐妹的事業將來會如何？

假如我母親 / 父親在某某地點買房子是否明智？

我母親 / 父親將來的健康狀況會如何？

今年我的家人將教會我什麼？

快樂

如果繼續我目前的人生道路，這會引領我通往長遠的幸福嗎？

怎麼做能夠讓我更快樂？

為了享受更深層的快樂，我需要解決什麼問題嗎？

健康

我未來的健康情形會如何？
我目前的身體健康狀態是如何顯示出我對人生的態度？
為了增強我的活力，我需要解決那些事情？
動這個外科手術是否明智？
在這個階段是否有其他看得見的選擇可以取代這個手術？
整骨療法／脊椎按摩療法／身體按摩／瑜伽／冥想等等，可以解決我的脊椎問題嗎？
維持或促進我身體健康的最好方法是什麼？

註：除非你是一位訓練有素的醫療從業人員，否則不要診斷。在分析期間，建議顧客去找合格的醫療或另類療法的開業者，確認任何跟健康相關的資訊。

精神層面

我目前精神層面的課題是什麼？
我目前的精神力量是什麼？
我該學習什麼，以充實我的人生目標？
為了追尋我的人生目標，我該解決那些過去的問題？
我如何確認我正走在正確的靈性道路上？
我該如何與我的精神層次一起成長，或自我接觸與溝通？
我將來和上帝的關係會如何？

孩子

（小孩的名字）的將來會如何？
鼓勵我的孩子去學音樂／科學等等，是否明智？
我的孩子咬指甲／做噩夢的主要原因是什麼？
在訓練孩子成長上我需要注意什麼？
在幫助我的孩子快樂這件事情上，我該怎麼做？
在這邊，我的孩子給了我那些精神層面的教導？

旅行

將來我在旅行方面會如何？
未來兩年內我將會到國外旅行嗎？
如果今年我依照計畫前往某地旅行，是明智的／會安全嗎？
今年我有足夠的錢可以依照計畫前往某地旅行嗎？
在我的旅行當中，我能賺到收益嗎？
從這次的旅行，我將會學習到什麼？
在我即將前往某地的旅行中，最重的課題是什麼？

七張牌的牌形

第 1 張牌

過去 18 ～ 24 個月內的結果

第 7 張牌

未來 18 ～ 24 個月的結果

第 2 張牌

目前

第 6 張牌

對這個狀況或問題的希望與恐懼

第 3 張牌

較近的將來約 3 個月內

第 5 張牌

環繞的能量

第 4 張牌

眼前這位顧客的（問題的）答案

這是一個對通論性的分析和回答問題很有幫助的簡單牌形。
在通論性的分析上，第四張牌代表你面前這位顧客。
在問題當中，第四張牌則代表這個問題的答案。

PART V
成為一位專業的
塔羅分析師

BECOMING A PROFESSIONAL READER

PSYCHIC CLEANSING AND PROTECTION
精神洗滌和精神防護

一如生意人經常洗淨以及保養他的工具,作為一名塔羅分析師也應盡力維持其精神層面的健康。假如你為顧客進行分析,你將會接收到對方的穢氣或負面能量,通常在一開始你並不會注意到,但若分析得夠久,它將會一層一層地累積,直到你對顧客的敏銳度降低,而且也會因為之前顧客的負面能量而沮喪,進而影響到有效的分析。

假如你不一次將多年累積的這種能量釋放掉,那麼在穢氣的重壓下,恐怕你得冒生病、精神耗弱或生理崩潰的危險。在這一行裡,甚至不消幾年時間就會如此。一個一個情急無智、擔驚駭怕且心煩意亂的問卜者,會干擾你的平衡狀態,有時長達一個禮拜甚或更久的時間。

這並不是問卜者的錯,他們是來尋求你協助的,而你必須幫那些陷於危機中的問卜者,提供釐清他們議題的服務。因此你可以預期你要替那些生氣、沮喪、被悲傷打擊或被生活環境重壓的人們進行分析,通常他們會因為有人傾聽他們的煩惱而放寬心。當問卜者在講述他們故事的時候,可能會不經意的釋放出這些負面能量,而在他們離開之後,那些能量還殘存在空間裡。

打個簡單的比方,假如你在每次分析的過程中都抽上一根菸,而

從沒有打開窗戶，你認為要把窗戶燻髒、讓牆壁因煙漬而變黃需要多久時間？而你上個禮拜分析時所留下的髒空氣，到現在你和問卜者所呼吸到的髒污之氣又隔了多久呢？

以下是一些簡易的清除技巧，可供你選擇：

- 一根點燃的蠟燭或燃燒的火。這有助於提升空間裡的精神能量，並驅趕殘留的污穢。請確認蠟燭是放在碗中或是盤子上以確保安全，並且在一天結束之後或者當你要離開房間時，要將火燭熄滅。
- 讓新鮮空氣流通。在兩組問卜者進行分析的中場休息時間，甚或是進行分析當中，可視噪音及天氣狀況讓空氣保持流通。
- 清洗牆壁和窗戶。用糊狀的氨水和熱水製成的溶劑，每年清洗一次，有助維持你分析室的光潔。
- 燃香。一個星期或一個月點一次香，有助提升對問卜者及其他從業人員的敏銳度。
- 在分析室裡面放一碗水。這有助於吸收情緒上的負面能量，記得每天換水，在水中加入天然海鹽（在大多數的健康食品店及某些超市可以買到）來加強其效果。
- 冥想。冥想著旋風式的白光，可用來將房間、玄關或等待室掃除乾淨。

把你的工作環境清理好之後，也把自己清理乾淨是很重要的。假如你因為那些陳氣而沮喪，那麼你對問卜者的分析也會漸漸失效。以下的訊息就是在告訴你，你正在耗竭當中：

- 突然間筋疲力竭，或者感到精神潰散／不像你自己。
- 突然胃脹——你本來好好的，直到你的顧客抵達，而且在十五分鐘內胃部就脹起來了。
- 有強烈的飢餓感，但是食物沒有辦法滿足你，或者是經常想吃巧克力或甜食，這表示你正在尋找某種能量。

簡單又有效的清理自己的方法，包括：

- 冥想。每天或至少一週一次。
- 游泳。在海裡或游泳池裡都可以。
- 沐浴。記得使用一把天然海鹽。
- 散步。

許多塔羅分析師相信：想像你的身體被一層保護性的白光包圍著，這樣將阻止負面能量靠近你，而能充分保護你免於陳穢之氣的侵擾。不過我並不認為這樣就足以保護環境。

　　入侵某人的能量領域，通常是非意識的行為，大多是因慾望而發生。問卜者想要擁有幸福及內在的平靜，而分析師覺得幫人們分析、解決問題是一份值得投入的工作，這些渴望在顧客與塔羅分析師之間形成了一個心理羈絆的能量，而這個羈絆可能會干擾到分析師。假如一個星期有五個顧客都和分析師之間有這些羈絆，那麼不消多少時間你就感覺不到快樂，更別提幫助顧客了。

　　每天清除掉陳舊或負面的能量是很重要的，對那些想要在財富上成功的分析師來說，如果不做規律性的清理，你的預約日誌將反映出現實的來客數。假如你的分析室裡充滿著之前顧客的能量，你將不會有空間可以留給新顧客，結果結局就是造成新顧客的流失。和這理由相同，我會建議你每隔十八到二十四個月就更換一副牌，並把舊的牌燒掉。有些分析師會很依戀他們手上的那副牌，卻忘了它們不過就是印刷的紙張和生財的工具。

ADDING
COMPLEMENTARY SKILLS
增加互補的技巧

假如你想要長期以塔羅牌分析營生的話，增加互補的技巧對你的整體技能是很重要的。提供許多不同的服務會讓工作更有變化性，而且有助於你維持新鮮感。你需要增加的技巧可能有無限多種，不過以下是我的建議：

- 諮商技巧
- 占星術
- 手相術
- 療癒
- 靈氣自然療法

- 按摩
- 貝曲花精治療
- 澳大利亞灌木花精
- 催眠療法
- 生活指導

問卜者一開始可能是要尋求某種狀況的預測或釐清，但他們需要的可能是更多的協助，而這不只是一個單純的塔羅分析所能提供的。即便你不想要運用其他的模式，但以你對他們的理解，這可能是改變他們人生最適合的形式。克拉拉的分析揭示了在一段失敗的戀愛關係之後，她的精神和情緒都顯露出耗竭的狀態，她需要重新平衡，好做出可靠的決定。在治療師五次深層的治療之後，克拉拉已經準備好要減

少猜疑並大方面對新的兩性關係了。塔羅分析指出要發現幸福就需要改變，而克拉拉必須按部就班的來。

假如你覺得你不想要透過預測變化，來幫助問卜者改變人生，那麼除了塔羅分析之外，你還需要更多的技巧。運用貝曲花精治療能幫助問卜者在分析過程中安定下來，並且集中注意力。這些微妙的花精能夠在分析當中提供問卜者力量，甚或在分析過後的幾個禮拜內還可以繼續使用，來協助他們進行改變。

諮商的技巧也是塔羅分析裡面一個重要的部分，強烈建議去上個短期的、基礎的諮商課程。而在許多個案中，持續的諮商對問卜者都是有幫助的。

星象圖則可提供問卜者一種不同的觀點，特別是那些想要一個兩性關係速配圖表的人。而手相術則可以提供一種生命的分析給那些尋求長期資訊的人。你也可以提供給問卜者靈氣自然療法（Reiki）。前來的問卜者往往需要某些治療，因為他們通常因環境或所做的決定而感到壓力重重。

催眠療法對於強化問卜者的信心（可以得到更好的工作或更值得追尋的兩性關係）、內在的力量以及自我價值等，都很有幫助，許多人缺乏這些特質，因而壓抑了潛能無法盡情發揮，要知道，信心是成功的基本要素之一。

有些問卜者不會帶著緊迫的議題來尋求塔羅分析師，相反的，他們一般都似乎是迷失在生活當中，他們有可能是成功的、健康的或處於一段圓滿的戀愛關係中，然而就是缺乏一種滿足感。這些人應該只是需要一些生活上的開導。從顧客的觀點來看，它提供了作為一位獨立觀察者的機會，能檢視你的生活並鼓勵你去追尋得以滋養靈魂的方向。

在考慮增加你的互補技巧上，要明白什麼是所謂的互補。最近我拿到一張名片，上面寫著：

治療師

行動家

園丁

這張卡片暗示著這個人並不真正懂得他們的業務內涵。塔羅分析的互補性服務應該並不包括幫忙油漆房子、切割玻璃、修電視或證券交易，而諸如心理治療、心靈淨化、諮商和冥想等課程的服務才是比較合適的。販售香品、水晶或居家淨化薰香用品，或者賣一些你相信會對你的顧客有幫助的書籍，都會是你業務範疇內比較可行的。

在對顧客進行服務時，你能提供越多的技巧，他們就越有可能再回來徵詢你的意見。有經驗的分析師會在諮商的初始階段詢問顧客，他們想尋求的是什麼，好決定顧客會需要那些服務配套。

MAKING THE TRANSITION FROM AMATEUR TO PROFESSIONAL
從業餘到專業的轉換過程

從一個有經驗的塔羅分析師到一個專業分析師之間的轉變過程，對許多人來說可能是困難的。之前一位塔羅課程畢業生潔美形容得再好不過了：「我會害怕之前和我一起工作的同學們看見我在市場裡替人進行分析。」她說這樣會有尷尬或矯揉造作的感覺。當被問到假如三年內進行一千次收費的分析，她會有什麼感覺？她表示別人還是有可能覺得她是個江湖郎中。

許多有抱負的專業分析師要做的就是，把三年內可能的工作地點當作將來他們要上班的地方。說不定潔美現在每天中午開始她的工作，一個禮拜只工作三天，而且五年內收入提高了百分之四十五。雖然不再像以前一樣有著工作上的保障，但她將愛上她的工作，並讚許她的老闆——她自己，而且每年聖誕節都能收到超過一打以上來自顧客的感謝卡片，還有整年持續不斷的感謝信函。假如覺得有需要的話，潔美也可以從她的塔羅事業裡抽出一天的休假去進行按摩，好在她每週固定的鋼琴或飛行課程之前讓能量平衡。許多專業的分析師已經開始展開這樣的生活模式，假如潔美也有承諾和決心的話，她將成為他們當中的一員。

許多有經驗且稱職的分析師在嘗試著要從業餘轉變為專業的分析

師時仍不免畏縮。對某些人來說，這是因為他們太熟悉於進行免費的分析，或者是用一頓晚餐、衣物、鞋子或小禮物來交換一次分析，以致於他們不知道如何為他們的服務提出要求以及收取費用。而對於其他人來說則可能是因為，在實務上他們仍需要輔導和支援，譬如設定一個可被接受的價格，記錄下分析過程，並在指定時間內完成分析。

有些人會不好意思請求協助，然而所有的人在一生當中不都是不時地接收他人的協助嗎？我們接受幫助，再回過頭去幫助別人，是很自然的事，而最終我們是浮是沉，則取決於自身。顧客會再回頭來找你是因為你給了他們某些有價值的東西，這可能是熱情、清澈的思路、動機，或者就是一個希望。假如你沒有提供某些真正具有價值的東西，通常顧客是不會來第二趟的。

要成為一位專業的分析師，你就要開始像個專業分析師般去思考。這或許會幫助你根據要從多少顧客身上賺到錢，來看待某些你所想要從事的交易。可別以為這意味著你只從錢財的觀點來看你的顧客，但假如你想要以此方式謀生，它就必須是你思考的一部分。你透過預測、傾聽、建議、或同理心等方式來支持你的顧客，而幫助你擁有更舒適的生活便是他們回報你的方式。

作為專業的分析師，你可以透過預約來安排日誌。當然你也需要打個廣告、精進塔羅技巧，並且在顧客打電話來的時候做好準備。因此你需要有一個進行分析的空間、一個小桌子和兩張椅子，以及錄音設備。

當你開始從事你的塔羅分析事業，一般會有一個進展緩慢的階段，你將有充裕的時間表達每一個字，讓顧客能對你的廣告宣傳有所反應。在早期的幾個月裡，有一些方法可以增加你的預約數量，確保你能夠生意興隆。這些方法包括：

- 一個禮拜當中有一天到市集裡去設攤算牌
- 在當地的社團裡進行免費的塔羅分享及示範
- 進行為期一個月或兩個月的塔羅分析優惠折扣

- 在當地的報紙撰寫特殊題材的專欄

在市集裡幫人算牌是讓你有機會在短時間內進行一連串的快速分析。在住家的工作室，可能一個月會有五次問卜，但在市集裡四個禮拜就可能有二十五次分析塔羅牌的機會。透過市集指南（可透過諸如雜誌經銷商之類的來找尋），週六和週日的市集攤位很容易可以找到，或者也可以在週末假日開車子出去繞一繞就不難發現了。

當你已經在幾個市集擺過攤位，而運用塔羅牌的機會變少了，可以再詢問塔羅牌以下問題：

- 在 ×× 市場擺攤分析對我而言是否明智？
- 在 ×× 市場當個塔羅分析師對我是否有空間可言？
- 在這個階段，×× 市場是否適合我？

唐娜參加了最近的一個塔羅入門課程後，在她兒子的學校校慶上提供塔羅分析。她把那東倒西歪的分析牌桌放在老舊的大廳裡，提供二十分鐘十塊錢的分析。就在傍晚時，一個已經觀察過她為其他人進行分析的男人慢慢的走過來詢問價錢，雖然他應該是付得起這個價錢，不過他猶豫著，所以唐娜給了他不同的報價：他可以進行二十分鐘的分析，結束之後再支付他認為應該給的價錢。唐娜知道這是個冒險，不過反正也沒有人在等著要算牌，所以他坐了下來，一切就開始了。二十分鐘後他微笑地站了起來，遞給她一張一百元的紙鈔，並且說：「我花的每一分錢都很值得。」

假如你住在鄉村，可能要等到週年慶典或春季嘉年華，才有機會在大庭廣眾之下展現你的才藝。所以不妨考慮開車進城找個市集，因為市集的常客會快速增進你的塔羅實務技巧。從直接的經驗而來的信心是沒有任何事物可以取代的。當你已經進行過幾百次的分析，而顧客也因為你的分析準確且有助益，而持續回籠之後，就算顧客對你的解釋質疑，你仍會感覺自己強而有力。遇到挑戰不會感到洩氣，而會

花時間再次解釋，讓顧客可以更輕易的產生連結。

最近就發生了這樣的事情：一位問卜者在過去的位置選到了一張空白牌，空白牌暗示著突然的改變，導致她不預期的搬了家。但她堅持過去她並沒有什麼改變，而且她的生活再平凡不過了。我提示她，她是否仍住在離她出生地三條街遠的地方？她搖搖頭。我探查之後發現，在她全家到澳洲定居之前，她在愛爾蘭、南非和英國度過她的童年。

假如你對自己的信心還不夠，卻堅持在某個面向的詮釋是正確的而不進行探查，顧客有可能把你看成一個功力不足的分析師。

在當地的社團裡**以特別來賓的身分提供服務**，可能會是一個讓社員們知道你的服務既快速又有效的方法。在當地扶輪社、商業俱樂部或任何地方性的團體舉辦一個免費的講座都有助於強化你的形象。你需要提供一或兩種快速的示範性分析，好讓觀眾直接瞭解整個分析過程，這同時也會引發觀眾的好奇心。而示範同時也可減輕他們對於塔羅分析過程可能帶來的任何恐懼感。當他們明白了過程是多麼的簡單且實際之後，他們就會更想要親身去嘗試。切記免費講座的成功與失敗機率可說是一半一半，有些人可能會因此導致喪失任何塔羅分析的業務機會，而有些人或許將帶來顧客、學生以及書籍銷售。

你演說的經驗越多，就越能增進你的表達技巧，尤其如果你所在意的是改善技巧的話。而你的經驗越豐富，你就越不會在演講發生挫敗時感到氣餒了。

廣告宣傳折扣是在你開始實務工作的幾個月內增加顧客的另一種方法。或許可以來個類似「五月底前，塔羅分析師安東尼・波頓將提供五折優惠，機會難得，敬請把握！」這樣的宣傳內容。

雖然海倫是一位務實又準確的分析師，她也以親切的方式進行分析，但是當顧客們問到「妳具備超能力嗎？」這樣的問題時，海倫感到被難倒了。當海倫回答她並沒有時，他們就不向她預約進行分析

了。以下是你可能會被問到的問題,以及我所提供的回答問題的建議。

Q—你有超能力嗎?

沒有,不過一位有經驗的塔羅分析師可以不靠超能力就能做出正確的分析。我的工作是幫助你用言語精確的表達出你的問題,這樣子你離開的時候,才能帶著清晰的念頭幫助自己做出重要的決定。

Q—在我預定時間之前,你可不可以先在電話裡簡短的示範一下?

沒辦法喔。提供「誘惑性」的示範分析並不專業。花一點時間傾聽你的直覺,你將會知道我對你來說是否是一個適合的分析師。

Q—你什麼時候會出來和人們見面?

我會在禮拜一、禮拜五和禮拜六,透過預約的方式在這裡進行分析,我的每一節分析時間是一個小時。從兩年前到現在我都在這裡進行分析,未來兩年也會如此。

Q—我可以攜伴前來嗎?

可以。你的同伴可以坐在等待室裡面。我不喜歡在同一次分析當中有兩個人,因為這可能會導致在回答問題時產生混淆。

Q—你一次分析的收費是多少?

我一次分析的收費是 ×× 元,每一堂分析有一個小時。這包括一卷錄音帶以及在這一節當中我將提供給你的大體上的分析,然後你可以提問最多五個特定的問題。所以麻煩你準備一些問題前來,這樣子當我們見面的時候,我就可以幫助你用正確的言語來表達它們了。

許多精準卻缺乏經驗的分析師在頭幾個月的步履蹣跚後，便放棄了他們成為專職、專業分析師的夢想。對於自己的能力缺乏信心，加上昂貴的廣告費用迫使他們很快就轉投其他行業，其實不必那麼早放棄的。使用先前所提供的綱要方法，你就可以度過第一個年頭。先從事一份專職的工作，然後維持在週末或週日到市集進行分析也是一個可行的方法。或者你也可以選擇每週三天從事朝九晚五的工作，並且在傍晚以及週末替人分析，而不至於讓自己筋疲力竭。兼職或專職的工作可以幫助你渡過險峻的頭一年。

在第一年之後，你將會擁有一個小小的，或者是大型的基本客群。這意味著你不再需要去找那麼多新的顧客了。幾年之後，你也不必再假裝自信滿滿，因為許多打電話給你的人都是你的常客。

分析的過程

- **介紹**　　自我介紹，並指引問卜者到他們的座位，或者是進入等待室。

- **引導**　　告訴問卜者如何切牌和洗牌。

- **深思**　　花點時間問你自己這三個問題：「問卜者今天的問題是……」、「問卜者今天的需求是……」、「今天展現這個資訊的最好方法是……」。

- **選牌**　　以你比較喜歡的牌形請問卜者選牌。

- **安靜**　　要求一小段沉靜的時間來理解牌形。

- **解釋**　　向問卜者詳細的解釋牌形。

- **提問**　　在整個牌形的大體上分析之後所提出的各個問題。

- **提示**　　在問卜者的最後一個問題之前提示他，這將是他問問題的最後一次機會。

- **最後一個問題** 完成牌形分析後以正面的口氣來結束此次分析，並為這次分析的主題作個結論。

- **錄音帶道別** 將錄音帶及名片送給問卜者，並收取你的分析費用。推薦他們在幾天之後再重聽這捲錄音帶。

- **淨化** 步出分析室，在下一位顧客到來之前先自我淨化，假如有需要，請洗淨你的雙手和臉。

YOUR READING STYLE
你的分析風格

你個人的分析風格將會決定你的顧客。它不只會影響來找你諮詢的人數，也攸關當他們走到你門口時願意進來分析的欲望。當你已經發現你的個人風格，就表示找到你的市場了。不要期待每個來找你諮詢的人都會被你的分析所取悅，因為他們的喜好會因為你的分析風格而有所不同。分析的風格大異其趣，大致上有以下幾種。

神祕主義的分析師

這類分析師提供充滿神祕感的經驗，包括焚香、水晶球、在壁架上或窗台處點燃蠟燭，以及可能在近處的牆壁上懸掛著某位精神大師的海報或照片。他們通常會展示幾副牌，從主流的塔羅牌組到吉普賽牌都有。有時候他們會讓顧客選擇自己比較喜歡的牌，用來替顧客進行分析。

　　神祕主義的分析師以象徵或隱喻來說明，很少陳述議題本身。他們不會說問卜者因為債務、日常作息以及責任而感到生命困頓，這類分析師會說的是：「你扛著一個負擔走了很長的一段路，我看見了你肩膀上的重量。你獨自負載著這重量，現在跟著我坐下來一會兒，並卸下這重擔片刻吧。」

神祕主義的分析師會比較受那些喜歡探索的顧客喜愛，這些顧客通常會在分析結束稍後就重聽錄音帶，並且以不同的方式重新解釋分析。這類分析師的好處在於他們提醒了我們，生命遠比我們能看見以及所接觸的更多。電影當中通常會以神祕主義分析師作為塔羅牌分析師取材的對象。

神祕主義分析師能夠給予他們的顧客靈感，並重新喚起他們內在對於靈魂的滋養以及追求生命中神祕面向的渴望。這類型的分析師通常視人生為一段旅程，而在這段旅程當中我們被賜予鑰匙，需要去找到相對應的鎖。這些鑰匙可能會開啟心靈、房子、事業機會或者是理解的大門。神祕主義分析師提醒我們要去運用那些鑰匙以免它們生鏽。神祕主義分析師是宇宙間的孩童，他們抗拒著成人的嚴肅，喜歡以精神領域的探險之樂來取代。在一堂塔羅入門課程中，我注意到一位神祕主義類型者相當專注於做筆記，仔細觀察之後發現她正在畫一棵大樹樹根處群聚的毒蕈，當我在解釋聖杯牌組時，她一下子就畫出一座森林，其中充滿了看不見的生物的神經質的眼睛。

教養型的分析師

教養型的塔羅牌分析師通常有著大胸部母親的形象，她會為顧客倒上一杯茶並提供那個早晨自己烘烤的餅乾。通常她早就準備好舒適的臂膀並且讓顧客覺得所有的事情都會平順而感到放心。教養型的分析師或許會請顧客在一個禮拜之內打電話回來分享進展，因為她們充滿了真誠的瞭解以及愛的價值，而這恐怕是現代社會裡最珍貴的東西了。

當你在生命裡盲目地橫衝直撞，而現在正在舔拭傷口時，教養型的分析師正是你可以諮詢的對象。教養型的分析師不會對你進行滔滔不絕的訓斥或說教，而是提供同情和理解。她會提醒你雖然目前的環境很艱難，然而你的勇氣終將獲得回報。即便是如此短暫的友好行動，就足以重新點燃對人生各種可能性的希望和信心。

教養型的分析師有可能會送你一些禮物好讓你帶回家，像是一顆

水晶球、一瓶在接下來的幾個星期內可以幫助你的精油，或者是一些從她家的花園裡摘下的花等。最少最少，她也會在你離去時給你個擁抱。你將會經常回憶起她的仁慈以及感情的慷慨大度。

生活典範型的分析師

生活典範型的分析師比較關注的是你生活中的角色是如何行動的。這類型的分析師會特別強調你的生活態度或信念是如何導致你目前的環境。以中肯的問題詢問有關你的父母、你的兄弟姐妹，以及你到目前為止的人生，這類分析師關注你的生活，企圖從中拼湊並描繪出他們所能看見的一切。

生活典範型的分析師對於為你掌舵駛離礁岩，並朝向一個更舒適、圓滿的人生懷抱著一份責任感。因此，這類型的分析師比起教養型的分析師顯得比較不具同情心，而在表達他們的觀點上又比神祕主義的分析師來得更為直接。當你準備好要讓某些負面的或者得不到回饋的行為棄械投降，好為自己建立起截然不同的生活時，就適合向這類型的分析師尋求諮商。而假如你是想要找個人來同情你，就要避免找生活典範型的分析師，因為他在你坐下來的那一刻就開始觀察你該解決那些議題，不論是明顯可見的或是隱而未明的。

顧客通常會從典範型分析師那邊收到家庭作業，分析師會告知藉由凸顯或強化那些特質將會是有利的。典範型的分析師對於引起人們動機的興趣大過預測未來。他們深諳：你目前的所作所為就是在形塑你的未來，他們渴望能協助你去追求你的人生夢想，假如你已經準備好要為了能抵達彼岸而努力的話。

通常生活典範型的分析師會以「今天的主題是……」這樣的說法作為這節分析的開場。這是為了確認問卜者所面臨的最急迫的議題。這類型的分析師會掃瞄所有的議題，然後觀察出問卜者的盲點。而這麼做的過程中，分析師會知道如何以顧客能接受的方式來說明。他們不會直接說：「你知道，你的問題就是……」，而是用一個問題來表

達：「你覺得有沒有可能，你父親把你當做小孩般忽視的態度，已經被你複製到同事之間的相處方式上了？」這種方式讓人不會感到被威脅，反而可以鼓勵他們表達在生活形態上可能發生的事件。

生活典範型的分析師通常是相信顧客已經知道是怎麼一回事了，而作為分析師，他們的工作就是把顧客的恐懼和希望給說出來。當你深陷在最冷酷的情緒風暴中，回想一下即將來臨的夏天或許是個恩賜。這不會讓冬天變短，但這會溫暖你的心，並強化你的決心，而這正是你最需要的。

直接了當的分析師

另外一群分析師所提供的則是一種直接了當的方法。他們看見了什麼就會立刻直接說出來，而不會花時間在心裡面先整理一遍。這有可能會帶來令人吃驚的準確性，不過也可能讓問卜者在情感層面受到挫折。這種直指事實的方法最適合那種想要誠實，而不要圓融機巧的問卜者。

在塔羅分析師以直接的方式進行分析之後，你會明確的知道自己處於生命情境中的位置。這種分析師會直接告訴你，你所追求的戀愛關係是渺茫的，而且那只會再浪費掉你人生的另外三年而已。接著他們會解釋說，假如你已經準備好要離開你目前這段關係，而且找個諮商者來檢視並改變你的戀愛關係型態，那麼兩年內就會有一個新的對象向你走來。這類型的分析師通常比較有可能是權杖類型的人。

透過密切的檢視你的顧客，你就能確認自己的分析風格。假如他們是實事求是的人，而且會把一系列的問題準備好才過來，或許你可以運用開門見山的方式來分析。假如你的顧客總是一把鼻涕一把眼淚的前來，而且久久無法從你歡迎的擁抱中抽離，你可能就是屬於教養型的分析師。顧客本能地會替他們自己找到正確的分析師。

並沒有那一種類型的分析師比較好或者比較正確的說法，不同風格的分析師各有欣賞他們的顧客。當朋友告訴你某位分析師「並不是

太好」，在某些情況下這是由於個人風格的衝突。那些喜歡具有神祕色彩的顧客，通常會對運用直接了當方式的分析師感到失望。同樣地，那些喜歡純粹事實的分析者也會很快就被神祕主義分析師給惹火了。

當顧客打電話來預約塔羅分析時，你的對話內容就已經透露了你的分析風格了。

當你能回答下面這兩個問題時，要確認你的特殊分析風格就簡單了。

- 當你向塔羅分析師尋求諮詢時，你比較喜歡那一種分析風格？
- 在你攀爬過生命中肉體的、情感的、心靈的或精神層面的山峰時，那些曾經強化了你？

你帶了些什麼到你的分析牌桌上？

許多塔羅分析師在坐下來要進行分析時，會帶著豐富的經驗上分析桌。生命的掙扎、過去的成就、以及甚至是文化的觀點，都可能對這次的對談增添不少生動的色彩。假如你曾經單手舉起一個孩子、建立起一樁事業、克服過肉體或情感上的障礙，或者透過傷害而得到對生命更深刻的洞察，那麼這些特點都可以在你進行分析時帶上牌桌。

露西的兒子有著與生俱來的身體缺陷，在他頭兩年的生命裡需要持續的回到醫院治療。一開始露西簡直被這不間斷的療程給撕裂了，而且沒有任何保證她的兒子終將獲得健康。最後露西反求諸己，以自己的精神及情感意念發展出一個深刻的信念，那就是她的兒子會變得健康並且快樂。五年後，露西的兒子仍深受行動不便之苦，不過他很快樂。露西把她的信念投射到她的分析當中，鼓舞她的顧客去相信人生的種種可能，即便他們從自己所在的位置根本看不見任何可能的解決方案。而瑪雅總是居無定所，一開始她非常寂寞且孤獨。三年後，瑪雅學會了如何獨處而不感到孤寂。她也把這帶進她的分析裡面，譬

如她會向考慮要離開一段戀愛關係的顧客解釋，這有可能是在沒有伴侶陪伴的情形下想要實現自我。

剛德說多年來他一直在和深層的精神飢渴角力，他研習許多課程、加入自我發展研討會並且閱讀許多書籍，但這份深層的飢渴依然揮之不去。有一天，剛德突然領悟他的飢渴是沒有一個簡單的答案可以回答的。他發現冥想可以滋養他的精神，因此在他的分析當中，他會去探索有那些活動可以滋養他顧客的精神。剛德相信假如更多的人知道如何去照料自己的精神需求，對塔羅分析的需求或許就不這麼高了。

愛普若花了許多年的時間探尋她的人生為何走到今天這個局面，在她發現了教學的樂趣之前，三十五年來她沒有一個真實的方向。而現在愛普若特別重視運用她的塔羅分析來釐清每位顧客的人生目標。

Chapter

29

THE JOURNEY TO BECOMING A READER
成為一位塔羅分析師的旅程

許多人到了要展開專業塔羅分析師生涯的時候會感覺到畏縮，特別是假如他們沒有一位導師或者一位支持性的朋友，來協助他們度過早先的那幾個月的話。這裡提供一些展開分析師旅程的方法。

在市集進行分析

對於那些尋求豐富經驗，進行短時間、低廉收費的分析的人來說，在市集進行分析不失為一條好走的道路。許多剛入行的人會覺得他們並沒有提供對等的服務給顧客，所以會延長分析的時間，甚或是拒絕收取任何費用。打敗不適任感覺的最好方法包括了盡可能的多進行分析以增加直接的經驗，並且請教其他分析師，看看他們為所收取的費用提供了那些服務。

經驗通常足以建立起信心，尤其是假如這經驗是正面的。假設你三個月內為十五位被裁員的顧客進行過分析，那麼你可能就會覺得自己足以勝任處理下一位被裁員的顧客了。

一個有難度的分析過程可能會讓想成為塔羅分析師的入門者受挫，但是困難的分析同樣會讓人延伸並拓展作為一位分析師的技巧。

當你碰上難搞的客人時，要有勇氣和他們周旋。問問你自己，他們教會了你什麼？一個搗蛋的學生就教會了我如何成為一個更有定見的主導者。

我們幾乎不可能確知你所說過的話對於問卜者的意義是什麼，你也許覺得這是你進行過的最棒的分析，而問卜者卻在你沾沾自喜的同時把錄音帶給扔了。也可能你在一次分析結束後，因為自己的能力不足而帶著沮喪離開，然而問卜者卻聽到了他們當天最需要聽到的一句話。

在家裡進行分析

假如你無法在當地的市集工作，你的朋友也被你搞得人仰馬翻了，而你也還沒準備好到另類治療中心去工作，那麼就在家裡設立一個房間來進行分析吧。住家辦公室不需佔用太大的空間，而且可以快速的裝修和拆卸。裡面需要一張小桌子、一塊中間色調的布、兩把椅子、一台有麥克風的錄音機（好把這節分析過程錄音下來送給顧客）、空白的六十分鐘錄音帶、一隻小蠟燭（為了安全起見請把它放在碟子裡）和一副塔羅牌。假如這個房間還有其他用途，你應該事先把它收拾整齊，以免在問卜者到來時，房間太過擁擠或凌亂。一個整潔的、簡單布置的房間比較不會干擾到整個分析過程。

想想看，在你的居家辦公室中有那些事物可能會讓前來進行塔羅分析的顧客受到干擾，或者望之卻步？在門口就碰上一個衣衫不整的分析師、兩個哭哭啼啼的小孩、一隻狀似凶猛的狗，或者是一眼就瞥見像是「入門者的魔法書」這類的書籍等，感覺上就像是在詐騙。而味道太強烈的線香對於敏感的顧客來說則是一種冒犯。

假如你確實是在居家辦公室中進行分析，記得要注意你的人身安全。我不建議在深夜裡幫人占卜，除非有朋友陪伴，否則也不贊成到對方那兒去進行分析。假如你一開始接到電話就對某個問卜者有所懷疑，請拒絕對方的預約或者是把他們轉介給其他分析師。你可以跟對

方表示你的預約已經排到九個月以後了，或者說另外一個很特別的分析師可能更適合他們。作為一名分析師，你自有權利拒絕為任何人分析，但你最好是細心的處理以免冒犯他人。假如你感覺到某人有隱藏性的企圖時，拒絕為他分析是比較好的做法。

假如你到朋友或者是認識的人那邊去進行分析，要確認把你的電話調成靜音模式，這樣你就可以在有需要時撥打緊急電話了。一些女性分析師喜歡在療癒中心或書店工作，因為這些營業場合不時有人出入。卡羅是一位很有經驗的塔羅分析師，當她丈夫在家時她只替男性顧客進行分析。事實上，不論男女，大多數的顧客是非常專注於他們的問題的，以致於不會太去注意到分析師本身。

交易性質的服務

在剛展開職業分析師生涯之初或者稍後，交易性質的服務都是一個不錯的選項。你可以得到經驗，而人們則獲得口頭上的指點。最近有個朋友就幫一位女士進行了交易性質的分析，對方的丈夫以替分析師安裝空調設備做為回饋。而用一次占卜交換一頓晚餐也並不稀奇。當你獲邀共進晚餐時，卡片上來一句「喔，對了，別忘了把你的牌帶來！」也沒什麼好奇怪的。

雖然終極目標是要用塔羅牌分析來交易可用的現金，不過替美髮師分析來交換一次理髮也可能是個明智的交易。美髮師在一個禮拜之內和很多人交談過，假如他們有很好的占卜經驗，就會一一告訴他們的客人，而這種宣傳效果可比報紙廣告要有效多了。透過朋友或認識的人得知你的服務而成為客戶的比例，通常至少有五〇％以上。

在剛開始的兩年內你可能會經常用占卜來交換物品或服務，一個顧客交換一次占卜應該就夠了，但是要建立起一種習慣通常需要二或三次的分析。做完第三次交易式的分析，你就已經變成他們比較喜歡的分析師了。之後，不管你的塔羅事業有多繁忙，還是要給這些早期的顧客優惠服務，因為他們是你的原始客戶，是他們幫助你建立起事

業的。對他們懷著敬意，那麼你的事業將日益茁壯。

　　塔羅分析師最好不要替處於情緒風暴中的顧客進行分析，當你的業務量大增之後，你或許可以在每個禮拜留下兩個預約時段給老客戶或者是那些很少有機會進城來的客人。

名片

即便當你透過交易式的分析換得一條牛仔褲、理一次頭髮或者搭一趟便車，都要準備好你的名片以送給客戶。因為假如他們沒有你的電話，就很難幫你做推薦了。如果你的顧客沒有留下你的電話，你就會喪失了百分之九十以上被推薦的機會，所以，第一件事就是印好你的名片吧。

電話的處理

假如你家裡住著若干成員，或許比較好的方式是列出你的行動電話號碼，好讓潛在客戶打電話找你時能順利接通。答錄機裡怪裡怪氣的外出留言對第一次打電話來的人而言，可能會引起對方的反感。

　　儘管留言聽起來沒什麼，但在顧客第一次打電話給你到你回覆電話之間，不容許間隔時間過久，否則你將喪失這次預約的機會。潛在顧客可能會打電話給一大串的分析師，而且他們將會向第一個接他們電話或回覆他們電話的人預約。假如你沒有辦法在二十四小時內回電話給對方，那麼你最好在對話一開始就先為耽擱這麼久時間才回覆這件事道個歉。對於陷入煩憂的問卜者來說，二十四小時已經像是一輩子那麼久了。

　　當回覆潛在顧客電話時，要提供兩個預約時間給他們。假如你給太多的選項，他們反而會覺得困擾。問問對方比較喜歡白天、傍晚或假日的預約時間，還蠻有用的。有時候顧客會喜歡在工作日來拜訪你，那麼他們的另一半就不會知道他們曾經來做過分析了。

電話分析

你的客戶有可能是從國外來旅行的，或者已經搬到國外或其他州去住了，假如他們欣賞你的分析風格，與其找其他分析師，他們會比較喜歡打電話給你，也會把你推薦給他們位於波士頓、巴黎或香港的朋友。假如改天你想造訪這些地方，或許有人會希望你能幫他們進行分析。在你停留的期間，這些顧客有可能會推薦他們的朋友來看你，結果你的行事曆上可能就會排了滿滿的預約行程。

所以最好是提供電話分析並設定好時間和收費標準，假如顧客的電話費是以分計費的話，也好減輕他在電話上等待的時間壓力。假如你知道自己有三十分鐘的時間，你就可以在那個時間架構內工作，進行一個有效率的分析。三十分鐘之內有可能完成大體上的分析和三個問題。雖然面對面的分析一般為時六十分鐘，不過通常花三十到四十五分鐘的電話分析所收取的費用是和前者一樣的。這是由於電話分析在分析師這方面需要花費極大的心力，因為你無從透過問卜者的面部表情來判斷你是否切中主題。而且假如問卜者在分析過程中正在記筆記，通常會出現令人不自在的沉默，譬如當你在為各個牌形的詮釋做結論時，問卜者也正在寫下你所說的話。

通常打電話要求電話分析的顧客，在預約時間的時候會藉由信用卡來付費，你會需要商業服務機構來處理信用卡付費事宜。以下是你可以考慮的付款機制。

- 透過網路銀行直接把錢存入你的銀行帳戶。在分析開始進行之前，顧客就已透過傳真或電子郵件將網路銀行的收據傳給你。
- 把支票郵寄給你。這需要在分析之前的一個禮拜把支票寄達，這樣才來得及將錢匯入帳戶。
- 寄匯票給你。這通常是透過當地的郵局把現金寄給你。

要知道顧客對於付款給你的方式有各式各樣的想法，但假如付款在你

進行電話分析之前還沒有完成，那麼在做完分析之後，他對於付款給你的急迫性就大大的降低了，為了避免有所付出卻得不到酬勞，你要確認在電話分析進行之前就收到款項。

當顧客打電話來要求進行分析時，要跟對方說明你會以一個大體上的分析作為開始，然後接下來再進行特殊的問題。請求對方給你幾分鐘的時間來準備大體上的分析，然後你再依如下程序進行。

- 洗牌，一邊把一些牌倒過來放，一邊在心裡唸著：「這是代表 ×××（問卜者的姓名）」。
- 將牌以一直線於桌面攤開，接著閉上雙眼，並以你不習慣寫字的那隻手一次選一張牌，共選出七張，這時候在心裡問著：「關於（某某事）將來會如何？」

- 以平常的手法將這些牌排成 V 字形，就好像問卜者正隔桌坐在你的對面似的。
- 花點時間檢視一下你面前的牌。
- 假如你要為你的分析錄音，錄音一開始就說出日期並說明問卜者在所有事物的預測上擁有自由意志。
- 詢問問卜者的星座。如果桌面上的牌有某些代表著星象學上的象徵，這星座或許就是其中之一。
- 依序解釋每張牌，作法如同面對面進行分析。
- 詢問問卜者這是否對他們具有意義，或者是假設他們要求你對分析的每個部分都要加以釐清。
- 把這些牌收起來放成一疊，並迅速的重複洗牌。

- 在你解釋完每個問題之後，重複上述的動作。假如對方詢問戀愛關係的問題，你可以在選七張牌時心裡問著：「丹尼斯和卡羅的戀愛關係將會變得如何？」
- 當對方只剩下一個問題可以提問時，要記得提醒對方，這樣顧客才有機會可以決定那個問題比較重要。你可以說：「已經到了我們這次分析的尾聲了，你還有時間問最後一個問題。」
- 假如要錄電話分析，你會需要一個擴音器，這樣兩邊說話的聲音才可以都聽得清楚。假如你有處理軟體，你也可以把這段分析錄在MP3錄音器裡，再透過電腦燒成光碟，寄光碟給你的顧客。

跨州或海外服務

當你有了信心，或許你會希望把你的服務擴展到外地甚或是其他國家去。做好準備，目標設定在免費講座的舉辦地點，或者當地願意給你在空中發聲時段的廣播電台。這需要花時間和做出貢獻，但是只要有耐心，你就可以建立起跨越洲際或者是其他地方的顧客群。

收取適當的費用

剛開始執業作為分析師，這通常意味著一開始的收費比有豐富經驗的分析師要低廉。打個五到十通電話給同一地區的分析師，你對於目前分析的平均費用就會有概念了，而且把你的收費訂得比這平均值再低一點是個變聰明的方法。這個費用會隨著你的經驗增加而提高。你的目標是以一個合理的收費提供有品質的優良服務。假如你做生意是為了償還新房子擴建的費用，而沒有提供好的服務給你的顧客，你恐怕將沒辦法長期擁有客人。

　　考慮一下至少每年一次，到小型社區團體或心靈發展團體去擔任義務的客座演講者，這將有助於磨練你的技巧，並且能讓這些團體籌措到讓社團持續運作下去的經費。

廣爲宣傳你的塔羅服務

付費廣告只是與大眾溝通的其中一個方法。擔任客座演講者、在廣播和電視上露臉、在報紙上撰寫文章和在雜誌上發表故事等，都有機會和那些可能成為你客戶的人接觸。

假如你決定要在廣播或電視中露臉，不妨考慮上一些表達技巧的課程。這些課程會教你一些基本技巧，包括不要穿那些衣服上電視（不要有條紋或複雜圖案的衣服）、怎麼樣看鏡頭才會像是在和朋友交談、以及在廣播訪談中如何以清晰又有節奏的語調談話。一堂好的課程將會讓你得到意想不到的回報呢。

在早期，你的空檔時間比有顧客上門的時間多時，不妨動手設計你的名片、構思一下廣告單的版面編排方式，或畫個要刊登在當地報紙及雜誌上的廣告。在布告欄上張貼表達簡單明瞭的海報也有可能吸引當地的顧客。許多社區活動中心、圖書館和店家也有可能讓你擺放名片或廣告單來宣傳你的服務。

進行廣告宣傳時，使用你的全名是比較專業的，因為隨時讓你自己像個理性的生意人是有必要的。如果你隨時以一種專業的態度來表達自己，你甚至可以吸引到那些把塔羅分析師看成是外星人和不可靠的人種的保守人們。在近來企業聖誕節的盛大集會中，有五位塔羅分析師受雇為派對增添趣味。四位分析師以大披巾、大圓圈耳環打扮成吉普賽人的模樣，而第五個分析師卻沒有這樣做。一時之間，第五位分析師有著幾乎二十個人在排隊等著他作分析，而其他「吉普賽人」則呆坐在一旁。

以下我列出一些要開始成為專業的塔羅分析師的實用招數細節，來為本章的基本要點作結論。

• 在當地的市集提供簡短、收費低廉的分析。
• 設立一個居家工作室，因為這可以讓你在上班之餘或週末假日的時間為人進行分析。記得維持居家工作室的簡單及整齊。

- 假如你有任何和你所提供的服務相關的證照，如果可以就把它懸掛在你進行分析的地方，因為這些會激起顧客對你的信心。
- 一開始不妨透過交易式的分析來換取物品或其他服務，以建立起口碑。
- 要快速的回覆所有的來電，並提供潛在客戶二或三個可能的分析時段，供對方做選擇，但太多的選項反而會讓顧客無所適從。
- 在募款活動或甚至校園園遊會中擔任免費的客座嘉賓，提供你的服務（在塔羅營帳內擔任分析師）。
- 隨身帶著你的名片。
- 在當地報紙、社區大廳的布告欄，以及透過電腦網站或 Google 之類的搜尋引擎廣告來宣傳你的服務。
- 記住你的朋友們可能不會跟很多人提及你。一開始通常是你的同事以及認識的人會跟別人推薦你，因為你是他們所認識的人裡面唯一扮演塔羅分析師角色的人。
- 從自己所在的地方開始，再慢慢擴展宣傳範圍，並強調你的服務是多麼的獨特。
- 詢問每位顧客他們是怎麼知道你的，好瞭解你的廣告效果如何。這樣，明年你就會知道如何做更有價值和有效的宣傳了。
- 用一種長期經營的方式來展開你的塔羅事業。堅固的房子是從穩定的地基開始的，而興盛的塔羅事業也是如此。
- 在你的所有廣告中使用你的全名，因為這樣比較專業。
- 你可以利用電腦來製作有效率的宣傳海報，張貼在當地的布告欄上。展開塔羅事業不見得要花很多錢。

VALUING WHAT
YOU OFFER TO CLIENTS
為你提供給顧客的服務做個評價

許多分析師低估了他們提供給顧客的服務。他們的收費遠低於他們所應得的——雖然他們事先解釋過一節分析為一小時，卻提供了九十分鐘的時段，或者是把自己搞到筋疲力竭只為了取悅顧客。

假如你打算要長期作一名塔羅分析師，學習看重你自己以及你所提供給顧客的價值是很重要的。分析師的熱情消磨殆盡，有著各式各樣的原因，包括：

- 缺乏心靈上的防護
- 缺乏心靈上的潔淨
- 工作環境不佳
- 每個禮拜的問卜者過多
- 沒有照顧好自己的健康和福祉

定期檢視你的能力是健康的，與其相信你是全世界最棒的塔羅分析師，寧願對某次特殊的分析經驗或一個禮拜的分析結果抱持懷疑，這和認為自己提供給顧客的總是不夠好，是截然不同的。

在你進行過二十次分析之後，通常你就已經熟悉了你比較喜歡的

牌形了；四十次分析之後，你便能瞭解整個呈現的過程；而做過五十次分析之後，在把牌做連結並描繪出問卜者生活環境的圖像上，你會做得越來越好。而等到一個分析師做過八十次分析之後，他們通常就會有自信，而且在分析過程當中的壓力也沒那麼大了。記下塔羅分析日誌通常是有幫助的。

假如你在做過八十次分析之後，仍然因為缺乏信心而嚴重地阻滯你的分析師之路，那麼你或許需要一個更有經驗的塔羅分析師來幫助你。找個塔羅導師來引導你一段時間或許就是你的答案。臨床心理學家或諮商師會尋求一個更有經驗的開業者進行每週的督導，塔羅分析師也可以從規律性的督導而獲得成長。

塔羅督導可以確認你是否運用有效的心理防護技術，以及是否進行規律的自我淨化。你的督導也可以和你討論比較複雜的個案。一個更有經驗的分析師可以點出在某些案例中，你實務操作的那些部分會阻礙你成功。

有些分析師在為問卜者分析時會給自己莫名的壓力。他們覺得有責任在這段專屬的時間內不斷的講話，而這麼做的結果，卻使得問卜者沒有辦法吸收你所說的話。假如顧客遲到的話，不要嘗試把一小時的分析壓縮成三十五分鐘。你可以解釋你必須準時結束分析，而這節分析的費用仍舊依早先同意的數字來收費。你不需要為顧客的遲到負責任，通常他們會接受這樣的安排。

假如你計畫成為專業的塔羅分析師，你也必須撥出若干支持系統的預算，譬如規律性的按摩、一位會計師或是一名生活教練。這些服務將幫助你維持均衡，好讓你能把最好的服務提供給客戶。分析師有時候會忽略掉自己的健康，而要為他人占卜就得要有良好的健康和活力。就如同保養良好的機器可以跑得比較久而不會故障，假如你能照顧好你最重要的資產——你自己的話，你將會在這個領域當中保持成功。

而知道是什麼讓你和其他分析師顯得不同，這點也很重要。有些分析師覺得價格是決定性的因素，但事實並非如此。許多顧客會樂於

付比較多的錢給那些提供他們其他好處的分析師,而這些好處可能包括了從交通便利的地點到特別化服務,譬如投資等等的任何事情。

堅持進行具有難度的分析

在塔羅分析事業的早期,即便問卜者並沒有任何惡意,你都可能會推遲有難度的分析。在最近一個塔羅評價入門課程中,我的學生必須要對陌生人進行一個三十分鐘的分析,這包括大體上的分析和答覆兩個問題。珊卓這個「顧客」(她也是一位塔羅分析師)得到了一次免費分析的機會。

在分析過程中,珊卓並不同意分析師對於某些特定牌的解釋,這使得分析師很難繼續進行下去。我容許這種情況發生,因為在真實的世界裡我幾乎每年都會碰上十次這樣的狀況。我對於顧客付錢買下一個時段,卻用來和我爭辯某些牌的意義而感到吃驚,而且接下來還要求我在我的塔羅書籍上簽名,這本書還是他用來學習的書籍呢。

在結束之後,珊卓離開了。我的學生自覺她表現得不夠好,因為連顧客都不能認同她。我指出她的顧客囂張跋扈、單向思考、而且又不能好好聽聽別人說些什麼,我還解釋說,當顧客重聽分析過程的錄音時,應該就能瞭解了。塔羅分析師通常就是難搞的顧客,因為他們並不熟悉如何當顧客。

隔天珊卓就打電話來討論一張牌的意義了,她期望我同意她對於該牌意義的看法,不過當天我並不是分析師,而只是一個旁觀者。她爭辯著世界牌倒立應該暗喻著一段美好的兩性關係,而分析師(我的學生)認為該牌意味著一位來自世界另一端的伴侶。但在問問題時,珊卓證實她的伴侶是來自世界的另一端,等於是承認了分析師一開始對於牌形的評估。

當被問到她是否想要主導前天那個讓她猶豫的分析過程時,她承認,透過錄音帶她聽到自己在整個時段中幾乎有一半的時間花在爭辯。我暗示或許她仍在爭辯,她笑了,而且接受了分析師一開始關於

她的情況的判斷。

假如沒有個經驗老到的塔羅分析師去留意事實，那麼替同行進行分析通常就是難事一樁，學生或許會對自己喪失信心，也有可能會放棄替他人分析。

試著不要讓有難度的分析影響到你的自信心，為了擁有一個安全網絡，在你快被一連串的高難度分析給打敗之際，請建立起一個正向回饋檔案。把所有顧客表達他們對於你分析的滿意回饋信件、明信片和電子郵件都擺放進去。在經歷過困難的分析之後，讀讀這些好重新平衡你的感受。

在你已經進行過幾百次分析之後，當問卜者沒有辦法認同你所提供給他們的資訊時，你要學會堅持下去。問卜者並不是故意要讓分析變得艱難的，在很多案例當中，這是因為他們沒有回想起你所描述的情況。

為懷疑論者釋疑

有時候你必須要回答懷疑論者所提出的問題，他們當中有些人對於塔羅分析師的正確性有著某些極端的要求。當你看見一些廣告上面幾近無恥的宣傳用詞時，有時候會覺得這實在也不能怪他們，譬如：

- 讓分居的怨偶重修舊好從未失敗過
- 促成快速且幸福的婚姻
- 化解任何形式的厄運
- 解除咒語
- 幸運魔咒

有時候懷疑論者宣稱塔羅分析師在問卜者的心田裡灑下種子，而那些問卜者也在有意無意間滿足了預言。任何臨床催眠治療師都知道暗示的力量有多強大，然而這還是有爭議的空間。當分析師描繪出問卜者

現在和過去狀況的輪廓時，假如分析師在分析之前並不認識該名問卜者的話，那麼分析師對問卜者的情形又是從何得知的？假如他們過去並不認識彼此，分析師如何在問卜者的心中灑下種子或給予暗示？懷疑論者要怎麼解釋一位經驗老到的分析師能夠在電話分析中形容出人們的環境和狀態，而分析師卻從來沒見過打電話的人呢？而且在許多案例中，分析師甚至從未到過打電話者所居住的城市或國家呢。

在健康心態下，某種程度的懷疑對問卜者是有幫助的。通常擁有最好直覺的顧客會去找到擁有最好直覺的分析師，這是因為當他們打電話去詢問價錢的時候，在和分析師談話時便能信任對方的直覺。即使是懷疑論者也有可能會決定進行塔羅分析，這沒什麼好大驚小怪的，假設不是相信直覺的話，他們應該會比較傾向於去找個提供荒誕不經斷言的人。

要削弱懷疑論者喧嘩之聲的最好方法，就是抗拒承諾你無法提供的誘惑，並且持續地以一種專業的態度來展現你的分析。害怕的、保守的人傾向去找以主流方式表現的人進行分析，不過如果你比較喜歡以不同的表達和方法來分析，你將會發現到形形色色的顧客。

BUILDING
YOUR REPUTATION
建立起你的名聲

就在你一步步邁向塔羅分析師之路時，你也逐漸建立起自己的名聲。仔細想想你會希望自己建立起怎樣的名聲？因為一旦這名聲建立起來，它有可能會成為你的一對翅膀或者你的靠山。名聲其實就是別人如何看待你做為一個人、以及一名塔羅分析師的普遍觀感。

為什麼我們要在意建立起一種名聲？因為當你發展出好名聲，你就能降低你的廣告預算。目前的顧客會告訴他們的朋友，這些人將會陸續地來找你進行分析，然後再一一口耳相傳下去。一旦你強化了你的名聲之後，就必須要用平常心來看待。因為你所聽到的正面消息都是來自每個對你滿意的顧客，但可能也有其他顧客對你的服務不是那麼滿意。當顧客被你的服務所取悅時，他們通常會告訴你，而當他們失望時，則傾向於用他們的腳來投票——在想要進行另一次分析時，會走向不同的塔羅分析師尋求諮詢。這意味著你從顧客那裡得到負面回饋的機會比起正面回饋來的少。

從做生意的觀點來看，當顧客向你抱怨某項產品或服務時，這通常是因為他們還想要繼續當你的顧客。假設他們對於你的彌補或服務已經沒有任何期待了，通常他們就會選擇安靜的離開。有一種說法是：一個滿意的顧客會將你的產品或服務告訴十個人，而不滿意的顧

客卻向二十個人進行負面宣傳。這就是為什麼好消息傳得很快，不過壞消息傳得更快！

　　透過和某個人保持良好的關係，有時候可以快速的建立起顧客網絡。這種顧客會在太陽下山以前就熱心地把你的才華傳播給一打人，而其中的六個會立刻就打電話給你。儘管其中可能不乏阿諛奉承，不過這樣的倚賴期待反而會增加分析過程中的壓力。

　　要建立起根基鞏固且正面的聲譽並不是件簡單的事，不過假如你打算要長期經營這個行業的話，還是要透過努力去爭取顧客和同業的尊敬。當顧客們搬走了、不想來了或與世長辭了，你需要新的客源來取代他們。而擁有好名聲就會讓開發新顧客變得比較容易。

THE TAROT AS A CAREER AND BUSINESS
把塔羅分析當作一項事業和生意

假如你想要成為一位專業的塔羅分析師,你就要準備好開始把分析塔羅牌視為一樁生意。

設定界線

要作為一名塔羅分析師,一開始就要設定分析的步調。顧客通常不瞭解每次分析都自有其過程,因為他們所關心的是個人的問題。堅守分析過程的界線能確保分析平順的進行,而且你能依照計畫來度過為人占卜的一天。

當問卜者對於你占卜的準確性印象深刻時,有時候他們會相信你對他們知之甚深。但事實並不是這麼回事,因為在和人並坐六十分鐘之後就瞭解他們,這幾乎是不可能的事。當問卜者覺得你是唯一瞭解他們、且知道他們所面對的人生難題的人時,他們偶爾會以為這是友誼。假如發生了這種情形,作為分析師的你可自行決定如何謹慎卻堅定地重設你與顧客之間的界線。假如不及早這麼做的話,稍後你就要冒著讓顧客因想像幻滅而痛苦的危險了。顧客界線消溶的徵兆包括:在分析結束之後還逗留不去、在分析之後的幾天一直打電話給你或要

求與你共進晚餐、或者是在第一次分析之後沒幾天就在找下次會面的時間，總是想要和某個他們相信是真的瞭解自己的人在一起。

假如你打算要以專業的態度進行分析的話，你需要在下列的範圍設下界線：

- 每次進行分析的時間長度（或許你可以提供半小時和一小時這兩種分析時間長度）。
- 費用以及付費的方式。
- 一次只為一個人占卜。朋友和伴侶可以在等待室休息。
- 不替染上毒癮或酗酒的顧客進行分析。
- 不因為顧客遲到而延長分析時間。
- 堅守你每天第一個和最後一個約定的分析時間。
- 避免透過電話進行匆促的免費分析。

你要如何經營你的事業是由你自己做決定的。只要你確信顧客理解這個遊戲規則，並合理地謹守此分際。假如你無法維持你的界線的話，就不能期待顧客去遵守這些界線。

視你的塔羅分析為一種可銷售的技巧，而非一種「敝帚自珍的禮物」是邁向成功塔羅事業的第一步。進行一小時的分析可能會感到枯竭，這令學習者難以置信，但是不消多久時日他們就會發現這是多麼令人筋疲力竭的事了。有些人形容壓力是來自於諸如責任這類的事情，因為問卜者可能會照著你所提供給他們的資訊去行事。從這個觀點他們就會瞭解自己是真的在賺取應該得到的金錢。

分析要正確、精準，又要對顧客有所幫助，但這樣的壓力並不會阻撓你變得更有經驗，你需要找到新的方法去處理它。假如你並不喜歡坐下來替一個陌生人進行分析時所感受到的壓力，或許塔羅分析的事業並不適合你。

以下是一些消除分析進行過程中壓力的方法：

- 向顧客解釋你需要花幾分鐘來仔細檢視每張牌，這是為了要正確的陳述。讓顧客知道你並不想自相矛盾，因為這會帶來困惑。從這個角度來談，顧客通常會樂意給你幾分鐘。假如你只是沉默的看著牌，有些顧客會誤以為你已經看到了災難，而正在思考如何將這個壞消息告訴他們。

- 假如擺在桌上的牌令你感到困惑，要求顧客再多選一或兩張牌。

- 假如你對大體上的分析（或者其他任何牌形）感到困惑的話，向顧客解釋這種情形。你可以這樣說：「我對這邊有點困擾，這部分的分析暗示著你對自己的環境感到滿意，然而這些牌卻形容著一種已經進入最低潮的狀態。有可能是兩方面的事同時發生在你不同的生活領域內。我將一步一步地解釋這個情形，如果其中有任何事情對你並沒有意義，請告訴我。」用這種方式告訴你的顧客，你們會一併發現更正確的未來。

- 在你詳述過去的牌之後，問你的顧客：「這些對你有意義嗎？」如果他們說沒有，請他們再選一張牌來釐清原始的牌。把這兩張牌一起詳盡的說明，換句話說，假如第一張牌是寶劍十，而附加的這張牌是五角星王牌的話，你可以說：在許多事情處於低潮之後，一項新事業或收入會進來。這會讓你的顧客對人生有一個方向。

- 以不疾不徐、冷靜且確信的態度說話，透過專業的方式讓你的顧客對你產生信賴感。

任何領域當中的專業都會讓工作顯得簡單、規律、甚至悠閒。這就是為什麼經驗豐富的分析師通常收費會比菜鳥高的原因，有了十年的經驗，你將學會如何應付難搞的顧客、怎麼說出複雜的問題、指點需要進一步幫助的顧客往那邊去，以及當顧客坐下來要進行分析時，知道如何巧妙的適應他們。

YOUR CLIENTS' NEEDS
顧客的需求

顧客類型林林總總，他們會在生命當中的不同時候、因為不同的理由
前來尋求分析師的諮詢。

過渡時期的顧客

當安潔拉從澳大利亞搬到加拿大去時，不論在家裡或是工作上，她都
有一種被孤立的感覺。一開始她並沒有社交生活，所以在前十二個
月，她透過電話進行了三次分析。當她在新環境中安頓下來，並度過
她的過渡期之後，安潔拉進行塔羅分析的次數就減少了。

　　當顧客正在經歷重大的變遷，譬如從一個地點搬遷到另一個地
點，或者是面臨離婚事件時，一個支持性的角色，諸如塔羅分析師或
是諮商師，都可能對對方提供相當大的幫助。當你替這類型的顧客進
行分析時，你要認知到，當過渡期過了，你可能就再也見不到這個人
了。

　　當這種事情發生時，可別把它當成是自己的因素。如果生活過得
舒適又快活，有誰會需要塔羅分析師呢？

重大的劇變

當顧客受到悲劇的重擊時，他有可能會立刻打電話給你，尤其是假若你曾經在他們經歷困難時給予支持。為正在經歷劇變的顧客進行分析頗為困難，因為顧客本身對事件的希望與恐懼都會成為另一個問題，因此降低了分析的正確性。與其給予立即的回應，不妨鼓勵他們沉澱一段時間後再來進行分析。請他們在這通電話後的下一次分析時，提出能代表他們目前處境的五個問題。透過這種方式你就能夠把精神集中在問題上，而不會因顧客的急迫感而分心。

使人生具有意義

有時候當顧客無法賦予自己的人生意義時，會來找你諮詢，特別是遭逢意料之外的死亡。廣泛的哲學性問題通常會伴隨著這類的分析出現，假如你能替最近才過往的所愛之人傳達一個訊息的話，會很有幫助。假如你不具備這方面的能力，請幫助顧客組織並說出有意義的問題，然後回答他們的這些問題，這對於那些顧客可能會有實質上的助益。

非常棒的分析

請留意坐在你面前的是那一種類型的人（權杖、聖杯、寶劍或五角星），這有助於你調整分析風格來適應不同的顧客。聖杯類型的顧客喜歡有時間可以思考，但假如你二十秒沒有講話，寶劍類型的人會以為你已經死掉了。而權杖類型的人喜歡一個笑聲、一個挑戰，而且比較喜歡聽沒有任何拐彎抹角的話。至於五角星類型的人則中意規律的分析過程，五角星類型的人可能會在意他們沒有正確地跟上你洗牌的指示，所以你要再次跟他們確認。當顧客閉上雙眼，從正面朝下的牌裡面選擇他們的頭七張牌，在第一張牌放到桌面上時，可以跟他們

說：「這樣沒錯。」這類的話。這樣可以讓顧客確認他們有照著被要求的方式做出正確的動作。

在分析的一開始就解釋清楚分析的程序，可以幫助顧客知道他們可以期待些什麼。寶劍類型的人喜歡有個計畫的輪廓；五角星類型的人透過有結構的安排會感覺比較放心；至於權杖類型的人有時候會因為不必要的細節而覺得你在拖延；假如你令聖杯類型的人覺得不舒服的話，你所詮釋的用字遣詞將會讓他們感覺迷失。要讓一個聖杯類型的人舒適的話，或許你需要提供他們一杯水、一杯茶，或者你只需有一個溫暖且舒適的分析室。

在某些案例中，你的歡迎態度是表現在整節分析當中所設定的語氣。假如你表現出不假思索或冷漠疏離的態度，你的顧客恐怕不會認為他們可以和你討論那些令他們困擾的事。當顧客到達時，他會反應你的能量，而你也會反應他們的能量。當前來的是一位難相處又有侵略性的顧客，可能會在你為了自我保護而採取一種可能性的（甚至不是故意的）攻擊語言或能量時，立刻和你產生了距離。因此，當顧客到達時，留心你如何應對每位顧客，這能幫助你決定整節分析如何進行。

不論如何，顧客的憤怒或侵略性都可能與你無關，或許他們才剛解決了一項交通事故，或者他們隱藏起對於你即將告訴他們的事情的恐懼，並且藉著憤怒或對你表示輕蔑來減輕壞消息所帶來的痛苦。

當你能夠讓顧客放輕鬆、保持中立，這會鼓勵他們問問題，並且在你開始分析之前描繪出整個過程的輪廓，那麼就會有一次很棒的分析。當他們在洗牌的時候，和他們簡短的對話，有助你建立起和諧關係（以及和顧客有一種精神上的連結），並促進顧客與你之間通暢無阻的精神能量和資訊流通。

重要的是你和顧客有著相同的目標，你們都希望有次美好的分析經驗，所以假如你的顧客有著不合理的期待或者是問題太多時，進行一些協調或許是有需要的。

他們有聽進去嗎？

對於某些分析師來說，他們的失望及挫折一般是因為顧客前來進行分析、問他們問題，卻沒有在聽他們所說的話。有時候顧客沒有聆聽分析師所言，是因為他們極度地相信即將會發生一個特殊的結果。而另外的情形還包括，他們是在尋求一個心中想要並可達到的目標或生活形態的預言。這並不是建議說，問卜者應該要牢牢記住分析師所說的每一個字，不過他們有可能會回來好幾次，卻仍忽略掉分析師所告訴他們的事情。

在莫蓮達的第二次分析中，她問到幾個可能的戀愛關係以及一個新家。她想尋找更光明的未來。塔羅牌的暗示是，她可以選擇她等待的真命天子將她從晦暗的生活裡拯救出來，或者她也可以拯救她自己。現階段她尚未成家，而塔羅牌每次都建議她檢視足以賺取足夠收入的方法，好在這個城市裡生存下去，不過她卻不去檢視這些可能性。

莫蓮達帶著失望的感覺離開，她解釋說，作為一名兼職的塔羅分析師，她瞭解問卜者離開時的心裡感受。當被問及她那為數眾多的失望顧客是否都做好了幫助自己的準備、或者他們是否希望擁有一個美好的未來好脫離籍籍無名的現況？她證實了失望的顧客通常並不願意幫助他們自己。當被問到是否願意幫助自己遠離艱困的環境，她卻爭辯著說她只想聽到好消息。當要她在「好時光就在前方」，或者是「確認你的努力將獲得回報」，這兩個選項當中選擇其一，她說她兩者都要，但最後卻接受了後一個選項，因為那更有價值。到了這個階段，被問到的是何時準備好要開始朝向她所渴望的人生邁進。

雖然許多顧客接受塔羅分析師是諮商師的角色，來協助他們做決定，但有些人卻把分析師看得太重要了。他們相信命運的隱喻，不願花精力去型塑他們自己的運途。他們似乎相信，假如塔羅分析師告訴他們，他們將會成功、幸福或圓滿，那麼這些就會發生。他們看不見成功或圓滿的機會原來是在個人的掌控中。

所以你會冒一個風險，就是你告訴顧客的話聽起來有可能像是陳腔濫調，但生命中就是會發生某些重要的課題，它們有可能讓我們沒辦法釋放出所有的潛能。這些包括：

- 需要去確認你的友誼以及戀愛關係的價值是什麼。
- 學習如何去要求迎合你需求的方法。
- 要能接受某些人就是沒辦法帶給你價值，而和這樣的人處於戀愛關係當中，是在浪費時間和精神。
- 要瞭解你能夠學習新的以及更有效率的方法，來過一種更圓滿的生活。
- 要知道你並不能夠去改變別人。
- 被他人知道和認同的重要性。

我們許多人已經在生命中的某些部分留下一些污點，可能是財務盲點所形成的污點，也可能是因為對於破壞性的情緒模式視而不見。塔羅牌提供你破除盲點，進而觀照人生的機會，而這機會則是來自一個有探看美妙人生風光觀點的人。

FINDING HOPE
發現希望

塔羅分析師在他的實務工作中的任務之一，就是幫助顧客找到他們人生中的希望。尋找真正的希望、而非僅是一個有創意的幻想，同時也可能是一個挑戰。

當羅娜到達時，她正因為擔心她的財務問題而感到疲憊不堪。羅娜仰仗她的兒子作為財務上的引導，由於在退休的三年內，她都在幫一家小公司兼職管理帳戶。支付家庭開銷，這份收入原本是足夠的，但是她兒子湯瑪士卻說服羅娜把她的房子全額抵押貸款，好讓他做生意。十八個月後湯瑪士就把錢賠光了，宣告破產並且鋃鐺入獄。羅娜並不知道他究竟犯了什麼罪，因為湯瑪士拒絕告訴她。

她來向我進行財務上的諮詢時，事情都已經發生七個月了，湯瑪士還沒有還清欠款，無法得到釋放。而羅娜卻付不出貸款金額，羅娜的安全感已經因為一個野心大過她能力的男人而喪失了，然而她還等待著他從牢裡被放出來以後，或許還能給她更多財務上的建議。

羅娜選出四張牌，代表她難題的四個解決選項，結果顯示羅娜有幾個選項。

牌 1	牌 2	牌 3	牌 4
現在就把房子賣掉	稍後再把房子賣掉	向兄弟求救	其他

正立的五角星國王暗示羅娜有一位兄弟是個務實的人，而且對於財務方面的事很有經驗。這暗示著他有可能提供有利的選項來解決她的問題。這張牌為羅娜帶來了希望，因為她在財務方面總是糊里糊塗地，再加上家裡有個不可靠的男人。

羅娜的最後一個問題問道：「我將來的財務狀況會如何？」代表結果的牌是正立的太陽牌，確認了目前的財務危機將會過去，而羅娜在未來將重新對生活感到滿意。

從分析當中發現羅娜一直以來都不想處理財務上的議題，因為那似乎很累人，她急著盡快和她的兄弟談這些問題，而她也因此得到了可靠又客觀的會計人員的姓名和電話號碼了。

我提醒羅娜，當太陽牌出現在她眼前時，她的財務危機就會過去了。

問卜者通常會在感覺到人生似乎荒涼無比時，前來諮詢塔羅分析師，而分析師的責任就是提醒他們，這是一個個人生命裡的冬天。雖然既痛苦又令人筋疲力竭，不過冬天不會一直持續下去，而他們可以藉此得到一個很有用的目標。一段荒涼的時光能提供問卜者一個深思人生的機會，並考慮清楚他們目前的人生方向。它也提供你一個與人會商的機會，如果你無法直接碰觸到自我，或許諮詢塔羅分析師能提供你所要追尋的洞察力。

當你已經跟問卜者解釋過，他們之前的伴侶不會回來了，而且這段戀愛關係已經結束了，或許他們並不會感激被告知將會有另外一個人在兩年或三年內走入他／她的生命。等到後來，當問卜者重聽分析

的錄音時，或許可以證實上述資訊是無比珍貴的，其中提供了他們所急迫需要的希望。而這份希望並不能讓他們遠離所經歷的痛苦，同樣地也不會讓新的戀愛關係加速到來。它就是在提醒問卜者，盛夏就在前方。

不要去掩飾問卜者人生的真實問題，每一次的分析都是提供希望的機會。

在你攀登高山之前，你必須相信你有可能做到。有時候塔羅分析師就是在提醒問卜者，山的頂峰正在等著你，而這片風光絕對值得你努力。

權杖類型的人渴望征服，而聖杯類型的人則希望登頂能帶來洞察力，寶劍類型的人則對於山頂有著什麼感到好奇，至於五角星類型的人很可能會帶著照相機，好將山上的風光拍下製作成風景明信片，賣給那些在山腳下的人，這些明信片或許還能激勵其他人來從事這趟旅程呢。

你的生命旅程是獨一無二的，而塔羅牌能提供這一路上的洞察與反省。塔羅牌更能反映你的挑戰、凸顯你所面對的障礙，並提醒你，你擁有克服這些障礙的內在力量。最重要的是，塔羅會提醒你的精神目標，這往往隱藏在日常生活事件底下。心靈上的智慧通常是由你人生的挑戰當中點滴撿拾而來，而當這段旅程走到終點時你就會得到它，而塔羅則提供了這趟旅程的地圖。隨時將這份地圖放在身邊，你就比較不會在沿途喪失了你真實目標的視野。當你的旅程召喚你時，但願你能帶著勇氣上路。

國家圖書館預行編目資料

你可以再塔羅一點/ Paul Fenton-Smith 著；許
　慈倩譯 . -- 初版 . -- 臺北市：遠流, 2009.11
　　面；　公分 . -- （綠靈魚；YLC40）
　譯自：Tarot masterclass
　ISBN 978-957-32-6548-1（平裝）

1. 占卜

292.96　　　　　　　　　　　　　98019231

綠靈魚叢書 YLC40

你可以再塔羅一點
TAROT MASTERCLASS

作者：保羅・凡頓－史密斯（Paul Fenton-Smith）
譯者：許慈倩
主編：曾淑正
責任編輯：洪淑暖

發行人：王榮文
出版發行：遠流出版事業股份有限公司
地址：台北市南昌路二段 81 號 6 樓
電話：（02）23926899　傳真：（02）23926658
郵撥：0189456-1

著作權顧問：蕭雄淋律師
2009 年 11 月 1 日　初版一刷
2021 年 3 月 16 日　初版十三刷
售價◎新台幣 360 元（缺頁或破損的書，請寄回更換）

有著作權 ・ 侵害必究（Printed in Taiwan）
ISBN　978-957-32-6548-1

YLib 遠流博識網 http://www.ylib.com　E-mail: ylib@ylib.com